Ulrike Peters
Die Germanen

Ulrike Peters

Die Germanen

Geschichte in Lebensbildern

marixverlag

»Ich selbst allerdings stimme der Meinung jener zu, die glauben, dass die Stämme Germaniens durch keinerlei Verbindung mit anderen Nationen beeinträchtigt sind, sondern ein eigenes und reines und nur sich selbst ähnliches Volk darstellen. Daher ist auch die Körpergestalt trotz der großen Zahl von Menschen bei allen dieselbe: grimmige blaue Augen, rotblonde Haare, große Körper, die jedoch nur zum Angriff geeignet sind. Für Mühe und Anstrengung besitzen sie nicht dieselbe Geduld, am wenigsten ertragen sie Durst und Hitze, an Kälte und Hunger dagegen haben sie sich durch das Klima und die Bodenbeschaffenheit gewöhnt.«

Tacitus

INHALT

Vorwort

Germanen, die Geschichte schrieben, stellt dieser Band in ausgewählten Biografien vor. Zunächst wird im ersten Kapitel versucht, der Frage nachzugehen, wer die Germanen eigentlich waren – verbunden mit einem Überblick über Geschichte und Kultur der Germanen. Dann folgen die Lebensbilder berühmter Germanen, deren Nachleben und Nachwirkung bis in unsere Zeit reichen: Ariovist, Arminius, Wulfila, Geiserich, Theoderich der Große, Chlodwig, Brunichilde, Karl der Große, Widukind, Olga von Kiew, Erik der Rote und Leif Erikisson, Olaf Haraldsson (Olaf der Heilige), Harald Sigurdsson und Snorri Sturluson. Entsprechende Exkurse zu Stichworten wie Arianismus, Goten, Franken, Sachsen oder Wikinger ergänzen die Biografien und liefern zusätzliche Informationen. Ein abschließendes Kapitel »Tacitus und die Folgen« zeigt auf, wie die Germanen bis heute weiterleben und nachwirken: In den Opern Richard Wagners, in der deutschvölkischen und nationalsozialistischen Ideologie bis hin zu den Neuheiden bzw. Neuen Germanen heute.

Ariovist († 54 v. Chr.) ist der erste Germane, den wir »persönlich« in Caesars »Der Gallische Krieg« kennenlernen als Anführer der Sueben. Caesar war es, der die Germanen erstmals beschrieb und letztlich »erfand«. Der Mythos des Arminius (17 v. Chr. – 21 n. Chr.) als »Befreier Germaniens«, der den Römern in der Varusschlacht eine vernichtende Niederlage zufügte, lebt bis heute weiter. Durch Wulfila (ca. 311–383), Missionar und Bischof der Goten, verbreitete sich das Christentum in Form des Arianismus nicht nur bei den Goten, sondern auch bei anderen germanischen Stämmen. Wulfila verdanken wir aber auch die »Gotische Bibel« als erstes germanisches Schriftzeugnis und das gotische Alphabet. Geiserich (ca. 389–477) gründete das Reich der Vandalen in Afrika, Theoderich der Große (ca. 451–526) das Ostgotische Reich in Italien und Chlodwig (ca. 465–511) das Frankenreich. Nur dem Frankenreich war ein dauerhafter Erfolg beschieden. Brunichilde (ca. 550–613), Tochter des Westgotenkönigs Athanagild und Frau des Frankenkönigs Sigibert, übernahm nach der Ermordung ihres Mannes die Herrschaft und gilt als Vorbild der Walküre Brunhilde im Nibelungenlied. Karl der Große (ca. 747–814), König der Franken und Kaiser des Heiligen Römischen Reiches, galt schon zu Lebzeiten als »Vater Europas«, da er mit der Einigung des Frankenreiches die Grundlage des späteren Europas schuf. In den Sachsenkriegen, die Karl der Große führte, war Widukind (8. Jh.) sein Gegner und der Anführer des sächsischen Widerstandes – bis er sich taufen ließ. Olga von Kiew (ca. 900–969) war Fürstin von Kiew aus der Dynastie der Rjurikiden, die am Anfang der russischen Geschichte und der Christianisierung Russlands steht und eine der wichtigsten russischen Heiligen ist. Der Wikinger Erik der Rote (ca.950–1003) entdeckte Grönland, sein Sohn Leif Eriksson (ca. 975–1020) Amerika – 500 Jahre vor Kolumbus! Olaf Haraldsson (995–1030), der heilige Olaf, war norwegischer König und wird bis heute als Nationalheiliger Norwegens verehrt. Harald Sigurdsson (1015–1066), ebenfalls norwegischer König, gilt als der letzte Wikinger. Mit seinem Tod in der Schlacht bei Stamford Bridge in England 1066 endet offiziell die Wikingerzeit. Snorri Sturluson (1179–1241) war einer der bedeutendsten Männer in der Geschichte Islands: Politiker, Historiker und Dichter. Als Verfasser der Snorra-Edda verdanken wir ihm unser heutiges Wissen über die Gottheiten und Mythen der Germanen. Anhand dieser Biografien soll beispielhaft die Kultur und Geschichte der Germanen dargestellt werden. Aufgrund der unterschiedlichen Quellenlage sind wir über einige dieser germanischen Persönlichkeiten mehr informiert und über andere weniger – entsprechend gestalten sich auch die einzelnen Biografien etwas unterschiedlich.

Das vorliegende Buch ist als Einführung und Einladung gedacht, germanische Geschichte und Kultur anhand einer Auswahl von Lebensbildern und Einblicken kennenzulernen. Für diese innovative Idee sei Herrn Lothar Wekel von marixverlag herzlich gedankt. Wenn der Leser dadurch angeregt wird, sich darüber hinaus über Geschichte und Kultur sowie weitere berühmte Germanen zu informieren, ist das Ziel dieses Buches erreicht.

Ulrike Peters

1. Wer waren die Germanen? Mythos und Wirklichkeit

Wer waren die Germanen? Germanenbilder

»Grimmige blaue Augen, rotblonde Haare, große Körper« – dieses Germanenbild des römischen Geschichtsschreibers Tacitus ist nicht nur eines der ersten, sondern auch dasjenige, das unsere Vorstellung von den Germanen bis heute geprägt hat –, wie im Folgenden noch aufzuzeigen ist.

Wer waren die Germanen? Eine Frage mit vielen Antworten. Ähnlich wie man mit dem Begriff Indianer die Einwohner zweier Kontinente und der unterschiedlichsten Kulturen von den Sammlern und Jägern bis hin zu Hochkulturen weitläufig zusammenfasst, so verwendete man auch den Begriff Germanen ungenau-schwammig und inflationär. Während aber die Indianer sich selbst auch als solche bezeichnen, hat es im Unterschied dazu ein Volk, das sich selbst als »Germanen« bezeichnete, nie gegeben. »Germanen« war eine Fremdbezeichnung und blieb es: Die Römer waren es, die den »barbarischen« Völkern jenseits des Rheins den Namen Germanen gaben. Als Barbaren (von griech. barbaros = Stammler) galten bei den Griechen und Römern alle Völker, die nicht Griechisch bzw. Lateinisch sprachen und nicht der griechischen bzw. römischen Kultur angehörten. Von Beginn an bis in die Gegenwart ist die Einordnung bestimmter Stämme als germanisch, keltisch, slawisch etc. nie eindeutig klar gewesen, sondern immer mit einem Fragezeichen zu versehen. Die Wissenschaft ist auf die »Fremdzeugnisse« der römischen Geschichtsschreiber angewiesen, es gibt keine eigenen schriftlichen Berichte der Germanen. Auch die archäologischen Zeugnisse geben relativ wenig Antworten auf unsere Fragen. Zur Zeit der Völkerwanderung (375–568) haben wir bereits mehr Quellen, aber auch hier gibt es mehr Fragen als Antworten. Dazu kommt, dass der Begriff »Germanen« von Beginn an bis zur Gegenwart oft mit ideologischen Ansichten und Zielen verbunden wurde und nach wie vor wird.

Schon bei den allerersten Beschreibungen der Germanen von Caesar und Tacitus diente ein bestimmtes Germanenbild als

Projektionsfläche, um diverse Ziele zu erreichen: Caesar verfolgte mit seiner Einteilung der linksrheinischen Kelten und rechtsrheinischen Germanen seine politischen Ziele und Karriere, nicht zuletzt die Eroberung Galliens. Tacitus versuchte mit einem idealisierten Germanenbild vor allem die Dekadenz der römischen Gesellschaft zu kritisieren. Im nationalstaatlichen Denken des 18. und 19. Jh. und vor allem im Nationalsozialismus dienten die Germanen als Schablone für die Entwicklung einer nationalen Identität der Deutschen, die man mit den Germanen gleichsetzte.

Dazu kommt ein anderes Problem, nämlich das der Entwicklung und Veränderung der germanischen Stämme im Laufe der Geschichte. Die einzelnen germanischen Stämme haben sich während ihrer Wanderungen und in ihrer jeweiligen neuen Heimat verändert, sind mit anderen germanischen und nichtgermanischen Stämmen Bündnisse eingegangen, haben sich durch Heiraten vermischt etc. So ist beispielsweise zu fragen, ob und inwiefern die Goten, die von ihrer ursprünglichen Heimat im heutigen Polen aufbrachen und ihre Wanderung begannen, im Oströmischen Reich öfter ihren Aufenthaltsort wechselten, noch »dieselben« Goten waren, die dann, Jahrhunderte später, das Ostgotische und Westgotische Reich in Italien und Spanien errichteten. Auch die Wissenschaft betont heute, dass sich germanische Stämme wie die Goten durch die »fremden« Einflüsse veränderten. Denn die Goten hatten sich im Laufe der Geschichte mit verschiedenen Stämmen und Völkern verbunden wie z. B. den Karpen, den Herulern, den Hunnen und nicht zuletzt den Römern. So schloss sich ein Teil der Greutungen bzw. Ostgoten den Hunnen an und übernahm deren Lebensweise als nomadisches Steppenvolk. Nicht zuletzt römische Einflüsse spielten eine maßgebliche Rolle in der geschichtlichen Veränderung der germanischen Stämme.

Zur näheren Erläuterung sei kurz auf die Entstehung ethnischer Identität eingegangen: Der Begriff Ethnie, der heute statt des vorbelasteten Begriffes »Volk« verwendet wird, ist ein taxonomischer Begriff, d. h. ein Begriff, der der Klassifizierung dient. Ethnische Identität ist eine Form der kollektiven Identität, eines Wir-Bewusstseins, aufgrund gemeinsamer Traditionen wie z. B. Abstammung, Geschichte, Sprache, Religion, Lebensraum etc. Ob diese Traditionen real oder fiktiv sind, ist nicht entscheidend, entscheidend ist das Wir-Bewusstsein, das Zugehörigkeitsgefühl der einzelnen Person zur Gruppe. Die ethnische Gruppe entsteht und stabilisiert sich durch Abgrenzung von anderen Gruppen und Interaktion mit anderen Gruppen. Ethnische Identität ist kein statischer Zustand, sondern ein dynamisch-kreativer Prozess mit latenten und – in Krisenzeiten, wie z. B. Krieg oder Eroberung – aktiven Phasen. Und es sind nicht objektive Kriterien, sondern in der Regel allein soziale Faktoren ausschlaggebend, so vor allem die eigene Zuordnung zu einer Gruppe A, auch wenn die objektiven Kriterien für eine Zuordnung zu Gruppe B sprechen. Wie sich »Völker« und Gesellschaften ändern, können wir auch in unserer sogenannten multikulturellen Gesellschaft beobachten. Ein modernes Beispiel: Ein Sohn deutsch-türkischer Eltern, in Deutschland geboren und aufgewachsen, ist als Türke anzusehen, wenn er sich selbst als solcher »fühlt« und von der Umwelt als solcher eingestuft wird, auch wenn er überhaupt nicht türkisch spricht. Umgekehrt kann er sich aber auch ganz als Deutscher fühlen, als solcher von der Umwelt gesehen und akzeptiert werden, und ist dann in diesem Fall auch als Deutscher einzuordnen. Dieses Beispiel zeigt gleichzeitig die Schwierigkeit, selbst in der Gegenwart, eine Gruppe als Ethnie genau ein- und abzugrenzen. Auch im Falle von Wulfila, Geiserich oder Theoderich war jeweils ein Elternteil nichtgermanischer Herkunft. Sie selbst sahen sich aber als zu den Goten bzw. Vandalen gehörig und wurden von außen auch als solche eingeordnet.

Zurück zu den ersten Quellen über die Germanen. Die Herkunft und die Bedeutung der Bezeichnung »Germanen« ist nicht geklärt. Poseidonios (135–51 v. Chr.) verwendet erstmals die Bezeichnung »Germanen« in seinen sogenannten Historien (um 80 v. Chr.) für die am Rhein lebenden und den Kelten verwandten Stämme. Auch Strabon (63 v. Chr. – 33 n. Chr.) betont die Verwandtschaft zwischen Germanen und Kelten. Aber erst Caesar machte die Bezeichnung populär und unterschied klar zwischen den Germanen als rechtsrheinische und den Kelten als linksrheinische Stämme. Überspitzt kann man sagen, dass Caesar es war, der die Germanen »erfand«. Denn Caesars Unterscheidung zwischen Germanen und Kelten ist so nicht korrekt, weil auf beiden Rheinseiten sowohl Germanen als auch Kelten lebten. Caesar verfolgte mit seiner Einteilung ein bestimmtes Ziel – nämlich die Eroberung Galliens, das links des Rheines lag.

Gaius Julius Caesar (100–44 v. Chr.) machte eine Karriere in römischen Staatsdiensten, wurde Prokonsul in Illyrien und Gallien. Während des Gallischen Krieges 58–51 v. Chr. gelang es ihm, das bis dahin freie Gallien zu erobern und zur römischen Provinz zu machen. Im Römischen Bürgerkrieg 49–45 setzte sich Caesar erfolgreich gegen seinen Konkurrenten Pompeius durch und wurde Diktator auf Lebenszeit. Als Caesar 44 einem Attentat seiner politischen Gegner zum Opfer fiel, führte sein Nachfolger und Neffe Gaius Octavius das Kaisertum in Rom ein und nannte sich Kaiser Augustus. Über den Gallischen Krieg, den Caesar führte, schrieb er einen Bericht: »Der Gallische Krieg« (*Commentarii de Bello Gallico*). Gerade Caesar gilt als Paradebeispiel für die tendenziöse Geschichtsschreibung, denn er schrieb den »Gallischen Krieg«, um seinen Feldzug nach Gallien politisch zu rechtfertigen und um damit finanzielle und berufliche Erfolge zu erlangen. (Vgl. Kap. Ariovist)

Eine andere Hauptquelle zu den Germanen ist neben Caesars »Der Gallische Krieg« die »Germania« von Tacitus. Publius Cornelius Tacitus (58–120) machte wie Caesar schon früh Karriere im römischen Staatsdienst. Er war Senator, unter anderem auch Militärtribun und Prokonsul in der Provinz Asia (heute Türkei). Aber unsterblichen Ruhm erwarb sich Tacitus als Historiker vor allem mit den Werken »Agricola«, »Historien«, »Germania« und den »Annalen«. »Agricola« ist eine Biografie seines Schwiegervaters, dem Konsul Gnaeus Julius Agricola, die wertvolle Informationen über Britannien zur Römerzeit enthält. In den nur zum Teil erhaltenen »Historien« stellte Tacitus die Geschichte des Römischen Reiches von Galba im Jahr 69 bis Domitian im Jahr 96 dar. In den nur zur Hälfte erhaltenen »Annalen« stellt er die Geschichte des Römischen Reiches von Augustus bis Nero im Jahr 68 dar. Die »Germania« (*De origine et situ Germanorum liber*) ist eine Beschreibung der Germanen, in der Tacitus auf die Geschichte, Kultur und Lebensweise und die einzelnen Stämme eingeht. Seine Quellen sind neben der eigenen Anschauung unter anderem Schriften aus staatlichen oder privaten Archiven, Augenzeugenberichte und historische Werke, vor allem die nicht mehr erhaltenen »Germanenkriege« von Plinius dem Älteren.

»Ohne Zorn und Eifer« (= *sine ira et studio*) oder »über niemanden mit Zuneigung und von jedem ohne Hass« (= *neque amore quisquam et sine odio*) sprechen – diese Sätze stellte Tacitus seinen Annalen bzw. den Historien voran, gemeint ist damit eher die abschließende Beurteilung der Sache als die Darstellung selbst. Es sind die Sätze eines exzellenten Rhetorikers und eines Schreibers von hoher stilistischer Qualität, dem es gelingt, die Personen und Ereignisse scheinbar objektiv darzustellen, aber dem Leser durchaus subtil seine Sicht der Dinge zu vermitteln. Vor allem mit der »Germania« verfolgte Tacitus das Ziel, die Dekadenz, den Sittenverfall der römischen Gesellschaft in der Kaiserzeit zu kritisieren und diese Kritik mit einer Darstellung der Germanen sozusagen als positives Gegenbild zu veranschaulichen: Bei seinem Vergleich zwischen Germanen und Römern schneiden die Germanen besser ab. Tacitus schreibt den Germanen die Tugenden zu, die er bei den Römern vermisst, und fordert sie damit indirekt zu einer Rückkehr zu diesen Tugenden auf. Aber Tacitus versuchte mit der »Germania« auch zu erklären, warum die Römer die Germanen nicht vollständig unterworfen hatten so wie die Gallier oder Britannier. Zudem muss man generell bei den antiken Schriften, auch wenn sie sich als »Historie« ausgeben, immer berücksichtigen, dass es sich nicht um objektiv-wissenschaftliche Beschreibungen handelt. Neben Klischees betonen die antiken Autoren gerne das Ungewöhnliche, Fremde und Exotische.

Hatten die Werke Tacitus' in der Antike keine große Breitenwirkung und wurden sie im Mittelalter sogar vergessen, feierten die »Germania« und die »Annalen« seit der Wiederentdeckung im Humanismus bis zur Gegenwart eine Renaissance von nicht zu unterschätzendem Ausmaß. Bis heute, vor allem aber im 19. und Anfang des 20. Jahrhunderts, übernahm man in selektiver, auswählender Weise die Verherrlichung der starken, reinrassigen, freiheitsliebenden und treuen Germanen von Tacitus, die von ihm erwähnten negativen Eigenschaften der Germanen ignorierte man. Die von Tacitus beschriebenen Germanen und ihre Geschichte wurden dabei als erste Phase der Geschichte der modernen Deutschen gesehen und mit ihnen fälschlicherweise gleichgesetzt. »Rein von fremder Vermischung (…) lebt in den Ländern jenseits des Rheins ein Volk mit trotzigen blauen Augen, hochgelben Haaren, von starkem Körperbau und riesenhaftem Wuchs, abgehärtet gegen Kälte und Hunger, nicht gegen Durst und Hitze, von kriegerischem Geist, bieder, treu, freundlich (...).« Dieses Zitat stammt nicht etwa von Tacitus, sondern aus dem Brockhaus von 1834 und belegt, wie verbreitet das Germanenbild des Tacitus in der deutschen Öffentlichkeit war. Überspitzt kann man sagen, das Germanenbild der Deutschen war das von Tacitus.

Bei Tacitus heißt es:»Die Germanen selbst sind (...) in keiner Weise durch Zuzug oder Gastfreundschaft mit anderen Völkern vermischt worden (...)« (Tacitus, Germania 2) Weiter glaubt Tacitus, dass die Germanen »ein eigenes und reines und nur sich selbst ähnliches Volk darstellen. Daher ist auch die Körpergestalt trotz der großen Zahl von Menschen bei allen dieselbe: grimmige blaue Augen, rotblonde Haare, große Körper, die jedoch nur zum Angriff geeignet sind. Für Mühe und Anstrengung besitzen sie nicht dieselbe Geduld, am wenigsten ertragen sie Durst und Hitze, an Kälte und Hunger dagegen haben sie sich durch das Klima und die Bodenbeschaffenheit gewöhnt.« (Tacitus, Germania 4)

Das Germanenbild des Tacitus diente den Deutschen zunächst politisch – vor allem in Abgrenzung zu den Franzosen – zur Entwicklung einer nationalen Identität. Diese »germanische« Identität wurde später durch rassenkundliche und sozialdarwinistische Theorien in pseudowissenschaftlicher Weise untermauert. Bei den Nationalsozialisten genoss Tacitus so große Verehrung, dass sie ihn zum Arier erklärten. Die »Germania« des Tacitus stand so hoch im Kurs, dass die Nationalsozialisten die älteste Abschrift von diesem Werk, den Codex Aesinas, von Italien nach Berlin holen wollten. Als Mussolini seine Zusage, den Codex an die Deutschen zu übergeben, nicht einhielt, befahl der SS-Führer Heinrich Himmler einer SS-Gruppe, in den Palazzo der Familie Balleani einzudringen und den Codex nach Berlin zu bringen. Allerdings erfolglos, denn die Balleanis konnten den Codex rechtzeitig woanders verstecken.

Außer Caesar und Tacitus sind als weitere antike Autoren, in deren Werken sich Informationen über die Germanen finden, unter anderem Appian *(Römische Geschichte)*, Strabon *(Geographie)*, Plinius der Ältere *(Germanische Kriege*, verloren gegangen) oder Ammianus Marcellinus *(Res Gestae)* zu erwähnen.

Im Folgenden wird ein kurzer Überblick über Geschichte und Kultur der Germanen gegeben, der den Schwerpunkt auf die römische Zeit legt. Zu weiteren Informationen siehe auch die Exkurse, die einigen Kapiteln vorausgehen (Goten, Arianismus, Franken, Sachsen und Sachsenkriege, Wikinger).

Geschichtlicher Überblick

Die Sprache der Germanen ist der Westgruppe der indogermanischen bzw. indoeuropäischen Sprachen einzuordnen. Zu den indoeuropäischen Sprachgruppen zählen unter anderem auch die indoarischen, romanischen, italischen oder keltischen Sprachen sowie das Griechische.

Die germanischen Stämme, die Tacitus auflistet, sind vor allem die Bataver, Mattiaker, Chatten, Usipeter, Tenkterer, Brukterer, Dulgubiner, Chasuarier und Friesen im Westen, Chauken, Cherusker, Kimbern im Norden sowie die Sueben, Semnonen, Langobarden, Nerthusvölker, Hermunduren, Narister, Markomannen, Quaden, Lugier, Goten, Swionen und Sithonen. Heute teilt man die vielen germanischen Stämme meist nach ihrem Siedlungsgebiet ein. So gehören zu den linksrheinischen Germanen die Vangionen, Triboker, Nemeter und Ubier, zu den rechtsrheinischen Germanen die Sugambrer, Marser, Brukterer und Chamaven. Die Cherusker siedelten an der Weser, die Chatten im heutigen Hessen (Rhein-Weser-Germanen). An der Nordseeküste lebten die Friesen, Amsivarier und im Gebiet der Elbe die Chauken. Die Sueben, Semnonen, Markomannen und Quaden siedelten in Böhmen und Mähren. Vandalen, Goten, Burgunder und Rugier hatten ihren Ursprung im Gebiet zwischen Oder und Weichsel und gelten als Ostgermanen. Als Nordgermanen bzw. Wikinger bezeichnet man die Völker Skandinaviens. In späterer Zeit gewannen die großen germanischen Stämme der Ost- und Westgoten, Vandalen, Franken, Burgunder, Langobarden, Alemannen, Thüringer, Sachsen, Friesen, Bajuwaren und die Wikinger an Bedeutung.

Diverse Kulturen der Eisenzeit gelten als Vorläufer der germanischen Kultur. Vor allem die Jastorf-Kultur, die zeitlich der vorrömischen Eisenzeit (600 v. Chr. bis zur Zeitenwende) zuzuordnen ist, gilt als Beginn der germanischen Kultur. Das Zentrum dieser Kultur war zunächst in Schleswig-Holstein und Niedersachsen, sie breitete sich dann nach Thüringen, Niederrhein und Niederschlesien aus. Nahm man früher an, dass die Jastorf-Kultur durch Einwanderung aus Skandinavien entstanden sei, geht man heute von einem starken Einfluss der keltischen Hallstatt-Kultur aus.

Träger der eisenzeitlichen Przeworsk-Kultur (300 v. Chr. – Mitte 5. Jh. n. Chr.) im Gebiet des heutigen Polens zwischen Warthe/Oder bis zu den Karpaten waren Vorläufer der Vandalen, Burgunder und Lugier. In neuester Zeit wurde die Verwandtschaft der Przeworsk-Kultur mit der Kultur der Eisenzeit im Rhein-Weser-Gebiet nachgewiesen.

Träger der Wielbark-Kultur im heutigen Polen (Ostpommern, Ostpreußen) vom 1. Jh. v. Chr. bis zum 4. Jh. n. Chr. waren wahrscheinlich die »ersten« Goten. Die Wielbark-Kultur breitete sich später bis zur Ukraine aus. Nahm man früher aufgrund der »Gotengeschichte« von Jordanes an, die Goten seien aus Skandinavien eingewandert, geht man heute davon aus, dass die Wielbark-Kultur sich vor Ort und nicht aufgrund von Einwanderung entwickelt hat.

Im Jahre 113 v. Chr. kam es zu der ersten Begegnung zwischen Germanen und Römern. Damit traten die Germanen erstmals in der Geschichte in Erscheinung. Denn zur damaligen Zeit schrieben die Römer die Geschichte im buchstäblichen Sinne: Die Historiker, die die geschichtlichen Ereignisse aufschrieben, waren Römer, und nur von dem, was sozusagen im Gesichtsfeld der Römer passierte, berichteten sie, und nur durch sie haben wir heute davon Kenntnis. Von dem, was sie unerwähnt ließen, fehlen uns bis jetzt konkrete Informationen und bleiben uns nur wenige archäologische Funde und Zeugnisse. Denn die Germanen selbst begannen erst später, vor allem im Mittelalter, ihre eigene Geschichte aufzuschreiben.

Wie kam es zu dieser ersten germanisch-römischen Begegnung? In Skandinavien, genauer in Jütland, der Heimat der Kimbern, Teutonen und Ambronen, verschlechterte sich das Klima im Laufe des ersten vorchristlichen Jahrtausends immer mehr, die Ernten fielen aus und es kam zu Hungersnöten. Als Ende des 2. Jahrhunderts v. Chr. noch eine Sturmflut an Dänemarks Küsten hinzukam, veranlasste das die Stämme der Kimbern, Teutonen und Ambronen, aus ihrem Gebiet in Jütland

Richtung Süden aufzubrechen. Um 113 v. Chr. trafen die Germanenstämme bei Noreia in der Steiermark erstmals auf die Römer. Die Römer wollten die Germanen daran hindern, weiter bis nach Rom zu ziehen, lockten sie in eine Falle und griffen sie an. Aber nicht die Römer, sondern die Germanen siegten in dieser Schlacht von Noreia. Das römische Heer unter Gnaeus Papirius Carbo wäre vollkommen vernichtet worden, hätte es nicht ein einbrechendes Unwetter davor bewahrt. Die Germanen zogen weiter nach Gallien, verteidigten sich erfolgreich gegen römische Angriffe und gelangten bis zur Iberischen Halbinsel. Unterwegs schlossen sich ihnen die Tiguriner an, ein Stamm der keltischen Helvetier. Von der Iberischen Halbinsel ging die Wanderung wieder in Richtung Italien. Dabei trennten sich die Wege der Teutonen und Ambronen von denen der Kimbern. Das bedeutete letztlich ihr Ende. Denn nun konnten die Römer unter Gaius Marius die Teutonen und Ambronen 102 v. Chr. in der Schlacht von Aquae Sextiae (Aix-en-Provence) besiegen. 20.000 Teutonen wurden gefangen genommen, auch der teutonische Anführer Teutobod. Ein Jahr später wurden die Kimbern bei Vercellae in der Poebene von den Römern besiegt. Die Wanderung der Kimbern, Teutonen und Ambronen wird von den römischen Schriftstellern als Raubzug dargestellt, in Wirklichkeit waren die Germanenstämme aber auf der Suche nach fruchtbarem Siedlungsland. Der Zug der Kimbern, Teutonen und Ambronen rief bei den Römern die alte Furcht vor den Galliern hervor, als diese im Jahre 387 v. Chr. in Rom einmarschiert waren. Aufgrund der verlustreichen Kämpfe mit den Germanen gestaltete Gaius Marius das römische Heer zu einer Berufsarmee um. Diese Umgestaltung des Heeres zu einer Berufsarmee war einer der Gründe, warum Caesar so erfolgreich im Gallischen Krieg war. Von den Kimbern, Teutonen und Ambronen berichten die römischen Geschichtsschreiber danach nichts mehr, und sie verschwinden damit aus dem Blickfeld der Geschichte. Die Berichte der römischen Historiker aber wirken bis heute nach, vor allem hatten die Teutonen im Gedächtnis der Römer einen nachhaltigen Schrecken hinterlassen. Man sprach von »furor teutonicus«, von der »teutonischen Raserei« der »tollkühnen und unerschrockenen« Teutonen. Diese Darstellung der Teutonen bei den Römern führte letztlich dazu, dass die Deutschen sich gerne selbst auch als Teutonen bezeichneten aufgrund der – nicht korrekten und nicht zutreffenden – Ableitung des Wortes »deutsch« von »teutonisch«. Noch heute wird im Deutschen ein großer, starker Mann als »Teutone« bezeichnet oder man spricht vom »Teutonengrill« und meint damit Strände wie den »Ballermann«, die vorwiegend von Deutschen bevölkert sind. Ob die Teutonen überhaupt ein germanischer und nicht vielleicht ein keltischer Stamm waren, ist nicht sicher geklärt. Die zweite Begegnung der Römer mit den Germanen, mit den Sueben, fand zur Zeit Caesars während des Gallischen Krieges 58–51 v. Chr statt. Es war die historische Begegnung Caesars mit dem Germanenführer Ariovist während des Gallischen Krieges, über die im Kap. Ariovist ausführlich berichtet wird.

Unter Kaiser Augustus, dem Nachfolger Caesars, kam es immer wieder zu Unruhen an der Grenze zu Germanien, sodass er schließlich beschloss, das rechtsrheinische Germanien bis zur Elbe zu erobern. Er beauftragte seinen Stiefsohn Drusus mit der der Eroberung Germaniens. Dieser konnte auch zwischen 12–9 v. Chr. die Friesen, Chauken, Brukterer, Marser und Chatten in mehreren Feldzügen besiegen, aber nicht vollkommen unterwerfen. Nach seinem Tod konnte Tiberius im Jahre 4 n. Chr. die Cherusker unterwerfen und war gerade dabei, im Jahre 6 das Markomannenreich von Marbod im heutigen Böhmen zu erobern, als er wegen eines Aufstandes in Pannonien den Rückzug antreten musste. Varus, der Nachfolger des Tiberius, wurde von Arminius, dem Anführer der Cherusker und einiger anderer Stämme, in der Varusschlacht im Jahre 9 vernichtend geschlagen. Augustus gab daraufhin seine Pläne, das rechtsrheinische Germanien zu erobern, auf. Der Nachfolger des Varus, Germanicus, unternahm zwischen 14 und 16 einige Feldzüge im rechtsrheinischen Germanien. (Vgl. dazu Kap. Arminius)

Zu erwähnen ist dann der Aufstand der Bataver im Jahr 69 unter Julius Civilis, einem römischen Offizier germanischer Herkunft. Den Batavern gelang es zusammen mit dem keltischen Stamm der Treverer, viele römische Truppen zwischen Köln und Mainz auf ihre Seite zu ziehen und Teile des Nordosten Galliens und das Rheinland zu erobern. Bei Trier kam es zur entscheidenden Schlacht zwischen den germanischen Stämmen der Bataver, Ubier, Brukterer, Tenkterer sowie den gallischen Stämmen der Treverer und Lingonen auf der einen Seite gegen die römischen Truppen auf der anderen Seite. Dabei konnten die Römer die Germanen und Gallier in die Flucht schlagen. Bei der letzten Schlacht im Jahr 70 bei Xanten siegten die Römer endgültig.

Nicht zuletzt als Folge des Bataveraufstandes wurde im 1. Jh. unter Domitian die als *Limes* bekannte Grenze entlang des Rheins zwischen dem römischen und dem freien Teil Germaniens angelegt. Es entstanden die Provinzen *Germania superior* (Obergermanien) mit Teilen der heutigen Länder Schweiz, Frankreich und dem Südwesten Deutschlands und *Germania inferior* (Untergermanien) mit Teilen der heutigen Niederlande, Belgiens und Deutschlands. Sitz der Statthalters von Obergermanien war Mainz und von Untergermanien Köln.

Die nächste Etappe in der Geschichte germanisch-römischen Beziehung waren die Markomannenkriege von 167 bis 180: Die ins Römische Reich drängenden germanischen Stämme der Markomannen, Quaden, Langobarden und Vandalen, die schon unter König Marbod sich als größerer Verband zusammengeschlossen hatten, sowie die zentralasiatischen Sarmaten wurden in Pannonien von Kaiser Mark Aurel in vier Feldzügen besiegt. Es war ein knapper Sieg der Römer, und in der Folgezeit geriet das Römische Reich in eine schwere Krise durch den Druck germanischer Stämme einerseits und des Sassanidenreiches andererseits. Die Markomannenkriege werden heute als Anfang vom Ende des Römischen Reiches gesehen und als erste Stufe der Völkerwanderung.

Die Zeit der Völkerwanderung wird in den Jahren 375–568 angesetzt, es ist die Zeit zwischen Spätantike und Frühmittelalter. Sie wird ausgelöst durch den Einfall der aus Asien kommenden Hunnen, die die Völker zur Wanderung nach Süden und Westen trieb. Aber auch Bevölkerungszuwachs und damit verbunden Landnot sind Gründe der Völkerwanderung, ebenso Eroberungs- und Kriegslust. Ganz Europa bis hin zum Schwarzen Meer ist im Umbruch, die meisten Völker verlassen ihre alten Siedlungsgebiete, um neue zu erobern. Es ist das Ende des Römischen Reiches. Nicht mehr Rom, sondern die neue Kultur der Germanen nördlich der Alpen bestimmt von nun an das Geschehen. Zunächst bestehen nacheinander verschiedene Herrschaftsgebiete bzw. Reiche: Das von Geiserich gegründete Vandalenreich in Nordafrika (429–534), das Westgotenreich in Gallien bzw. Spanien (418–711), das Reich der Burgunder (443–534), das von Theoderich errichtete Ostgotenreich in Italien (493–553) und das Langorbardenreich in Italien (568–774).

Es sind die ostgermanischen Stämme der Goten, Gepiden, Vandalen, Burgunden und Langobarden, die die weiten Wanderungszüge in der Zeit der Völkerwanderung unternahmen. Die westgermanischen Stämme wie Franken oder Sachsen unternahmen keine großen Wanderungen. Erst später kam es wieder zu Wanderzügen der Nordgermanen bzw. Wikinger. Die ostgermanischen Stämme gründeten machtvolle Reiche, denen aber keine Dauer beschieden war. Mit ihnen starben auch die ostgermanischen Sprachen aus, während die west- und nordgermanischen Sprachen sich weiterentwickelten und bis heute präsent sind. So hatte das von Chlodwig im 5. Jh. gegründete und von Karl dem Großen erheblich ausgedehnte Frankenreich Bestand, das von nun an die Geschichte des Abendlandes prägte.

Noch zu Lebzeiten Karls des Großen traten die Wikinger aus Skandinavien mit ihren Raubzügen an den Küsten und auf den Flüssen Europas in Erscheinung. Diese »neuen« Germanen des Nordens waren Piraten, Händler und Entdecker. Die Zeit der Wikinger ist ziemlich genau eingegrenzt durch zwei kriegerische Daten in England: Der Wikingerüberfall auf das Kloster Lindisfarne 793 und die Schlacht von Hastings 1066.

Die Rus, vor allem auch Olga von Kiew, stehen am Anfang der Geschichte Russlands. Erik der Rote entdeckte Grönland, sein Sohn Leif Eriksson Amerika – lange vor Kolumbus. Es folgt die Phase der Auseinandersetzungen und Kämpfe zwischen Dänemark, Norwegen und Schweden um die – immer wieder wechselnde – Vorherrschaft. Als Könige sind vor allem zu nennen: Godfred (804–810), Harald Blauzahn (958–987), Sven Gabelbart (986–1014), Knut der Große (1018–1035), Harald Schönhaar (reg. ca. 870–933), Olaf Tryggvason (995–1000), Olaf, der Heilige (1016–1028), Magnus I. (1035–1047) oder Harald der Harte (1047–1066). Auch England gerät zeitweise unter dänische Herrschaft, Island wird im 10. Jh. von den Norwegern kolonialisiert. Von Island aus wird auch Grönland besiedelt. 960 ist Dänemark, 1030 Norwegen weitgehend christianisiert. Als bekannteste Wikingerkönige sind zu nennen der norwegische König Olaf, der die Christianisierung Norwegens begann und zum Nationalheiligen Norwegens wurde. Und ebenso Harald der Harte, ebenfalls

König von Norwegen Er gilt als der letzte Wikinger. Mit seinem Tod in der Schlacht von Stamford Bridge 1066 endet die Wikingerzeit offiziell. Die Wikingerzeit findet aber eine Fortführung bzw. Wiederbelebung durch die Edda des Snorri Sturluson.

Germanische Kultur

»Die« einheitliche germanische Kultur hat es ebenso wenig gegeben wie »die« Germanen. Die einzelnen Stämme unterschieden sich hinsichtlich Gesellschaft, Lebensweise und Religion. Allerdings gab es gewisse Gemeinsamkeiten, die im Folgenden vereinfacht als Überblick dargestellt werden sollen. Die Darstellung orientiert sich schwerpunktmäßig an den Beschreibungen von Caesar und Tacitus und entsprechenden archäologischen Befunden.

Die Mehrheit der Germanen lebte als Bauern, betrieb Viehzucht und Ackerbau. Als Haustiere wurden Rinder, Schweine, Pferde und, wenn auch seltener, Schafe und Ziegen gehalten. Das Rind diente nicht nur als Lieferant von Fleisch, Milch, Butter und Leder, sondern vor allem auch als Zugtier beim Ackerbau und zum Transport von Lasten. Schweine wurden – da es die Kartoffel als Futtermittel noch nicht gab – in der Nähe von Eichen- und Buchenwäldern geweidet. Das Grundnahrungsmittel der Germanen war aber weniger Fleisch, als vielmehr Getreide wie Gerste, Hirse oder Emmer. Durch Handel erhielten die Germanen von den Römern Keramik, Geschirr, Schmuck oder Waffen und lieferten dafür Felle und Pelze, Honig oder Sklaven. Germanische Exportschlager, vor allem bei den römischen Frauen, waren blondes Haar für Perücken und Bernstein für Schmuckartikel.

Kleidungsmäßig unterschieden sich die Germanen von den Römern dadurch, dass die Männer Hosen trugen, die bei den Römern unbekannt waren. Die Frauen trugen Röcke. Männer und Frauen trugen dazu eine Art Kittel. Darüber wurde eine Art Mantel getragen, den Tacitus so beschreibt: »Als Kleidung haben sie alle einen Überwurf, der mit einer Fibel (…) zusammengehalten wird. (…) Sie tragen auch Tierfelle (…)« (Tacitus, Germania, 17)

Germanen lebten in Dörfern oder Siedlungen mit Bauernhöfen. Im Unterschied zu den Römern oder Kelten gab es keine germanischen Städte. Ein Bauernhof bestand aus Wohngebäude, Stall, Werkstatt und Speicher. Die Gebäude bestanden aus einem Holzgerüst, in dem die aus Flechtwerk bestehenden Wände mit Lehm verputzt wurden. Das Dach bestand aus Stroh oder Schilf. Innen war das Wohngebäude nicht durch einzelne Zimmer abgetrennt, es war ein einziger großer Wohnraum, in dem sich alles von Kochen bis Schlafen abspielte. Mittelpunkt des Inneren war eine offene Feuerstelle. Sitz- und Schlafstellen waren mit Fellen und Decken ausgestattet. Archäologisch sind ca. 130 Siedlungen zwischen Rhein und Oder bekannt, rund 100 davon an der Nordseeküste.

Germanien war eher durch eine offene Landschaft geprägt als durch dichte Wälder und Sümpfe, die nur für die Mittelgebirge kennzeichnend waren. Zum anderen gab es ein Netz von Wegeverbindungen und regelrechte Fernstraßen, über das schon die Kimbern und Teutonen schnell nach Italien gelangten oder sich die Cherusker schnell zum Widerstand unter Arminius versammeln konnten.

Als Kennzeichen der germanischen Gesellschaft wird die Stammesordnung genannt. Ein Stamm umfasste einige Tausend Personen, nicht zehn- oder hunderttausend, wie es oft heißt. Ein Stamm war kein statisches Phänomen, sondern veränderte sich durch Kriege oder Wanderungen, indem Angehörige anderer Stämme hinzukamen oder der Stamm löste sich auf. So verschwanden die Sueben, die Ariovist nach Gallien geführt hatte, oder die Cherusker, die unter Arminius die Römer besiegt hatten, relativ schnell wieder von der Bühne der Weltgeschichte.

Die germanische Gesellschaft war hierarchisch gegliedert, vom König und Adel, den Kriegern, Bauern, Handwerkern und Händlern bis hin zu den Unfreien und Sklaven. Die Bauern bildeten die Mehrheit der Bevölkerung. Die Regierung wurde von einem König (lat. *rex*) oder einem Heerführer (lat. *dux*) im Kriegsfall ausgeübt. Es gab auch Fälle, wo zwei Könige zusammen regierten. Gern wird auch von Sakralkönigtum bei den Germanen gesprochen, d. h. dass ein König auch als Priester fungierte. Bei Tacitus ist keine Rede von Sakralkönigtum, aber es ist durchaus möglich, dass es diese Institution gab. Möglich war auch eine Herrschaft der Adligen oder Fürsten, der obersten Gesellschaftsschicht.

Ein Kennzeichen der germanischen Verfassung war das *Thing* (oder *Ding*, germ. = Versammlung), die Volks- und Gerichtsversammlung aller waffenfähigen bzw. volljährigen Männer. Bei dieser Volksversammlung wurde über politische, gesellschaftliche oder militärische Fälle entschieden. Die Fürsten fällten aber nicht selten schon eine Vorentscheidung. Auch Könige oder Heerführer wurden auf diesen Volksversammlungen gewählt. Die Wahl wurde dann meist durch eine Schilderhebung, indem man den Kandidaten auf einem Schild, wie man es im Kriegsfall benutzte, »erhob«, bestätigt und öffentlich gemacht. Vor allem Gerichtsverfahren wurden bei einem Thing durchgeführt. So schreibt Tacitus: »Es ist erlaubt, bei der Volksversammlung (dem Thing) anzuklagen und ein Verfahren auf Leben und Tod einzuleiten. Die Unterscheidung der Strafen folgt aus den Vergehen: Verräter und Überläufer hängen sie an Bäume, Schwächlinge und Feiglinge und Verbrecher gegen die Sexualmoral versenken sie im Moor und im Sumpf, indem sie darüber Flechtwerk legen.« (ebd., 12)

Ein Fürst hatte eine Gefolgschaft von Männern, die ihm durch Treueschwur vor allem im Krieg verpflichtet war, ihm zu dienen und ihn zu schützen, notfalls mit dem eigenen Leben. Tacitus darüber: »Es besteht ein großer Wettstreit unter den Gefolgsleuten darum, wem der erste Platz bei seinem Fürsten gebührt, und unter den Fürsten, wer die meisten und härtesten Gefolgsleute hat. Dies macht seine Würde aus, dies seine Kräfte: Stets von einem großen Kreis ausgewählter junger Männer umgeben zu sein, ist im Frieden eine Zierde und im Krieg ein Schutz. (…) Wenn sie in den Krieg ziehen, gilt es als schändlich, vom Gefolgsherrn an Tapferkeit übertroffen zu werden, als schändlich für die Gefolgsleute, es der Tapferkeit des Gefolgsherrn nicht gleich zu tun, und erst recht ein Frevel und ehrlos für das ganze Leben ist es, als Überlebender seines Gefolgsherrn aus der Schlacht zu kommen. Ihn zu verteidigen, zu beschützen, seine eigenen tapferen Taten seinem Ruhm zuzuschreiben, ist das oberste heilige Gebot. Die Gefolgsherren kämpfen für den Sieg, die Gefolgsleute für den Gefolgsherrn.« (ebd., 13 f.) Diese »germanische Treue« galt bis in die moderne Zeit als Tugend der Deutschen.

Der Krieger hatte also eine gesellschaftliche angesehene Position. Nicht zuletzt dies weist darauf hin, dass die germanische

Gesellschaft patriarchalisch geprägt war und der Mann das Sagen hatte. Tacitus betont die »Keuschheit« der Frauen: »Daher leben sie behütet in Keuschheit, durch keine Schauspiele gestört, durch keine Reizungen von Gelagen verdorben. Heimliche Liebesbriefe des Mannes oder der Frau kennen sie nicht. Höchst selten sind in diesem so zahlreichen Volk Ehebruchsfälle, deren Strafe auf dem Fuß folgt und dem Mann vorbehalten ist: Er jagt sie mit abgeschnittenen Haaren und entblößt vor den Angehörigen aus dem Haus und treibt sie mit der Rute durch das ganze Dorf. Für die der Scham Preisgegebenen gibt es keine Nachsicht, nicht wegen ihres Aussehens, nicht wegen ihres Alters, nicht um ihrer Reichtümer willen wird sie wieder einen Mann finden.« (ebd., 19) Diese Stelle zeigt, wie Tacitus mit einer positiven, idealisierenden Beschreibung der Germanen den Römern sozusagen einen Spiegel vorhält und gleichzeitig den römischen Sittenverfall kritisiert. Ein Beispiel mehr, wie schon bei Tacitus die Germanen als Projektionsfläche für die eigene Gesellschaft dienen sollen. Nur manchmal nahm eine Frau eine bedeutende Position ein, wie z. B. die Wahrsagerin Veleda von der Lippe beim Bataveraufstand um 69. In späterer Zeit sind Fälle bekannt, in denen die Frau (oder Tochter) eines verstorbenen Herrschers für ihren noch minderjährigen Sohn die Regentschaft übernahm. So regierte Amalasuintha, die Tochter Theoderichs des Großen, nach dessen Tod anstelle ihres Sohnes Athalarich. Brunichilde (s. Kap. Brunichilde) ist das beste Beispiel einer germanischen Powerfrau, die nach dem Tod ihres Mannes jahrelang stellvertretend zunächst für ihren Sohn und dann für ihren Enkel regierte. Sie war dann auch Vorbild der amazonenhaften Walküre Brunhild in der Nibelungensage. Und beim Stichwort Amazonen: Jordanes berichtet in seiner Gotengeschichte, dass die Amazonen der antiken Sagen gotische Frauen waren. Als deren Männer abwesend waren und sie von einem benachbarten Volk überfallen wurden, »widerstanden [diese Frauen], von ihren Männern darin gelehrt, tapfer und wehrten die Feinde, die über sie kamen, mit großem Anstand ab. Nachdem dieser Sieg erreicht war, ergriffen sie mit der Kühnheit größeren Selbstvertrauens die Waffen, ermunterten sich gegenseitig und wählten zwei besonders wagemutige, Lampeto und Marpesia, zu ihren Anführerinnen. Während diese beiden die Leitung übernahmen, um sowohl das Eigene zu verteidigen als auch das Fremde zu verwüsten, blieb Lampeto, die das entsprechende Los gezogen hatte, um das heimatliche Gebiet zu schützen, da. Marpesia aber führte, nachdem sie eine Schlachtreihe aufgestellt hatte, eine ganz neue Art von Heer nach Asien, wobei sie verschiedene Stämme im Krieg besiegte, andere aber in Frieden für sich gewann (...)« (Jordanes, Die Gotengeschichte, 49). Weiter berichtet Jordanes: »Weil diese fürchteten, dass ihre Nachkommen immer weniger würden, strebten sie nach geschlechtlichen Verbindungen mit den benachbarten Völkern und hielten einmal im Jahr Markt, um denen, die im nächsten Jahr am gleichen Tag wiederkamen, was auch immer an männlichen Kindern geboren worden war, den Vätern zurückzugeben; was aber an Töchtern geboren worden war, bildete die Mutter an Waffen aus.« (ebd., 56)

Über die Religion der Germanen zur Römerzeit wissen wir wenig. Ausführlicher über Mythen, Sagen, Gottheiten und Helden werden wir erst durch die fast tausend Jahre spätere Edda informiert (vgl. ausführlich Kap. Snorri Sturluson). Aus der antiken Zeit kennen wir zwar einige der germanischen Götter, auch Opferriten, aber über Jenseitsvorstellungen oder den Ablauf von Kulthandlungen wissen wir nichts. Erschwerend hinzu kommt, dass es nicht »eine« einheitliche germanische Religion gegeben hat, sondern dass sich Gottheiten und Kult regional unterschieden. Erst durch die christlichen Missionare entstand die Vorstellung einer einheitlichen germanischen Religion. Die antiken Autoren nennen die römischen Götter Merkur, Herkules und Mars, die von den Germanen verehrt wurden. Der Gott Merkur wurde mit Wodan, dem Gott des Krieges und des Todes, Herkules mit dem germanischen Thor bzw. Donar, dem Gott des Donners, und Mars mit dem germanischen Kriegsgott Tyr gleichgesetzt. Genannt wird auch die Fruchtbarkeitsgöttin Nerthus. Daneben gab es viele regionale Gottheiten.

Eine Besonderheit, nicht nur bei den Kelten, sondern auch bei den Germanen während der römischen Kaiserzeit, waren die sogenannten Matronen. Es handelte sich bei ihnen um Fruchtbarkeits- bzw. Muttergottheiten, die vor allem in der Zeit vom 2.–4. Jh. n. Chr. verehrt wurden. Insgesamt sind ca. 1100 Weiheinschriften und Bilddarstellungen erhalten. Diese Matronen sind stets als Gruppe von Dreien dargestellt, sitzend, mit Früchten, Ähren etc. in der Hand, verheiratet oder unverheiratet (ohne Haube und mit aufgelösten Haaren).

Caesar betont, dass die Germanen keine Priester hatten, im Unterschied zu den Druiden der Kelten. Kultstätten waren heilige Wälder, Berge, Gewässer und Moore. An diesen Kultstätten hat man oft aus Holzpfählen geschnitzte Götterfiguren aufgestellt. Auch die von Karl dem Großen zerstörte Irminsul der Sachsen könnte eine solche Pfahlgottheit gewesen sein. Nach den antiken Quellen kannten die Germanen keine Tempel. Ausnahmen sind Sakralhütten aus Holz in Oberdorla, deren Spuren man gefunden hat, oder Empel am Niederrhein, wo die Bataver dem Kriegsgott Herculus Magusanus einen Tempel in griechisch-römischem Stil errichtet hatten.

Als Opfer wurden Tiere dargebracht, aber auch Menschen. Nach dem Sieg des Arminius über den Varus opferten die Cherusker römische Krieger auf Altären, die sie im Wald errichtet hatten. Geopferte Tiere gab man auch einem toten Fürsten oder König als Grabbeigabe mit. So fand sich im Umfeld des Grabes von Childerich, dem Vater von Chlodwig, eine Reihe von Pferden als Beigabe. Auch Waffen und Rüstungen des Feindes opferte man, indem man sie unbrauchbar machte oder verbrannte. In Bad Pyrmont (Weserbergland) hat man im Brunnen einer Mineralquelle eine Menge von Fibeln, mit denen man Kleider verschloss wie heute mit Knöpfen oder Reißverschluss, gefunden, die dort wohl geopfert worden waren.

Ab dem 3. Jh. n. Chr. verbreitete sich die germanische Runenschrift. Interpretierte man früher die Runen als magische, heilige Zeichen, so sieht man in ihnen heute durchaus eine Schrift in unserem Sinne, d. h. ein Mittel zur Kommunikation.

Diese Ausführungen zu germanischen Geschichte und Kultur sollen im Folgenden anhand von beispielhaften Biografien veranschaulicht werden. Es ist eine Auswahl von Persönlichkeiten, deren Nachwirkung bis in unsere Zeit und Kultur reicht.

2. Ariovist

Ariovist († 54 v. Chr.) ist der erste Germane, über dessen Person wir einige, wenn auch wenige Informationen erhalten. Caesar besiegte Ariovist, der sich mit dem Stammesverband der Sueben in Gallien niedergelassen hatte, und berichtet von diesen Ereignissen im »Gallischen Krieg«. In diesem Werk beschrieb Caesar auch erstmals die Germanen sowie die Kelten als Volk und prägte damit das Germanenbild. Caesar »erfand« so die Germanen, denn seine Beschreibung der Germanen entspricht nicht immer der historischen Wirklichkeit, sondern diente der Erreichung bestimmter Ziele.

Caesars »Gallischer Krieg« und die Erfindung der Germanen

Die Lektüre von Caesars Werk »Der Gallische Krieg« gehört bis heute zum Lateinunterricht in den Schulen. Eine Mitschuld daran trägt nicht zuletzt der Germanenführer Ariovist. Denn dessen Widerstand ist letztlich nach Darstellung Caesars einer seiner Gründe für sein Eingreifen in Gallien und für den Gallischen Krieg. In seinem »Gallischen Krieg« (*Commentarii de bello Gallico*) beschreibt Caesar die Ereignisse und seine Eroberungen in Gallien während der Jahre 58–50 v. Chr. Das Werk ist in acht Bücher eingeteilt, die thematisch jeweils die Ereignisse eines Jahres oder auch zweier Jahre behandeln. Es ist nicht nur die wichtigste Quelle und ein Augenzeugenbericht über die Gallier, die Kelten in Gallien, sondern beschreibt auch erstmals ausführlicher die Germanen.

Gallien, dessen Gebiet ungefähr dem heutigen Frankreich, Belgien und einem Teil von Westdeutschland entspricht, hatte einiges zu bieten: Es war bekannt für sein Gold, für eine florierende Landwirtschaft und gute Handelswege. Für den jungen hochverschuldeten Politiker Gaius Julius Caesar (100–44 v. Chr.) buchstäblich ein Objekt der Begierde. Caesar stammte aus der Familie der altrömischen Adelsfamilie der Julier und schlug die Ämterlaufbahn ein. Nicht nur in Gallien, auch in Afrika unternahm Caesar erfolgreiche Feldzüge. Im Jahr 46 v. Chr. übernahm er als Diktator die Alleinherrschaft in Rom. Das war das Ende der Römischen Republik. Daran änderte sich auch nichts mit der Ermordung Caesars 44 v. Chr. durch eine Gruppe von Senatoren. Denn mit Caesars Nachfolger Octavian, bekannter als Kaiser Augustus, beginnt die römische Kaiserzeit. Caesars Bericht über den »Gallischen Krieg« ist die erste Beschreibung der Germanen und wurde prägend für das Germanenbild bis heute. Mit seiner Unterscheidung von Kelten und Germanen war dieses Germanenbild mehr künstlich als dass es historisch zutraf, sodass man überspitzt sagen kann, dass Caesar die Germanen »erfand« – wie weiter unten noch ausführlicher darzustellen ist. Zum anderen war es Caesar, der als erster römischer Feldherr den Rhein überquerte und Expeditionen ins rechtsrheinische Germanien unternahm, allerdings ohne die Absicht, das Gebiet dauerhaft zu erobern. Erst unter seinem Nachfolger Augustus versuchten die Römer, das germanische Gebiet rechts des Rheins gezielt zu erobern.

Zurück zum Jahr 59 v. Chr., das Jahr, als Caesar Konsul und Provinzverwalter wurde von *Gallia Cisalpina* und *Gallia Narbonensis*, den Teilen Galliens, die bereits römisch waren. Es war der erste Schritt nach oben auf seiner Karriereleiter, aber er brauchte immer noch dringend Geld, um seine Schulden zu begleichen. Denn zu seinen Ämtern war er – wie eine ganze Reihe anderer Politiker auch – nur durch Bestechung der Volkstribune gekommen. Und um zu Geld zu kommen, brauchte Caesar militärische Erfolge. Die Eroberung des Teils Galliens, der noch nicht römisch war, bot sich an, war aber ohne einen triftigen Grund, der auch vom Senat in Rom akzeptiert wurde, nicht möglich. Dies ist der Beginn des Gallischen Krieges, der von 58–51 v. Chr. dauert. Einen Teil des späteren südlichen Galliens hatten die Römer schon 125–118 v. Chr. erobert. Caesar eroberte im sogenannten Gallischen Krieg 58–51 v. Chr. dann den übrigen Teil Galliens. Caesar gelang ein Sieg nach dem anderen: über Ariovist, gegen die Belger, die Nervier und schließlich die nordwestlichen Stämme (57/56 v. Chr.) unter Führung der Veneter (nicht zu verwechseln mit den gleichnamigen Bewohnern des Gebietes um Venedig). Danach ist Gallien weitgehend durch die Römer unterworfen. Zweimal überquerte Caesar in den Jahren 55 und 54 v. Chr. den Rhein und machte auch Stippvisiten in England – allerdings sind dies nur Episoden, keine Eroberungen. Als Caesar den gallischen Heerführer Vercingetorix, der mit einem Bündnis gallischer Stämme gegen die Römer Widerstand leistete und sich zuletzt in der Stadt Alesia verschanzt hatte, besiegte, war der Gallische Krieg – bis auf ein paar noch folgende Feldzüge – so gut wie beendet.

Gallien war das Siedlungsgebiet keltischer Stämme, der Gallier. Die Bezeichnung Kelten (vom griechischen *Keltoi*, lateinisch dann *Celtae* oder *Galli* = die »Tapferen«, die »Edlen«) stammt – ebenso wie die der Germanen – aus den ethnografischen Schriften der griechischen und römischen Antike und wurde in der Neuzeit in Geschichte, Archäologie und Sprachwissenschaft übernommen. Dabei diskutiert man nach wie vor über eine allgemeingültige Definition der »Kelten«. Denn die Bezeichnung Kelten stellt sich in den Bereichen der antiken Ethnografie, in der Archäologie und in der Sprachwissenschaft durchaus unterschiedlich dar. Keltische Kultur ist durch archäologische Zeugnisse seit der Eisenzeit, konkret mit der späten Hallstattkultur (650–400 v. Chr.) und der Latènezeit (400–50 v. Chr.) belegt. Im Fall der Latènekultur liegen sowohl archäologische als auch antike schriftliche Quellen vor. Und die antiken Quellen bestätigen zudem, dass die Träger der Latènekultur keltisch sprachen, so in Gallien gallisch. Andererseits ist die genaue Unterscheidung keltischer und germanischer Stämme schwierig: Manche Stämme werden von antiken Autoren als keltisch, von anderen wiederum als germanisch eingeordnet. So sahen die Römer die Kimbern und Teutonen zunächst nicht als germanische, sondern keltische Stämme an.

Ziel und Zweck von Caesars Schrift »Der Gallische Krieg« war die Rechtfertigung seiner Feldzüge in Gallien. Und der gallische Krieg war für Caesar ein Mittel, Macht und Reichtum zu erlangen und vor allem dem Senat in Rom seinen militärischen Erfolg nachzuweisen. Entsprechend erscheinen die Kelten als Gefahr und Bedrohung für Rom, andererseits stellte Caesar sie als durchaus fähig zur Zivilisation und Assimilation dar, um Teil des Imperium Romanum zu werden. Caesar grenzt die Kelten stark von den »unzivilisierten« Germanen ab – nach dem Motto, die Kelten als Untertanen zu gewinnen lohnt sich, eben weil sie im Unterschied zu den Germanen zivilisationsfähig sind, und deshalb lohnt sich auch ein Krieg in Gallien! Die Eroberung des germanischen Gebietes rechts des Rheins lohne sich dagegen nicht. Caesar war der Erste, der konkret und sehr genau die Kelten als die Stämme links des Rheines und die Germanen als die Stämme rechts des Rheines unterschied. Eine Unterscheidung, die so nicht zutrifft. So waren die Kelten erst ein paar Jahrzehnte vorher aus rechtsrheinischen Gebieten von den Germanen verdrängt worden und außerdem kam es auch zur Vermischung keltischer und germanischer Bevölkerung. Nach Caesar haben die Germanen – im Gegensatz zu den Kelten – weder eine ausgebildete Landwirtschaft, sondern leben von der Jagd, noch haben sie eine Religion mit Priestern, ausgebildeten Opferkult und Pantheon.

Trotz dieser »Mängel« ist Caesars Bericht die erste und wichtigste Information über die Germanen, die uns vorliegt und die deshalb hier in einem Ausschnitt zitiert sei: »Die Germanen unterscheiden sich von diesen Gewohnheiten [der Kelten] sehr; denn sie besitzen keine Druiden [d. h. Priester], die den religiösen Angelegenheiten vorstehen oder sich den Opferfeiern widmen. In der Reihe der Götter zählen sie nur die, die sie wahrnehmen und deren Kraft ihnen offensichtlich hilft, Sol [Sonne], Vulcanus und Luna [Mond], die übrigen haben sie noch nicht einmal dem Namen nach vernommen. Ihr ganzes Leben besteht aus der Jagd und dem Eifer für Kriegsdinge. Von klein auf widmen sie sich der Müh und der Abhärtung. (...) Vor dem zwanzigsten Lebensjahr Kenntnis von einer Frau zu haben, wird zu den schändlichsten Dingen gerechnet. Doch können sie diese Sache auch nicht ganz verbergen, da sie sich gemeinsam in Flüssen waschen und Felle oder kurze Decken als Bekleidung nutzen und so ein großer Teil des Körpers nackt bleibt.

Der Landwirtschaft widmen sie sich nicht, der größere Teil ihrer Nahrung besteht in Milch, Käse und Fleisch. (...) Wenn ein Stamm mit Krieg überzogen wird oder diesen erklärt, werden Anführer gewählt, die dem Kriegszug vorstehen und die Macht über Leben und Tod haben. Im Frieden gibt es keine gemeinsame Anführer, sondern die Anführer der einzelnen Gegenden und Gaue sprechen Recht und regeln Streitigkeiten. Verbrechen halten sie nicht für unerlaubt, wenn sie außerhalb der Stammesgrenzen geschehen, und sie empfehlen, dass diese geschehen zur Übung der Jugend und zur Verkleinerung der Begehrlichkeiten. Und wenn in der Versammlung ein Häuptling sagt, dass er der Anführer sein wolle und wer ihm folgen wolle, so stehen die, die den Anlass und die Person billigen, auf und versprechen ihm Unterstützung und werden von der Menge gefeiert. Wenn dann einer von diesen nicht folgt, so wird er für einen Fahnenflüchtling und Verräter gehalten und ihm später die Treue in allen Angelegenheiten abgesprochen. Einen Feind zu verletzen, wird nicht für Unrecht gehalten. Wer aus welchem Grund auch immer zu ihnen kommt, den verteidigen sie gegen jedes Unrecht und halten ihn für unantastbar, dem steht im Hause alles offen, und sie teilen die Nahrung mit ihm. (…)

Da nun die Germanen noch in demselben Mangel, der Bedürftigkeit und der Not leben, in welchen sie schon zuvor steckten, gebrauchen sie dieselbe Nahrung und dieselbe Körperpflege. Den Galliern dagegen wurde durch die Nähe zu den Provinzen und die Kenntnis zahlreicher überseeischer Güter viel Wohlstand und Bequemlichkeit zuteil (…)« (Caesar, Der Gallische Krieg VI, 21–24).

Ariovist contra Caesar

Nicht nur diese erste Beschreibung der Germanen verdanken wir Caesar, sondern wir lernen durch ihn als Zeitzeugen auch erstmals eine germanische Führergestalt, Ariovist, »persönlich« kennen. Sein »Gallischer Krieg« ist die Hauptquelle zu Ariovist, aber auch Cassius Dio (153–229) erwähnt ihn in seiner »Römischen Geschichte«. Ariovist war ein Anführer der Sueben, »König der Sueben« nennt ihn Plinius der Ältere (23–79) in seiner »Naturalis Historia«. Gemeint sein dürfte damit eher ein Heerführer als ein König im heutigen Sinne. Caesar nennt ihn »Germanenkönig«. Die Sueben, von deren Name sich die spätere Bezeichnung Schwaben ableitet, waren ein Verband germanischer Stämme, deren Gebiet sich von der Ostsee bis zu den Mittelgebirgen und zwischen Elbe und Weichsel erstreckte. Nach Tacitus zählten die elb- und ostgermanischen Stämme zu den Sueben, so z. B. die Semnonen, Markomannen, Hermunduren, Quaden und Langobarden. Tacitus erwähnt auch die typische Haartracht der Sueben, den auf dem Scheitel hochgebundenen, sogenannten Suebenknoten. Der Suebenknoten war ein Statussymbol der Krieger, um damit »eine gewisse Größe zu erlangen und um Schrecken zu erregen« (Tacitus, Germania 38). Generell galten für die römischen Autoren zunächst die Sueben als Inbegriff der Germanen und prägten das damalige Germanenbild, bis diese Rolle dann später den Goten zukam.

Herkunft und Geburtsjahr des Ariovist sind unbekannt. Ariovist war ein keltischer Name, er soll auch die keltische bzw. gallische Sprache gut beherrscht haben. Neben seiner ersten Frau, einer Suebin, hatte er zudem eine Keltin zur Frau, die Schwester von Voccio, des Königs des keltischen Stammes der Noriker.

In den Blickpunkt der Römer und damit auch in unseren trat Ariovist erstmals, als er um 71 v. Chr. mit 15.000 Mann den Rhein überschritt und nach Gallien kam. Im Gefolge des Ariovist waren Söldner aus den suebischen Stämmen der Haruder, Triboker, Nemeter, Markomannen, Vangionen und Sedusier. Warum dieser Aufbruch? Der keltische Stamm der Sequaner im Gebiet zwischen Loire und Saône hatte Ariovist um Unterstützung gebeten in seinem Kampf mit den keltischen Haeduern um die Vorherrschaft in Gallien. Diese Kämpfe mit den Haeduern zogen sich zehn Jahr lang hin. Aber schließlich siegten die Sequaner mit Hilfe von Ariovist über die Haeduer 61 v. Chr. in der Schlacht von Magetobriga (heute La-Moigte-de-Broie an der Saône in Burgund). Einmal gerufen und durch den Sieg über die Haeduer an die Macht gekommen, blieb Ariovist mit seinem Stamm im Land der Sequaner, besetzte zunächst ein Drittel des Landes und forderte ein paar Jahre später, 58 v. Chr., ein weiteres Drittel. Dies ist auch ein Hinweis darauf, dass Ariovist nicht nur dem Hilferuf der Sequaner gefolgt war, sondern dass für ihn wahrscheinlich von Anfang an auch die Suche nach neuem, fruchtbarem Siedlungsgebiet ausschlaggebend war. Und fruchtbar und ergiebig war das Land der Sequaner in der Tat. Ariovist erhöhte sein ursprüngliches Gefolge von 15.000 Mann auf 250.000, wie Caesar schreibt – ebenfalls ein Hinweis, dass er sich dauerhaft niederlassen wollte. Gruppen von Haruden, Vangionen, Markomannen, Triboker, Nemeter und Sedusier kamen und siedelten sich in Gallien an. Die Gallier baten daraufhin Rom, sie gegen Ariovist zu unterstützen. Rom unternahm aber zunächst nichts, um zu helfen. Im Gegenteil, noch im Jahre 59 v. Chr. wurde Ariovist vom römischen Senat zum »Freund des römischen Volkes« (amicus populi Romani) ernannt. Caesar höchstpersönlich war an dieser Ehrung als Konsul mitbeteiligt.

Es war eine Ernennung, die das Ansehen Ariovists in Rom und seine bedeutende Stellung als germanischer Heerführer belegt. Von dieser Ehrung erhofften sich die Römer wohl Vorteile und ein Gleichgewicht der Kräfte in Gallien zu ihren Gunsten. Es sollte noch etwas dauern, ehe Caesar gegen Ariovist einschritt.

Denn zunächst – im Jahr 58 v. Chr. – ging Caesar gegen die Helvetier vor. Die Helvetier wollten nach Westen ins Gebiet der Santonen auswandern, weil Germanen in ihr Gebiet, die heutige Schweiz, vordrangen. Dabei wollten sie friedlich durch die römische Provinz ziehen. Caesar versperrte ihnen den Weg bei Genf, die Helvetier wurden zu einem Umweg durch das Juragebirge gezwungen. Die Haeduer richteten einen Hilferuf an Caesar, wie er selbst berichtet, weil sie sich von den Helvetiern bedroht fühlten. Ob dies stimmt oder nur erfunden ist, um einen Grund für seinen Angriff zu haben, ist unklar. Jedenfalls zog Caesar mit sechs Legionen gegen die Helvetier und besiegte sie bei Bibracte (Mont Beuvray). Nur ein Drittel der Helvetier überlebte und wurde zur Rückkehr in das Gebiet der Schweiz gezwungen.

Nach diesem Krieg gegen die Helvetier fand eine Versammlung der Gallier statt, bei dem sich der haeduische Häuptling Dividiacus gegenüber Caesar über die »grausame« Herrschaft des Ariovist beklagte: »Ariovist aber gab (…) grausame Befehle, forderte als Geiseln die Kinder jeweils der Vornehmsten und gab dabei alle Beispiele der Grausamkeit, wenn eine Sache nicht nach seinem Wunsche und zu seiner Zufriedenheit ausgeführt wurde. Er sei ein barbarischer Mensch, unbesonnen, man könne seine Befehle nicht länger ertragen.« (ebd., I, 31,12 f.)

Dieser Appell kam für Caesar wie gerufen, und es war ein willkommener Grund für ihn, in Gallien militärisch in Aktion zu treten. Zunächst schickte Caesar eine Gesandtschaft zu Ariovist, um sich mit ihm zu einer Unterredung zu treffen. Ariovist lehnte ein Treffen ab. Caesar schickte nochmals Gesandte zu Ariovist, um sich mit ihm zu unterreden. Caesar forderte in seiner Botschaft Ariovist auf, keine weiteren Germanen nach Gallien zu holen und die Geiseln der Haeduer freizugeben. Dabei erinnerte er Ariovist auch an seine Verpflichtung gegenüber den Römern, die er mit der Ehrung als »Freund des römischen Volkes« schuldig sei. Ariovist verweigerte wiederum ein Treffen mit Caesar und verwies selbstbewusst auf die Stärke seiner »unbesiegten Germanen, die erfahrensten Männer in Waffen« (ebd.,

I, 36,7) hin für den Fall, dass Caesar sie angreife. Kurz danach erhielt Caesar die Nachricht, dass Haruden, ein Unterstamm der Sueben, ins Gebiet der Haeduer eingefallen waren und weitere suebische Stämme auf dem Weg seien, sich im Gebiet der Treverer niederzulassen. Caesar wollte Ariovist zuvorkommen und besetzte daraufhin die strategisch wichtigste Stadt der Sequaner, Vesontio (Besançon). Die römischen Soldaten waren durch verschiedenste Informationen beunruhigt wegen der germanischen Kampfes- und Truppenstärke. Caesar konnte sie mit einer Rede überzeugen, weiter in das heutige Elsassgebiet zu marschieren. Dort im Elsass bei Mülhausen, ca. 8 km vom Rhein, wie Caesar angibt, trafen Römer und Germanen aufeinander. Es war im September des Jahres 58 v. Chr. Nun kam es doch noch zu einer Unterredung zwischen Caesar und Ariovist. Wie es im »Gallischen Krieg« heißt, »erinnerte Caesar am Anfang seiner Rede an die Wohltaten des Senats ihm [Ariovist] gegenüber, dass er König genannt wurde vom Senat und Freund, dass überaus großzügige Geschenke geschickt wurden (...)« (ebd., I, 43,4). Caesar forderte dann Ariovist auf, keinen Krieg gegen die Haeduer zu führen und deren Geiseln zurückzugeben. »Ariovist antwortete nur kurz auf Caesars Forderungen, viel dagegen sprach er von seinen eigenen Tugenden. Er sei nicht aus eigenem Antrieb über den Rhein gekommen, sondern durch Bitten der Gallier herbeigerufen worden. Er habe nicht ohne große Hoffnungen auf große Belohnungen sein Haus und seine Angehörigen verlassen. Die Wohnsitze, die er in Gallien habe, seien ihm von den Galliern zugestanden worden, die Geiseln auf deren Wunsch hin gegeben worden, Abgaben hätte er gemäß Kriegsrecht genommen, wie sie es gewohnt seien, sie den Besiegten aufzuerlegen. (...) Die Freundschaft des römischen Volkes müsse ihm eine Zierde und ein Schutz sein und dürfe ihm nicht zum Schaden gereichen. (...) Dass er eine große Zahl von Germanen nach Gallien geführt habe, geschehe, um sich selbst zu schützen, nicht um Gallien anzugreifen. (...) Er sei früher nach Gallien gekommen als das römische Volk, niemals zuvor sei das römische Volk aus dem Gebiet seiner gallischen Provinz herausgetreten. Was er [Caesar] eigentlich von ihm wolle? Warum er in seine Besitzungen eindringe? Seine Provinz sei dieses Gallien (...)« (ebd., I, 44,1-8). Noch während des Gesprächs griffen einige germanische Reiter die Römer mit Steinen und Geschossen an. Caesar beendete daher die Unterredung. Der Zwischenfall war sicher nicht im Interesse und im Sinne von Ariovist, der zwei Tage später Caesar um eine Fortsetzung des Gespräches bat. Caesar lehnte ein persönliches Erscheinen ab und schickte stattdessen Gesandte zu Ariovist. Der aber ließ diese Gesandten als angebliche Spione »in Ketten legen« (ebd., I, 47,6). Das war ein Verstoß gegen die Freiheit und Unversehrtheit von Gesandten. Ariovist war inzwischen zum römischen Lager vorgerückt und wollte mit der Festnahme der Gesandten verhindern, dass die Römer davon erfuhren, dass er bereits in Richtung ihres Lagers vorrückte.

Die anschließende Schlacht zwischen Römern und Germanen, die im September des Jahres 58 v. Chr. stattfand, dauerte mehrere Tage. Die Römer, die in der Überzahl waren und eine bessere Ausrüstung hatten, besiegten Ariovist und die Germanen. Der Sieg der Römer wird den Germanen bereits klar, als sie zum letzten Gefecht gegen diese aufbrechen und die in einer Wagenburg zurückgelassenen Frauen sie »mit Händeringen und weinend anflehten, sie nicht der Sklaverei bei den Römern zu überlassen« (ebd., I, 51,3). Am Ende des Kampfes bleibt den überlebenden Germanen nur die Flucht über den nahe gelegenen Rhein. »Unter diesen war auch Ariovist selbst, der ein kleines, am Ufer angebundenes Schiff erreichte und mit diesem floh. Ariovist hatte zwei Ehefrauen (…). Beide starben auf der Flucht. Zwei Töchter hatte er. Von diesen wurde die eine gefangen, die andere getötet.« (ebd., I, 53,3 f.) Caesar gibt an, dass die Römer 80.000 Germanen, fast zwei Drittel von Ariovists Truppen, in dieser Schlacht getötet hätten. Das ist sicher eine zu hohe Zahl, die den Verdienst von Caesar hervorheben soll.

Vermutlich starb Ariovist noch vor dem Jahr 54 v. Chr. Darauf weist eine kurze Randbemerkung Caesars hin, dass »der Schmerz der Germanen über den Tod Ariovists« (ebd., V, 29,3) groß sei. Mehr erfährt der Leser nicht. Mit Ariovist hatte erstmals ein Germane in der Geschichte eigene, persönliche Konturen erhalten – auch wenn wir nur wenige Informationen über ihn besitzen und dies auch nur von dem nicht ganz neutralen Bericht Caesars. Caesar konnte am Beispiel seiner Kämpfe mit Ariovist deutlich machen, dass die Germanen durchaus eine Bedrohung für die Römer darstellten und dass deshalb eine sichere Abgrenzung entlang des Rheins notwendig sei.

Die Konfrontation Caesars mit Ariovist war nicht das einzige Zusammentreffen Caesars mit den Germanen. Drei Jahre später, 55 v. Chr., kam es am Zusammenfluss von Rhein und Maas zu einer folgenreichen Auseinandersetzung zwischen Römern und den germanischen Stämmen der Usipeter und Tenkterer, die von der anderen Rheinseite her in Gallien eingefallen waren und die Caesar besiegte. Dabei nahm Caesar einen Übergriff der Germanen während eines Waffenstillstandes zum Anlass, eine Gesandtschaft von germanischen Führern, die um Entschuldigung bat, festzunehmen. Im anschließenden Gefecht verloren die meisten, nach Caesars Angaben insgesamt 430.000 Germanen, einschließlich Frauen und Kinder, ihr Leben (vgl. dazu »Der Gallische Krieg«, Buch V). Heute würde man dieses Vorgehen als Genozid bezeichnen. Aber auch damals in Rom war man darüber entsetzt, und Cato veranlasste die Einsetzung einer Untersuchungskommission zu diesem Vorfall.

Für Aufsehen in Rom sorgte Caesar aber auch danach, in den Jahren 55 und 53 v. Chr., mit zwei Überquerungen des Rheins. Denn er war der erste römische Feldherr, der in das rechtsrheinische Germanien militärische Expeditionen unternahm. Caesar wollte damit den Germanen zeigen, dass das römische Heer durchaus in der Lage war, den Rhein zu überqueren, und sie mit dieser Demonstration römischer Macht von Überfällen in Gallien abhalten. Für die erste Überquerung des Rheins im Jahr 55 v. Chr. ließ Caesar innerhalb von nur zehn Tagen eine Brücke aus Holz über den Rhein erbauen und überquerte so mit dem Heer den Fluss. Nahm man früher Bonn als Ort dieser Brücke an, spricht heute aufgrund von archäologischen Funden vieles dafür, dass sie zwischen Andernach und Koblenz erbaut wurde. Die zweite Brücke wurde wohl 53 v. Chr. bei Urmitz errichtet. Wie erwähnt, diente dieses Vordringen in das rechtsrheinische Germanien nur der Demonstration römischer Macht und es war keine dauerhafte Präsenz damit beabsichtigt. Caesars Ziel war mit der Eroberung Galliens erreicht und er hatte keine Ambitionen, das Gebiet des rechtsrheinischen Germaniens zu erobern.

Das änderte sich unter Augustus, dem Nachfolger Caesars, bald. Denn durch die Eroberung Galliens waren die Germanen zu direkten Nachbarn des Römischen Reiches geworden. Es kam immer wieder zu Überfällen der Germanen und die Römer reagierten darauf immer wieder mit Strafexpeditionen. Schließlich entschloss sich Augustus, das Gebiet des rechtsrheinischen Germaniens zu erobern. Das ist die Zeit des Arminius, des zweiten Germanen, der Geschichte mit weitreichenden Folgen schrieb.

3. ARMINIUS – »BEFREIER GERMANIENS«

Arminius (ca. 17 v. Chr. – 21 n. Chr.), einem Fürsten der Cherusker, gelang es, die Weltmacht Rom herauszufordern und ihr in der soge-nannten Varusschlacht eine vernichtende Niederlage zuzufügen. Bis heute wird Arminius als »Befreier Germaniens« und als deutscher Na-tionalheld verehrt. Aus Arminius wurde Hermann der Cherusker, der in zahlreichen Dramen, Gedichten, Romanen und Opern verewigt wurde. Dabei vermischten sich Mythos und Wahrheit.

Zwischen Anpassung und Widerstand – das freie Germanien zur Zeit des Augustus

»Als die Römer frech geworden, zogen sie nach Deutschlands Norden ...:« heißt es in einem Lied über die Varusschlacht aus dem 19. Jh. von Joseph Viktor von Scheffel. Aus römischer Sicht dagegen waren es die rechtsrheinischen Germanen, die immer wieder Unruhen verursachten in der eigentlich durch Frieden gekennzeichneten Herrschaftszeit des Kaisers Augustus. Mit ständigen Überfällen versuchten sie, in das linksrheinische Ge-biet einzudringen. Der Rhein als Grenze zwischen dem römi-schen und dem rechtsrheinischen freien Germanien war dem-entsprechend für die Römer nicht sicher. Ziel des Augustus war es daher, die Rheingrenze vor diesen germanischen Überfällen abzusichern. Dies schien ihm letztlich nur möglich, indem er die germanischen Gebiete rechts des Rheins eroberte und zur römi-schen Provinz machte. Deshalb wurden zunächst Legionen aus Gallien an den Rhein verlegt und für diese dann später Legions-lager errichtet, wie etwa Xanten, Neuss, Bonn oder Mainz. In der Zeit der römischen Feldzüge gegen die Germanen zwischen 12. v. Chr. bis 16 n. Chr. versuchten mit wechselndem Erfolg Drusus, Tiberius, Varus und Germanicus als militärische Ober-befehlshaber, das rechtsrheinische Germanien zu erobern.

Drusus war der erste Oberbefehlshaber im rheinischen Ger-manien, den Augustus mit der Eroberung Germaniens beauf-tragte. Nero Claudius Drusus (38–9 v. Chr.) war der Stiefsohn des Augustus und der jüngere Bruder des Tiberius. Er war zuvor Statthalter in Gallien gewesen, ehe er durch seine Germanenfeldzüge Ruhm und Ansehen erlangte. Dabei besiegte er die Sugambrer, führte Feldzüge gegen die Chauken, Usipeter, Tenkterer, Cherusker und Chatten. Im Jahre 9 v. Chr. drang er bis zur Elbe vor. Die Rückkehr nach Rom erlebte er aber nicht mehr. Es wird von wundersamen Zeichen kurz vor seinem Tod berichtet. So sei ihm eine riesige Frau erschienen, habe ihn vor weiterem Vordringen gewarnt und zur Umkehr bewogen. Tatsache jedenfalls ist, dass Drusus auf seinem Rückweg von der Elbe vom Pferd stürzte und im September des Jahres 9 v. Chr. an den Folgen der Verletzungen starb. Sein Halbbruder Tiberius überführte den Leichnam des Drusus nach Rom, wo er ehrenhaft bestattet und ihm posthum der Titel »Germanicus« als »Bezwinger Germaniens« verliehen wurde. Diesen Titel erbte sein Sohn Nero Claudius (15 v. Chr. – 19 n. Chr.), der sich fortan einfach nur Germanicus nannte.

Tiberius Julius Caesar Augustus (42 v. Chr – 37 n. Chr.), Stiefsohn des Augustus und dessen späterer Nachfolger als Kaiser, übernahm nach seinem Bruder Drusus das Amt des militärischen Oberbefehlshabers in Germanien. Er hatte zuvor an Kämpfen in Spanien und Armenien teilgenommen. Tiberius unternahm erfolgreiche Feldzüge in Germanien, der Historiker Velleius Paterculus, der auch über Arminius berichtete, nahm an diesen Feldzügen als Offizier teil und schreibt: »Nichts blieb mehr in Germanien, das hätte besiegt werden können, außer dem Stamm der Markomannen.« (Paterculus, Römische Geschichte II, 108,1) Germanien war nun weitgehend befriedet und den Römern tributpflichtig. Auch gegen die Markomannen in Böhmen war Tiberius im Jahr 6 v. Chr. im Begriff, einen aussichtsreichen Feldzug zu unternehmen, als er zu einem Aufstand in Pannonien, einer römischen Provinz zwischen dem Wiener Wald im heutigen Österreich und Westungarn, abberufen wurde. Tiberius handelte aber vor seinem Abzug mit Marbod (lat. Maroboduus), dem König der Markomannen, einen Friedensvertrag aus. Drei Jahre dauerte die Niederschlagung des Aufstandes in Pannonien. Die Römer wurden dabei von germanischen Hilfstruppen unterstützt, bei dem auch die Cherusker und mit ihnen Arminius aufseiten der Römer kämpften. Die Stämme im Westen Germaniens wie z. B. Chauken, Chatten oder Cherusker befanden sich nun in einer Situation zwischen germanischer Tradition und der Anpassung an den römischen Way of Life, wie Cassius Dio schreibt: »Auch fügten sich die Germanen bereits nach römischer Sitte, kamen auf die Marktplätze und pflegten friedlichen Umgang mit ihnen, konnten aber doch ihrer Väter Sitten, ihre Landesgebräuche, ihre ungebundene Lebensweise, ihre Waffenmacht nicht vergessen. Bis jetzt sollten sie sich nur allmählich und unter Anwendung großer Behutsamkeit derselben entwöhnen, fanden sich auch unmerklich in ihre neue Lebensweise und hatten die mit ihnen vorgehende Veränderung selbst nicht gefühlt.« (Cassius Dio, Römische Geschichte LVI, 18,2 f.) Vor allem die adlige Oberschicht der Germanen passte sich der römischen Kultur an. Der sogenannte Hildesheimer Silberschatz (Staatliche Museen Berlin), prunkvolles Tafelgeschirr aus dieser Zeit, ist ein Beispiel für die Übernahme römischen Luxus in Germanien.

Arminius – der »Befreier Germaniens«?

Zwischen Tradition und Anpassung, das war auch die Situation des Arminius, der um das Jahr 17 v. Chr. oder ein Jahr später geboren wurde. Sein Vater Segimer wurde von Velleius Paterculus »Erster seines Stammes« genannt im Sinne von Fürst. Der Name der Mutter des Arminius ist nicht bekannt. Auch der germanische Name des Arminius ist uns unbekannt, überliefert ist – wie bei seinem Bruder Flavus (= der Blonde) – nur der römische Name. Die Ableitung des Namens von »Armenius« im Sinne von »der Armenische« ist nicht korrekt, da in diesem Fall der Name dann »Armenicus« lauten müsste. Den Namen Hermann, abgeleitet von »Heer-mann« (*dux belli*), erhielt Arminius erst in der Zeit Luthers. Arminius' Vater Segimer und dessen Bruder Inguiomer vertraten die Gruppe in ihrem Stamm, die aufseiten der Römer stand und diese unterstützte.

Insgesamt gibt es über das Leben des Arminius mehr Spekulationen als gesicherte Tatsachen und der Mythos vermischt sich mit der Realität. Die Hauptquelle zur Biografie des Arminius und zur Varusschlacht sind die »Annalen« des römischen Geschichtsschreibers Tacitus (um 58–120) und die »Römische Geschichte« des Cassius Dio (um 163–229). Ein Zeitzeuge ist Velleius Paterculus (um 20 v. Chr. – 30 n. Chr.), der beim Aufstand in

Pannonien und bei den Feldzügen des Tiberius in Germanien dabei war und in seiner »Römischen Geschichte« auch über Arminius berichtet. So beschreibt Paterculus Arminius als »Mann von vornehmer Abstammung, der persönlich tapfer, schnell von Begriff und über das Maß der Barbaren hinaus begabt war (…); das Feuer seines Geistes verriet sich schon im Blick seiner Augen; auf unserem früheren Feldzug war er ein unablässiger Begleiter gewesen, der zu Recht auch die Auszeichnung des römischen Bürgerrechts, den Rang eines Ritters, erlangt hatte; er nutzte die Trägheit des Feldherrn zu einem Verbrechen aus, denn er hatte scharf beobachtet, dass niemand schneller überwältigt wird als derjenige, der nichts befürchtet, und dass die Sorglosigkeit der häufigste Beginn des Unglücks ist.« (Paterculus, Römische Geschichte II, 119,2)

Es wird vermutet, ist aber nicht sicher, dass Arminius und sein Bruder Flavus Kindheit und Jugend als Geiseln in Rom verbrachten und so römische Kultur und Lebensart kennenlernten. Auf jeden Fall dienten beide Brüder im römischen Heer. Und beim Heeresdienst machte Arminius schnell Karriere, indem er nicht nur – wie sein Vater – das römische Bürgerrecht erhielt, sondern sogar auch in den Stand eines römischen Ritters aufstieg. Die Römer verliehen Rittertitel gerne an germanische Führer, um ihre Integration im Römischen Reich zu fördern und für die Unterstützung ihrer Herrschaft zu gewinnen. Arminius wurde Heerführer eines Verbandes von Cheruskern und unterstützte mit diesem die Römer in den Jahren 7–9 bei der Niederschlagung des Aufstandes in Pannonien. Auf diese Weise lernte Arminius auch die römische Kriegsführung bestens kennen, was ihm später von großem Nutzen sein sollte.

Publius Quinctilius Varus (46 v. Chr. – 9 n. Chr.) wurde im Jahr 7 n. Chr. Statthalter in Germanien. Wie seine Vorgänger hatte auch er den Auftrag, das freie Germanien zu erobern und zur römischen Provinz zu machen. Varus kam aus einer adligen Familie Roms, hatte in zweiter und dritter Ehe jeweils eine Großnichte des Kaisers Augustus geheiratet und seine Schwestern hatten ebenfalls in die kaiserliche Familie eingeheiratet. Das erklärt den Aufstieg des Varus zum Konsul und Statthalter von Syrien, dann von Germanien. Aber – wie der folgende Verlauf der Geschichte zeigt – mit dem Posten in Germanien war er überfordert. Vor allem aber – und das war der Hauptgrund dafür, dass die Germanen ihn ablehnten – verhielt er sich sehr undiplomatisch auf seinem neuen Posten, wie Cassius Dio berichtet: »Als aber Quintilius Varus nach seiner Statthalterschaft in Syrien Germanien zur Provinz erhalten hatte, stimmte er einen groben Ton an, wollte alles zu rasch umformen, behandelte sie herrisch und erpresste Tribut wie von Untertanen. Dies wollten sie sich nicht mehr gefallen lassen. Die Häupter des Volkes strebten nach der früheren Herrschaft; die Menge fand die hergebrachte Regierungsweise besser als fremde Zwingherrschaft. Weil sie aber am Rhein und im eigenen Land die Streitkräfte der Römer zu stark fanden, empörten sie sich vorerst nicht offen, empfingen vielmehr Varus, als ob sie alle seine Forderungen erfüllen wollten (...) und ließen ihn glauben, dass sie selbst ohne Gewalt der Waffen seinen Befehlen demütigst nachkommen würden.« (Cassius Dio, Römische Geschichte LVI, 18,3 f.)

Arminius kehrte um 8 oder 9 n. Chr. von Pannonien in seine Heimat zurück und hier kam es dann zur buchstäblich schicksalhaften Begegnung mit Varus. Zunächst sah ihre Beziehung ganz nach einer Freundschaft aus. Arminius und sein Vater Segimer wurden häufig zusammen mit Varus gesehen und waren oft zu Gast bei ihm, wie Cassius Dio schreibt: »Die Häupter der Verschwörung, der tückischen Nachstellung und des Krieges, der sich nun entspann, waren unter anderen Arminius und Segimer, die immer um sie waren und oft an seiner Tafel schmausten.« (ebd., LVI, 19,2)

Wann, warum und wie bei Arminius die Wende vom Römerfreund zum Römerfeind eintrat, wissen wir nicht. Aber es liegt auf der Hand, dass die starke Einflussnahme des Varus auf die Verwaltung Germaniens, die Forderung von Tributen und sein undiplomatisches Verhalten die Hauptgründe für diesen Wandel waren. Möglich ist auch, dass Arminius selbst eine eigenständige Führungsrolle anstrebte und die Mehrheit der Cherusker, die gegen die Römer eingestellt war, für sich gewinnen wollte. Tacitus nennt die Motive des Arminius in dem Gespräch mit seinem Bruder Flavus vor einer späteren Schlacht, wo Arminius »von den heiligen Pflichten gegenüber dem Vaterland, von der von den Vätern ererbten Freiheit, von den heimischen Göttern Germaniens« spricht (Tacitus, Annalen II, 10).

Varus war im Sommer des Jahres 9 n. Chr. mit drei Legionen ins Gebiet der Weser gezogen. Mit dabei waren auch Frauen,

Kinder und Sklaven. Das zeigt, dass dies weniger eine militärische Aktion als vielmehr ein Zeichen römischer Präsenz sein sollte. Im Herbst wollte Varus ins Winterquartier aufbrechen, sein Ziel sollte er nie erreichen. Mit einem Angriff der Germanen rechnete er nicht im Mindesten, selbst dann nicht, als er gewarnt wurde. Varus war sich seiner Sache sehr sicher und Arminius hatte sein vollstes Vertrauen. Warum sollte Arminius, der ein Freund der Römer, ein römischer Bürger, ja sogar ein römischer Ritter war, plötzlich ein Feind und Verräter der Römer sein? Zu spät erkannte Varus, dass Arminius sich gewandelt hatte. Arminius und seine Leute hatten alles sorgsam geplant: Zunächst wurde das Vertrauen des Varus durch Lob gestärkt – und Lob hört jeder gerne. Dann baten Germanen aus entfernterem Gebiet um Hilfe. Varus kam der Bitte nach und schickte ihnen Truppen, die ihm später bei der Schlacht im Teutoburger Wald fehlen sollten. Die Warnungen einiger römerfreundlicher Germanen nahm er nicht ernst. Segestes, der Schwiegervater des Arminius, forderte Varus sogar auf, Arminius in Ketten zu legen. Das waren nur Familienstreitereien, so dachte Varus und vertraute weiterhin Arminius. Dieser konnte währenddessen die meisten germanischen Stammesfürsten der Chatten, Marser, Brukterer und Angrivarier für die Sache des Aufstandes gewinnen und Varus weiterhin in Sicherheit wiegen.

Im Herbst des Jahres 9 n. Chr. wollte Varus sich gerade auf den Weg in sein Winterquartier aufmachen, als er von den Cheruskern eine gefälschte Meldung von einem Aufstand erhielt. Varus wollte diesen Aufstand beenden und machte deshalb einen Umweg in ein ihm unbekanntes Gebiet. Der Zug des Varus bestand aus drei Legionen (eine Legion bestand aus 4000–6000 Soldaten), drei Reitereinheiten und sechs Kohorten sowie zusätzlich die bereits erwähnten Frauen, Kinder und Sklaven. Arminius und andere germanische Verbündete der Römer zogen zunächst mit, entfernten sich dann aber vom Heer des Varus, angeblich um Verstärkung und Hilfe bei den germanischen Stämmen zu holen. In Wirklichkeit versuchten sie zum einen, die germanischen Stämme für den Widerstand zu gewinnen, zum anderen überfielen sie die römische Einheiten an ihren Standorten in Germanien und eilten dem Varus voraus, um ihn dann aus dem Hinterhalt anzugreifen.

Die Römer kamen nur langsam in dem unübersichtlichen, schwer zugänglichen Moorgebiet voran: Sie mussten Bäume fällen, Wege bahnen und Brücken bauen. Hinzu kam starker Regen und Sturm. Diese Situation nutzte Arminius erfolgreich zum Angriff und Überfall auf die Römer, wie Cassius Dio es beschreibt: »Die Gebirge waren voller Schluchten und Unebenheiten und die Bäume dicht und hoch gewachsen, sodass die Römer schon vor dem Ausfall der Feinde mit dem Fällen der Bäume, dem Wegbahnen und dem Schlagen von Brücken, wo es nötig war, volle Arbeit hatten. Sie führten auch viele Wagen und Lasttiere wie im Frieden nach sich, auch Kinder, Frauen und Dienerschaft in Menge folgten ihnen, sodass sie schon deshalb sich auf dem Zug ausdehnen mussten. Ein heftiger Regenguss und Sturmwind überfiel und trennte sie noch mehr, und der Boden und die Wurzeln und Stämme der Bäume, schlüpfrig geworden, machten ihre Tritte unsicher, die Gipfel der Bäume brachen ab und vermehrten durch ihren Fall die Verwirrung. In dieser Not fielen die Feinde aus den dichtesten Wäldern von allen Seiten über die Römer her, indem sie, der Wege kundig, sie umflügelten und anfangs aus der Ferne sie beschossen, dann aber, als sich niemand zur Wehr setzte und viele verwundet wurden, ihnen zu Leibe gingen. (...) Es war der vierte Tag, dass sie so daherzogen, ein heftiger Regen und starker Wind überfielen sie wieder und ließen sie weder weiterziehen noch auch sicheren Fuß fassen, ja setzte sie sogar außer Stand, von ihren Waffen Gebrauch zu machen, denn Pfeile, Wurfspieße und Schilde waren durchnässt und nicht gut zu gebrauchen. Die Feinde dagegen, meist leicht bewaffnet, hatten, da sie ungehindert vordringen oder zurückweichen konnten, weniger darunter zu leiden. Überdies waren sie auch an Zahl weit überlegen (denn auch die früher Bedenklichen hatten sich jetzt, wenigstens um Beute zu machen, gleichfalls eingefunden) und umringten nun die schwächeren Römer, welche schon in den vorausgegangenen Kämpfen viele Leute verloren hatten, umso leichter und machten sie nieder, sodass Varus und die angesehensten Führer, aus Furcht, lebendig gefangen zu werden oder durch die Hand ihrer verhassten Feinde zu fallen (denn verwundet waren sie schon), den traurigen, aber durch die Not gebotenen Entschluss fassten, sich in ihre eigenen Schwerter zu stürzen. Sobald dies verlautete, setzte sich keiner, wenn er auch noch Kräfte hatte, weiter zur Wehr. Die einen ahmten das Beispiel ihres Anführers nach, die anderen warfen die Waffen weg und ließen sich von dem nächsten Besten niedermachen, denn an Flucht war, wenn man auch wollte, nicht zu denken. Es wurden nun ohne weitere Gefahr Mann und Ross niedergestoßen.« (Cassius Dio, Römische Geschichte LVI, 20–22)

Drei Tage lang dauerte die Schlacht zwischen Römern und Germanen. Fast alle Römer wurden gefoltert, getötet oder den Göttern geopfert. Der Leichnam des Varus wurde zerstückelt. Arminius ließ den Kopf des Varus an Marbod, den König der Markomannen, überbringen als Zeichen seines Sieges und auch als Aufforderung, sich mit ihm zu verbünden. Marbod war aber nicht am Kampf, sondern an einem guten Einvernehmen mit den Römern interessiert und schickte den Kopf des Varus daher an Augustus. Als Augustus von der Vernichtung des römischen Heeres durch die Germanen erfuhr, zerriss er seine Kleider und rief aus: »Quinctilius Varus, gib die Legionen zurück!« (Sueton, Vita Divi Augusti, 23) Dieser Ausruf war nicht nur Ausdruck der Trauer, sondern auch des Bewusstseins, dass Arminius dem Römischen Reich eine der schlimmsten Niederlagen zugefügt hatte und damit verbunden der Furcht vor weiteren Übergriffen der Germanen. Sechs Jahre später besuchte der Statthalter Germanicus den Ort der Varusschlacht und ließ die Gebeine der getöteten Legionäre bestatten. Tacitus berichtet darüber wie folgt: »Mitten in dem freien Feld lagen die bleichenden Gebeine zerstreut oder in Haufen, je nachdem die Leute geflohen waren oder Widerstand geleistet hatten. Dabei lagen Bruchstücke von Waffen und Pferdegeripppe, zugleich fanden sich an Baumstämme angenagelte Köpfe. In den benachbarten Hainen standen die Altäre der Barbaren, an denen sie die Tribunen und die Centurionen der ersten Rangstufe geschlachtet hatten. Die Leute, die diese Niederlage überlebt hatten und der Schlacht oder der Gefangenschaft entronnen waren, erzählten, hier seien die Legaten gefallen, dort die Adler von den Feinden erbeutet worden; sie zeigten, wo Varus die erste Wunde erhalten, wo er mit seiner unseligen Rechten sich selbst den Todesstoß beigebracht habe; wo Arminius von der Tribüne herunter eine Ansprache gehalten habe, wie viele Galgen für die Gefangenen, was für Martergruben er habe herstellen lassen, wie er Feldzeichen und Adler übermütig verhöhnt habe.« (Tacitus, Annalen I, 61)

Nach der Niederlage schickte Augustus im Jahre 10 Tiberius, seinen Adoptivsohn, diesmal mit acht Legionen nach Germanien. Über 25 Legionen insgesamt verfügte das Römische Reich, mit den acht Legionen befand sich jetzt ein Drittel des gesamten römischen Heeres in Germanien. Ziel war es, zunächst die Lage wieder zu normalisieren. Entsprechend ging Tiberius eher defensiv vor, um kein großes Risiko einzugehen. Im Jahr 13 schickte Augustus seinen Großneffen Germanicus, Adoptivsohn von Tiberius, Vater des späteren Kaisers Caligula nach Germanien. Er löste Tiberius ab, der nach Rom zurückkehrte. In den Jahren zwischen 14 und 16 versuchte Germanicus wieder Fuß in den verlorenen germanischen Gebieten zu fassen und sie zurückzugewinnen. Arminius andererseits versuchte, dieses Vorhaben als Führer eines Verbandes germanischer Stämme zu verhindern. Es blieb bei den Gefechten bei einer Pattsituation, keine der Parteien konnte entscheidende Erfolge für sich verbuchen. Die Einheit der Cherusker bröckelte, die römerfreundliche Partei unter Führung von Segestes war wieder gestärkt.

Hinzu kam der persönliche Konflikt zwischen Segestes und Arminius: Arminius hatte sich nämlich dessen Tochter Thusnelda zur Frau genommen, gegen den Willen des Segestes, der sie schon mit einem anderen verlobt hatte. Segestes wiederum gelang es im Jahr 15 Thusnelda zu entführen. Diese war inzwischen schwanger. Arminius wollte Thusnelda wieder zurückholen und belagerte Segestes. Segestes schickte Gesandte zu Germanicus mit der Bitte um Hilfe, der Germanicus natürlich gerne nachkam. »Germanicus hielt es für lohnend, kehrtzumachen. Es kam zum Kampf mit den Belagerern und Segestes wurde mit zahlreichen Verwandten und Klientel befreit. Darunter waren vornehme Frauen, auch die Gattin des Arminius, die ja die Tochter des Segestes war und mit dem Herzen mehr auf der Seite ihres Mannes als ihres Vaters stand. Sie ließ sich keine Träne entlocken und ließ kein demütiges Wort verlauten; die Hände unter dem Bauch ihres Kleides gefaltet, schaute sie auf ihren schwangeren Leib.« (ebd. I, 57)

An dieser Stelle sei kurz das Ende dieser Geschichte erwähnt: Im Jahr 17, als Germanicus seine Mission in Germanien beendet hatte, zog er im Triumphzug in Rom ein und führte dabei Thusnelda und ihren Sohn Thumelicus als Kriegsbeute mit sich. Üblich war es, die Kriegsgefangenen nach einem Triumphzug zu töten oder ins Gefängnis zu werfen. Bei Thusnelda machte man eine Ausnahme, wohl wegen ihres römerfreundlichen Vaters, und schickte sie nach Ravenna ins Exil. Über das weitere Leben von Thumelicus ist nur ein einziger Satz von Tacitus überliefert: »Der Knabe wuchs in Ravenna auf. Von dem Spiel, das das Schicksal später mit ihm getrieben hat, werde ich zu gegebener Zeit berichten.« (ebd., I, 58) Tacitus ist aber nicht mehr dazu gekommen, ausführlicher darüber zu berichten. So kann man nur Vermutungen anstellen, z. B. dass Thumelicus bei einem Gladiatorenkampf ums Leben kam und Tacitus das mit »Spiel« gemeint haben könnte. Denn die Stadt Ravenna war für ihre Gladiatorenkämpfe berühmt. Tacitus berichtet in den Annalen nicht über die Jahre 30 und 31, möglicherweise starb Thumelicus in dieser Zeit, vielleicht aber auch erst später. Von Thusnelda wird nichts mehr überliefert. Im Zuge der Arminius-Verehrung war ihr Name noch im 19. Jh. als Vorname beliebt, ehe er seine heute abwertende Bedeutung erhielt: So bezeichnet man unliebsame Ehefrauen als Tusnelda und dumme, oberflächliche Frauen als Tussi.

Zurück zum Jahr 14, in dem Kaiser Augustus starb und Tiberius sein Nachfolger wurde. Obwohl die Römerpartei unter Segestes stärker geworden war, konnte Arminius doch einen großen Teil der Cherusker, auch seinen bisher römerfreundlichen Onkel Inguiomerus und andere germanische Stämme von einem Widerstand gegen die Römer überzeugen. Von 14–16 kam es zu mehreren Widerstandskämpfen des Arminius, dem sich diverse andere Stämme wie Chatten, Chauken, Marser oder Brukterer angeschlossen hatten. Sie alle folgten dem Aufruf des Arminius, um Widerstand gegen Rom zu leisten. Er konnte sie mit seiner Persönlichkeit überzeugen, zudem stellte er den Überläufern Lohn in Aussicht, nämlich wie Tacitus schreibt: »Frauen und Ländereien und für die Dauer des Krieges täglich hundert Sesterzen« (ebd., II, 13).

Es war allerdings Germanicus, der im Jahr 15 zuerst angriff, sodass die Cherusker sich in sumpfiges, schwer zugängliches Gebiet zurückzogen. Es folgten Kämpfe ohne einen klaren Sieg für eine Seite. Germanicus gab schließlich auf. Arminius verfolgte nun Aulus Caecina Severus, der die niederrheinischen Legionen befehligte. Dabei konnte er in einem sumpfigen Gebiet die Römer einkesseln und angreifen. Schon waren die Römer fast besiegt, aber statt weiterzukämpfen, stürzten sich die Germanen auf die Beute. So konnten sich die Römer in der Zwischenzeit in offenes, übersichtliches Gelände zurückziehen. Arminius wollte die Römer abziehen lassen und später wieder angreifen. Sein Onkel Inguiomerus riet zum direkten Angriff, der dann auch durchgeführt wurde. Während die Germanen auf die Schutzwälle zustürmten, griffen die Römer von hinten an, und im folgenden Nahkampf waren die Germanen unterlegen und mussten aufgeben. Inguimerus wurde in der Schlacht schwer verwundet.

Im Jahr 16 kam es zu einem weiteren Kampf zwischen Germanicus und Arminius an der Weser, der von einem Bruderzwist begleitet wurde: Vor der Schlacht kam es zu einem dramatischen Disput zwischen Arminius und seinem aufseiten der Römer kämpfenden Bruder Flavus, bei der es fast zu einer handgreiflichen Auseinandersetzung gekommen wäre. Tacitus berichtet davon: »Dann entspann sich ein Wortwechsel: der eine sprach von der Größe Roms, von der Macht des Caesars und der schweren Bestrafung, die die Besiegten zu erwarten hätten, während dem, der sich unterwerfe, Milde zuteilwerde. Weder seine Gattin noch sein Sohn werde als Feind behandelt. Der andere sprach von der heiligen Pflicht gegenüber dem Vaterland, von der von den Vätern ererbten Freiheit, von den heimischen Göttern Germaniens, von der Mutter, die sich seinen Bitten anschließe. Er solle nicht zum abtrünnigen Verräter an seinen ferneren und näheren Verwandten, ja an seinem eigenen Volke, vielmehr dessen Heerführer werden. Dann kam es allmählich zu einer richtigen Zankerei (…).« (ebd., II, 10) Die Schlacht im Weserbergland, deren genauer Ort heute nicht mehr bekannt ist, wurde zu einer verlustreichen Niederlage für Arminius, weil er nicht verhindern konnte, dass die Germanen vorschnell und ungeordnet angriffen und von den Römern eingekesselt wurden. Arminius floh mit blutverschmiertem Gesicht, um nicht erkannt zu werden. Trotz der Niederlage griff Arminius nochmals die Römer an. Aber auch diesmal konnte er nicht siegen. Zum einen wurden die Germanen an Germanicus verraten und zum anderen waren sie im Nahkampf den Römern nicht gewachsen. Allerdings gelang es auch Germanicus nicht wie geplant, das rechtsrheinische, freie Germanien zur römischen Provinz zu machen. Tiberius berief Germanicus noch im Jahr 16 zurück nach Rom und gab sich mit der römischen Herrschaft in Germanien bis zur Rheingrenze zufrieden.

Für Arminius hätte der Abzug der römischen Truppen eigentlich ein Happy End sein können. Zunächst konnte er sich auch erfolgreich gegen die Sueben und gegen den König der Markomannen, Marbod, durchzusetzen. Semnonen und Langobarden wechselten die Seiten von Marbod zu Arminius. Allerdings trat Inguiomerus, der Onkel des Arminius, mit seinem Gefolge zu Marbod über. Im Jahr 17 kam es zur Schlacht zwischen Arminius und Marbod. Marbod zog sich daraufhin nach Böhmen zurück. Die Römer hielten sich aus dieser Fehde ganz heraus.

Arminius wollte nicht nur ein Heerkönig in Kriegszeiten sein, sondern strebte die dauerhafte Herrschaft als König über die Cherusker an. Dabei zeigte sich, dass längst nicht alle Cherusker hinter Arminius standen, sondern er stieß vor allem bei der adligen Oberschicht auf Widerstand. Von einem Verwandten wurde Arminius schließlich ermordet. »Indessen stieß Arminius bei dem Abzug der Römer und nach der Vertreibung von Marbod in seinem Streben nach dem Thron auf den Widerstand seiner freiheitsliebenden Landsleute. Es kam zu einer bewaffneten Auseinandersetzung, bei der er mit wechselndem Glück kämpfte und durch die Hinterlist seiner Verwandten fiel. Unstreitig war er der Befreier Germaniens, der das römische Volk nicht am Anfang seiner Geschichte, wie andere Könige und Heerführer, sondern das in höchster Blüte stehende Reich herausgefordert hat, in den einzelnen Schlachten nicht immer erfolgreich, im Kriege unbesiegt. Er wurde 37 Jahre alt, zwölf Jahre hatte er die Macht in Händen, und noch immer besingt man ihn bei den barbarischen Völkern.« (ebd., II, 88)

Nach dem Tod des Arminius kam es zu Konkurrenz- und Führungskämpfen innerhalb des Stammes der Cherusker, bei denen fast alle Cheruskerfürsten starben. Im Jahr 47 baten die Cherusker daher Kaiser Claudius in dieser Sache um Unterstützung. Daraufhin wurde Italicus König der Cherusker. Er war der Sohn des Flavus und Neffe des Arminius. Aber auch Italicus konnte die Stammesfehden nicht ganz beenden. Er wurde sogar einmal vertrieben und von den Langobarden wieder eingesetzt, wie Tacitus schreibt. Nach Tacitus wurden die Cherusker von den Chatten unterworfen.

Nachleben

Das Verdienst des Arminius ist es, dass er endgültig das Vorhaben der Römer verhinderte, das rechtsrheinische Germanien bis zu Elbe zu einer Provinz des Römischen Reiches zu machen. Und Arminius erreichte sein Ziel, dass die Cherusker frei und selbstständig wurden – dies allerdings nur zu seinen Lebzeiten.

Was veranlasste Arminius dazu, dass er sich vom Römerfreund zum Widerstandskämpfer gegen die Römer wandelte? Was war der Grund für die Varusschlacht? Eine eindeutige, definitive Antwort muss letztlich offenbleiben. Man kann nur Vermutungen aufstellen. Eine These ist, dass die Varusschlacht eine interne militärische Revolte gewesen sei, bei der die germanischen Hilfstruppen gegen die römischen Legionen rebelliert hätten. Aber keiner der antiken Autoren berichtet davon, sondern diese schildern die Varusschlacht als Widerstandsbewegung der germanischen Stämme gegen die Römer. Dementsprechend ist davon auszugehen, dass die Begegnung der Germanen mit der römischen Kultur und Herrschaft zu einer Entfremdung und Identitätskrise geführt hatte. Es gab zwei Möglichkeiten, auf diese Krise zu reagieren: Anpassung an die römische Kultur oder deren Ablehnung und entsprechend Widerstand. Wie die Geschichte zeigt, war der Stamm der Cherusker in zwei Parteien gespalten, eine, die für die Römer war – und zu der zunächst auch Arminius und sein Vater gehörten –, und eine Partei, die gegen die Römer eingestellt war.

Wie wäre die Geschichte ohne Arminius und Varusschlacht verlaufen? Eine sicher hypothetische Frage, aber nicht unberechtigt. Das rechtsrheinische Germanien wäre wahrscheinlich römische Provinz und romanisiert worden. Und es wäre fraglich, ob in Mitteleuropa heute germanische Sprachen wie Deutsch oder Niederländisch gesprochen würden. Eine Folge von Arminius und der Varusschlacht ist also, dass eine Provinzialisierung und Romanisierung des rechtsrheinischen Germaniens verhindert wurde und sich germanische Tradition erhalten konnte. Allerdings blieb auch das »freie« Germanien nicht ganz ohne römischen Einfluss.

Zunächst geriet die Gestalt des Arminius in Vergessenheit – das ganze Mittelalter über erinnert man sich nicht an ihn. Erst als in der Renaissance die Schriften des Tacitus und anderer antiker Schriftsteller wiederentdeckt wurden, wuchs das Interesse an Arminius vor allem in humanistischen und protestantischen Kreisen. Tacitus hatte mit seinem Urteil, dass Arminius der »Befreier Germaniens« war, die Vorlage geliefert, auf die man bis heute gerne zurückgreift. So entwickelte sich die Gestalt des Arminius für die Deutschen zum Symbol ihrer entstehenden Identität als deutsche Nation, vor allem in Abgrenzung zum deutschen Feind Frankreich. Arminius symbolisierte den militärischen Sieg der Deutschen über ihre Gegner, nie die Völkerverständigung.

Martin Luther, Philipp Melanchthon und Georg Spalatin, ein Freund Luthers, und vor allem Ulrich von Hutten in seinem Arminius-Dialog (1529) lobten Arminius als Verteidiger und Retter der Deutschen. Luther gab Arminius als Erstem den Namen Hermann, abgeleitet von »Heer-mann« *(dux belli)*. Nach Luthers Meinung stammten die Cherusker aus dem Harz und Hermann war demnach ein Harzer. Ulrich von Hutten begründete mit seinem Arminius-Dialog den Arminius-Mythos, indem er Arminius – dabei Bezug nehmend auf die von Lukian genannten größten Feldherren Alexander, Hannibal und Scipio – als den bedeutendsten Feldherrn in der Geschichte und »ersten Vaterlandsverteidiger« preist. Arminius wurde so zur wichtigsten Gestalt germanisch-deutscher Geschichte, die einem Vergleich mit der römischen Geschichte standhielt. Er wurde zur Identifikationsfigur der Deutschen in Krisenzeiten, vor allem in den Napoleonischen Kriegen und im Ersten Weltkrieg.

Vom 17. bis 19. Jh. kam Arminius als Heldengestalt in der deutschen Literatur von unterschiedlichem Niveau regelrecht in Mode. Leben, Kampf und Taten des Arminius, aber auch seine Liebe zu Thusnelda boten Stoff für zahlreiche Gedichte, Romane, Dramen und Opern. Andererseits diente Arminius als Sinnbild des deutsch-nationalen Bewusstseins. Schon Luther und seine Anhänger verglichen »Hermanns« Kampf gegen Rom mit ihrem eigenen Kampf gegen die römisch-katholische Kirche und den Papst. Für Daniel Casper von Lohenstein, Justus Möser, Friedrich Klopstock, Heinrich von Kleist oder Christian Dietrich Grabbe war Arminius Sinnbild für die deutsche Freiheit und Einheit, für Vaterlandsliebe und deutsche Tugenden. Heinrich von Kleist verstand sein Drama »Die Hermannsschlacht« (1808) als Aufruf, Deutschland von der französischen

Herrschaft zu befreien. Im Zuge der deutsch-nationalen Gesinnung im 19. Jh. erlebte der Mythos Arminius seinen Höhepunkt und wurde im Nationalsozialismus fortgesetzt.

1875 wurde das Hermannsdenkmal nach vierzigjähriger Bauzeit im Teutoburger Wald eingeweiht. Der Teutoburger Wald hieß noch im 17. Jh. Osning und wurde erst danach umbenannt, weil Tacitus den Teutoburger Wald (*saltus teutoburgiensis*) als Ort der Varusschlacht erwähnt hatte. Das Hermannsdenkmal stellt Hermann den Cherusker dar als ca. 26 m hohe Bronzefigur, mit erhobenem Schwert und Flügelhelm. Insgesamt ist das Denkmal 56 m hoch, zur Zeit seiner Entstehung das höchste Denkmal der Welt und bis heute das höchste Denkmal Deutschlands. Es wurde zum Symbol des deutschen Sieges über Frankreich, worauf nicht zuletzt die Inschriften des Denkmals hinweisen. Die Bedeutung des Denkmals, Lebenswerk des Künstlers Ernst von Bandel, zeigt sich schon daran, dass Kaiser Wilhelm I. persönlich bei der Einweihung zugegen war. Bis heute ist das Denkmal ein beliebtes Ausflugsziel.

Für die Nationalsozialisten waren die Germanen in ihrem Rassenwahn das »Herrenvolk«, dessen Rasseeinheit das Überleben in der Geschichte garantierte. Und Arminius war derjenige, der durch seinen Widerstand gegen die Römer die Rassereinheit der Germanen bewahrt hatte. Insgesamt lässt sich eine Entwicklungslinie ziehen von den Anfängen der Arminius-Verehrung in der Renaissance bis zum Nationalsozialismus: Die Römer, später auch die Franzosen und die Juden fungierten als Negativfolie, um ein positives, nationales Germanenbild aufzubauen, und Arminius diente dabei als Gestalt deutsch-nationaler Identität. Arminius war für die Nationalsozialisten der Erste einer Reihe von deutschen Führergestalten, deren Höhepunkt dann Hitler selbst war.

Nach dem 2. Weltkrieg ließ die Arminius-Verehrung nach, aber sie ist in rechtsextremen Kreisen nach wie vor präsent. Diese rechtsextremen Kreise sehen in Arminius den Kämpfer gegen Migranten und die USA als das »neue Rom« und waren im Jubiläumsjahr der Varusschlacht 2009 mit entsprechenden Aktionen aktiv.

Mit Arminius verbinden sich nach wie vor unbeantwortete Fragen. So z. B. die Frage, ob Arminius Vorbild für die Gestalt Siegfrieds im Nibelungenlied gewesen war. Diese These kam erstmals im 19. Jh. in deutsch-nationalen Kreisen auf. Selbst in der Wissenschaft wurde noch im 20. Jh. diese These vertreten, die man heute weitgehend ablehnt. Als Argumente wurden angeführt: der Kampf des Siegfried mit dem Drachen sei ein Hinweis auf die Varusschlacht, aus der Arminius bzw. Siegfried als Sieger hervorgehen. Die Tarnkappe, die Siegfried im Nibelungenlied verwendet, sei ein Hinweis darauf, dass Arminius nach außen wie ein Römer gelebt habe und insgeheim germanische Interessen verfolgt habe. Ähnlichkeiten sah man auch in der Ermordung des Arminius und des Siegfried durch Verwandte. Und schließlich ließen die Namen in der Familie des Arminius, die nach germanischer Tradition alle mit der gleichen Silbe beginnen (Sigemer, Segimund, Segest) – so die These –, darauf schließen, dass der germanische Name des Arminius Siegfried war. Heute werden diese Argumente alle als Spekulation angesehen, nicht zuletzt wegen des großen Zeitabstandes von 12 Jahrhunderten zwischen der Varusschlacht und der Niederschrift des Nibelungenliedes.

Die Frage, wo genau der Ort der Varusschlacht war, beschäftigt bis heute die Wissenschaftler und ist nach wie vor nicht eindeutig geklärt. Tacitus schrieb, wie bereits erwähnt, die Schlacht habe »zwischen Ems und Lippe (…), nicht weit vom Teutoburger Wald« stattgefunden. Dies ist die einzige Quelle, mehr Informationen haben wir nicht. Und es gibt nur ein einziges archäologisches Zeugnis dafür, dass die Varusschlacht überhaupt stattgefunden hat: der Kenotaph bzw. Gedenkstein für einen gewissen Marcus Caelius von der 18. Legion, der »im Krieg des Varus« (»bello Variano«) gefallen war, wie es auf der Inschrift heißt. Den Gedenkstein fand man in der Nähe von Xanten, heute ist er ein Exponat im Rheinischen Landesmuseum Bonn. Aufschluss über den Ort der Varusschlacht gibt er aber nicht.

Die Zahl der Orte, wo die Varusschlacht stattgefunden haben sollte, wuchs im Laufe der Geschichte immer mehr. Nicht nur Orte in Niedersachsen und Westfalen, sondern auch in Norddeutschland und sogar in den Niederlanden wurden genannt. Nach heutigem Stand spricht aber am meisten dafür, dass Kalkriese der Ort der Varusschlacht war, zumindest die zentrale Stelle der sich über 20 km hinziehenden Schlacht. Der Fundort Kalkriese-Niewedder liegt zwischen Osnabrück und Bramsche. Schon Ende des 17. Jh. fand man dort römische Münzen. Bei den systematischen Ausgrabungen, die 1988 begannen und noch andauern, fand man Knochen von Menschen, Pferden und Maultieren sowie militärische Ausrüstungsteile, darunter eine Gesichtsmaske. Die menschlichen Überreste stammen von ca. 17 gesunden Männern im Alter zwischen 25 und 45 Jahren, manche weisen Hiebspuren auf. Für die Annahme, dass Kalkriese der Ort der Varusschlacht ist, sprechen vor allem die römischen Münzfunde, die eine Prägung mit der Inschrift VAR (für Varus) und VAL (für den Legaten Valus) aufweisen. Außerdem finden sich keine Münzen aus späterer Zeit. Und der Ort war für die Römer eine Falle im wahrsten Sinn des Wortes, da sie sich hier wie in einer Einbahnstraße ohne Ausweg nur in eine Richtung bewegen konnten. Denn auf der einen Seite war Sumpfgebiet, auf der anderen der Berghang, auf dem die Germanen einen Wall errichtet hatten und von wo sie angreifen konnten.

Kritiker der These, dass Kalkriese der Ort der Varusschlacht ist, führen unter anderem an, dass es viel zu wenig Knochenfunde sind, dass es keine Überreste von Frauen und Kindern gibt, die Germanicus am Schlachtort später bestatten ließ. Und zudem würde die Wallanlage nicht den Größenverhältnissen der Varusschlacht entsprechen. Obwohl die Diskussion um den Ort der Varusschlacht also noch nicht ganz abschlossen ist, hat man im Jahr 2000 einen Museumspark Varusschlacht und 2001 »Museum und Park Kalkriese« eingerichtet.

Die Entdeckung von Kalkriese als wahrscheinlichen Ort der Varusschlacht gab dem Arminius-Mythos wieder Auftrieb. Noch heute ist Arminius in der Literatur präsent: in Abenteuerromanen, in historischen oder esoterischen Romanen. Beispielhaft sei hier nur die Germanen-Saga (1996-2001) von Jörg Kastner genannt.

4. Exkurs: Der Arianismus – Das Christentum der Germanen

Wulfila wurde um 311 in eine Wendezeit des Christentums hineingeboren. Es ist die Zeit der sogenannten Konstantinischen Wende, in der sich das Christentum von einer unterdrückten Religion einer Minderheit zu einer gleichberechtigten Religion und dann zur alleinigen Staatsreligion im Römischen Reich entwickelte. Es ist der erste Schritt des Christentums zur Religion des Abendlandes und zur Weltreligion.

Kaiser Konstantin der Große (ca. 285–337) entwarf in dem sogenannten Toleranzedikt von Mailand 313 mit seinem Mitregenten Licinius im Osten ein Programm, dass dem Christentum völlige Gleichberechtigung neben den anderen Religionen im Staat garantierte und es somit förderte. Dieses Toleranzedikt ging als Konstantinische Wende in die Geschichte ein. Das Christentum hatte danach völlige Religionsfreiheit, war aber noch nicht Staatsreligion des Römischen Reiches. Denn noch war die Mehrheit des Römischen Reiches (schätzungsweise 95%) nichtchristlich. Erst unter Theodosius dem Großen (reg. 379–395), Kaiser in der Osthälfte des Reiches und Gratian (375–383), Kaiser in der Westhälfte des Reiches, wurde das Christentum zur alleinigen Staatsreligion im gesamten Römischen Reich. In einem kaiserlichen Edikt (»*Cunctos populos*«) von 380 wurde die Annahme des Christentums befohlen und die Ausübung der heidnischen Opferkulte im Jahr 392 verboten und unter Strafe gestellt. Somit war die christliche Kirche jetzt Reichskirche geworden.

Konstantin der Große veranlasste den Bau bedeutender Kirchen: so die Lateranbasilika, den ersten Bau des Petersdomes über dem (vermuteten) Grab des Apostels Petrus, die Grabeskirche in Jerusalem, die Geburtskirche in Bethlehem (durch seine Mutter Helena) und des ersten Baus des Doms in Trier. Den Lateranspalast schenkte er 313 dem Papst als neue Residenz. Konstantins Residenz hingegen wurde das neu gegründete Konstantinopel. Er wollte das Christentum nicht nur in den römischen Staat eingliedern, sondern zu einer universalen Religion in seinem Reich machen, und deshalb war er auch sehr an der Einheit des Christentums interessiert. Diese Einheit entwickelte sich erst im Laufe der Zeit, das Christentum gewann sein Profil nicht nur in Auseinandersetzung mit der Umwelt, sondern auch durch innerkirchliche Auseinandersetzungen zwischen unterschiedlichen Gruppierungen und ihren Lehren. Der bekannteste Streit dieser Zeit war der um die Lehre des Arius, den Arianismus. In Form des Arianismus hatten dann die Germanen, d. h. Goten, Vandalen und Burgunder, das Christentum angenommen.

Um eine Spaltung der Christenheit zu verhindern, rief Konstantin 325 das Konzil von Nizäa (heute Iznik, Türkei) ein. Konstantin verstand sich als christlicher Kaiser, er sah sich als »Bischof im äußeren Bereich« und beanspruchte dementsprechend eine Führungsfunktion im kirchlichen Bereich so wie sie ihm als *Pontifex maximus* im römischen Staatskult zukam. So wirkte er bei der Besetzung von Bischofsstühlen und bei der Arbeit der Synoden mit – ähnlich wie später Karl der Große. Generell ist seit Konstantin nicht nur die Tendenz zu einem christlichen Staat, sondern auch zu einer Verstaatlichung der Kirche zu beobachten. Konstantin erzog seine Kinder christlich, er selbst ließ sich aber erst kurz vor seinem Tod (Pfingsten 337) durch den arianischen Bischof Eusebius von Nikomedia († 341) taufen. Dieser war von 318–338 Bischof von Nikomedia. Er war auch derjenige, der Wulfila zum Bischof der Goten weihte. Dabei nahm Wulfila dessen Lehre der arianischen Homöer an, wie weiter unten noch ausgeführt wird. Und Eusebius war auch der Erzieher des Kaisers Julian, (331–363), genannt der »Abtrünnige«. Denn nachdem die Söhne von Konstantin dem Großen, Konstantius (reg. 337–361) und Konstans (reg. 337–350), dessen Kurs fortsetzten, führte Julian noch einmal eine Rückwende zum Heidentum durch. Aber schon sein Nachfolger Jovian unterstützte wieder das Christentum.

Der Arianismus geht auf den Presbyter Arius († 336) aus Alexandrien zurück und führte während des ganzen 4. Jh. zu innerkirchlichen Streitigkeiten. Arius lehrte, dass Christus nicht wesensgleich mit Gottvater ist, sondern diesem untergeordnet (Subordination). Gottvater ist nach Arius ungezeugt, nicht geschaffen, ohne Anfang, ewig und somit wahrer Gott. Dem Sohn (dem *Logos*, griech. = Wort) kommen diese Eigenschaften nicht zu, er ist gezeugt und geschaffen – der Sohn »war nicht, bevor er gezeugt wurde«, wie es Arius formulierte. Als Gegner des Arius trat Athanasius (um 295–373) auf, ein Diakon des Bischofs Alexander von Alexandrien. Er argumentierte gegen Arius: Der Sohn ist der Erlöser der Welt, also kann er nicht selbst erlösungsbedürftig sein. Arius spaltete die Ostkirche, er fand sowohl Zustimmung und Anhänger als auch Ablehnung.

Arius wurde von Bischof Alexander exkommuniziert, von anderen Synoden wieder rehabilitiert. Der sogenannte Arianismusstreit zog sich von 318–381 hin. Kaiser Konstantin der Große berief das Konzil von Nicäa ein, um den Streit um die Lehre des Arius zu beenden. Arius wurde auf dem Konzil von Nicäa 325 verurteilt. Das Konzil entschied gegen Arius und setzte das Glaubensbekenntnis entgegen, dass über Christus aussagt »wahrer Gott von wahrem Gott, gezeugt, nicht geschaffen, *eines Wesens* mit dem Vater«.

Innerhalb des Arianismus gab es verschiedene Formen bzw. Gruppierungen. Eusebius von Nikomedia und seine Anhänger, die sogenannten Homöer, vertraten eine mittlere bzw. mildere Position des Arianismus. Sie waren der Auffassung, dass Jesus Christus und Gottvater zwar nicht gleichen Wesens, aber sich doch ähnlich *(homoios)* sind. Nach Ansicht der radikalen Gruppe der Arianer aber, der Anhomäer, waren Sohn und Gottvater sich überhaupt nicht ähnlich *(= anhomoios)*. Von Eusebius übernahm Wulfila dann die Lehre der Homöer und verbreitete sie bei den Goten.

Während Konstantin die Ablehnung des Arius auf dem Konzil von Nizäa aktiv betrieben hatte, änderte er seine Meinung später. Er und auch sein Sohn Konstantius waren nun für einen abgemilderten Arianismus nach der Lehre des Eusebius bzw. der Homöer offen, wahrscheinlich aus taktisch-politischen Gründen. Später vermischte sich die Auseinandersetzung um den Arianismus mit den politischen Konflikten zwischen den beiden Söhnen Konstantins. Während die Westkirche an dem Glaubensbekenntnis von Nizäa festhielt, gab es in der Ostkirche arianische Bestrebungen.

Die Verurteilung des Arianismus wurde erst unter Kaiser Theodosius dem Großem (347–395) definitiv in die Praxis umgesetzt, indem er die Gültigkeit des Glaubensbekenntnisses von Nizäa in einem Edikt von 380 verbindlich festlegte. Von nun an wurde der Arianismus bekämpft und die arianischen Bischöfe vertrieben. Der Arianismusstreit wurde mit dem Konzil von

Konstantinopel 381 beendet, wo sich die gesamte Kirche auf das, gezielt gegen den Arianismus erweiterte, »Große Glaubensbekenntnis« einigte. Dabei wurde betont: Gott ist ein Wesen (*ousia*) in drei Existenz- bzw. Erscheinungsweisen (*hypostaseis*), in drei Personen, bezeichnet als Dreifaltigkeit. Der Arianismus konnte sich aber dennoch bis ins 6. Jh. behaupten und fand vor allem bei den Goten, Vandalen und Burgundern seine Anhänger.

Die Tatsache, dass die Germanen das Christentum in Form des Arianismus übernahmen und der Arianismus letztlich offiziell von der Kirche abgelehnt wurde, war sehr wahrscheinlich einer der Gründe dafür, dass das Vandalenreich eines Geiserich oder das Ostgotenreich eines Theoderich des Großen nicht von Dauer waren. Geiserich verfolgte die katholische Kirche, der die Mehrheit seiner Untertanen angehörte. Theoderich setzte im Gegensatz dazu auf einen toleranten Kurs gegenüber der katholischen Kirche und somit der Mehrheit seiner Untertanen. Obwohl unterschiedliche Wege, führte keiner zum Erfolg. Im Unterschied dazu ließ sich der Frankenkönig Chlodwig katholisch taufen, hatte also als Herrscher dieselbe Konfession wie die Mehrheit seiner Untertanen. Die Taufe Chlodwigs sollte sich als erster Schritt und Basis zur Einigung und Einheit des Frankenreiches erweisen. Und somit war das Frankenreich das einzige germanische Reich, dem dauerhafter Erfolg beschieden war.

5. Wulfila – Missionar der Goten

Wulfila (ca. 311–383) war der bekannteste und bedeutendste Bischof und Missionar der Goten, wenn auch nicht der erste. Ihm ist zu verdanken, dass sich das arianische Christentum bei den Goten und dann auch bei anderen germanischen Stämmen verbreitete und durchsetzte. Außerdem erfand er eine gotische Schrift und übersetzte die Bibel in die gotische Sprache. Seine gotische Bibel ist das älteste bekannte Schriftwerk in germanischer Sprache.

Wulfila wurde um 311 geboren. Er war nicht der erste Missionar und nicht der erste Bischof der Goten, aber der bedeutendste und bekannteste. Schon um 325 gab es einen Bischof namens Theophilus im Bistum »Gothia« auf der Krim. Über Wulfila berichten zunächst sein Schüler Auxentius von Durostorum, ferner auch Sokrates Sozomenus von Konstantinopel und Theodoret in ihrer Kirchengeschichte (5. Jh.). Auch Jordanes erwähnt Wulfila in der »Gotengeschichte« (6. Jh.).

Die Großeltern Wulfilas gehörten zu Goten im Dorf Sadagolthina in Kappadokien (Anatolien, heute Türkei), die an die christlich-griechisch-römische Bevölkerung assimiliert waren. Der Vater Wulfilas soll Gote gewesen sein, die Mutter eine Einheimische aus Kappadokien. Auf jeden Fall hat sich Wulfila selbst als Gote angesehen, auch sein Name Wulfila (= kleiner Wolf) ist gotisch. Die Familie Wulfilas wurde von den Goten auf einem ihrer Raubzüge um 257 gefangen genommen und in den Norden ins Donaugebiet verschleppt. Es ist davon auszugehen, dass Wulfila eine gute schulische bzw. kirchliche Ausbildung erhielt. Er beherrschte mindestens drei Sprachen, nämlich Gotisch, Latein und Griechisch. Im Alter zwischen 20 und 25 Jahren hatte Wulfila den kirchlichen Weihegrad des Lektors erhalten. Dieses Amt und seine gute Ausbildung weisen darauf hin, dass Wulfila der oberen Gesellschaftsschicht zuzuordnen ist. Dafür spricht auch, dass Wulfila um 336 zu einer diplomatischen Gesandtschaft an den Hof von Konstantin dem Großen in Konstantinopel gehörte. Hier lernte er Eusebios, den Bischof von Nikomedia, kennen. Durch Eusebius machte Wulfila mit dem Arianismus Bekanntschaft und wurde 357 Anhänger der

Homöer, die eine abgemilderte Form des Arianismus vertraten. Der Arianismus der Homöer war in den Jahren zwischen 364 und 378 die offizielle Form des Christentums im Oströmischen Reich.

Eusebius weihte Wulfila zum Bischof in Gothien, der somit zum Nachfolger des dortigen Bischofs Theophilos wurde. In Gothien siedelte der gotische Stamm der Terwinger (später Westgoten). Diese waren *Foederati*, Verbündete des Römischen Reiches. Wulfilas Missionstätigkeit wird aber durch die Christenverfolgung von den Terwingern behindert. Im Zuge dieser Verfolgungen floh Wulfila mit einer Gruppe von Christen und erhielt dabei die Ehrenbezeichnung »Bekenner«. Konstantius II., Sohn von Konstantin dem Großen, stellte Wulfila und seiner Gotengruppe ein Siedlungsgebiet in Nikopolis in Niedermoesien an der Donau (heute Stari Nikub im Norden Bulgariens) zur Verfügung. Wulfila war nicht nur der geistliche, sondern auch der weltlich-politische Führer dieser Gotengruppe, die Jordanes »Kleingoten« nennt. Jordanes schreibt: »Es gab freilich auch andere Goten, die man die Kleineren nennt, ein riesiges Volk, mit ihrem Bischof und ihrem Primas Wulfila, der ihnen eine Schrift gegeben haben soll. Heute bewohnen sie eine Gegend in Moesien um Nikopolis am Fuße des Emimontes als zahlreicher, aber armer und unkriegerischer Stamm, der nichts besitzt außer Großvieh verschiedener Art und Kleinvieh, Weiden und Wälder mit Hölzern.« (Jordanes, Die Gotengeschichte, 267). Von dem Hunnensturm, der die übrigen Goten nach 370 traf, blieben Wulfila und die Kleingoten verschont.

Das arianische Christentum setzte sich als Folge der Missionierung Wulfilas bei den Terwingern endgültig durch, als deren Heerführer Fritigern zum Christentum übertrat. Fritigern wird so zum Rivalen des Heerführers Athanarich, der für den Erhalt der traditionellen Religion eintritt und die christlichen Goten verfolgt. Dadurch kam es zur Spaltung der Goten: Fritigern und auch der Heerführer Alaviv trennten sich von Athanarich und baten Kaiser Valens, der selbst Arianer war, um Aufnahme in das Römische Imperium, nicht zuletzt auch wegen der drohenden Gefahr durch die Hunnen. Jordanes schildert diese Ereignisse in der »Gotengeschichte« so: »denn als sie über ihr Schicksal wegen der Hunnen nachdachten (…) schickten sie endlich in gegenseitigem Einverständnis Gesandte zu den Römern zu Kaiser Valens, dem Bruder des älteren Kaiser Valentinian, mit der Botschaft, falls er ihnen einen Teil Thrakiens oder Moesiens zur Besiedlung überließe, sie sich seinen Gesetzen und seiner Herrschaft unterwerfen würden. Und um sein festeres Vertrauen bei ihm zu finden, versprachen sie, wenn er ihnen Lehrer seiner Sprache gebe, würden sie Christen werden. Als Valens dies vernahm, stimmte er begeistert zu, weil er genau das hatte von ihnen fordern wollen. (…) So wurden aber die Westgoten von Kaiser Valens eher zu Arianern denn zu Christen gemacht. Im Übrigen christianisierten diese [arianischen Prediger] ebenso die Ostgoten wie die Gepiden (…)« (ebd., 131–133).

Das Ende des arianischen Christentums im Oströmischen Reich kam mit dem Regierungsantritt von Kaiser Theodosius: Dieser legte 380 in einem Edikt fest, dass das Glaubensbekenntnis von Nizäa verbindlich sei. Auf dem Konzil von Konstantinopel 381 wurde dann der Arianismusstreit beendet, indem sich die Kirche auf das, gezielt gegen den Arianismus erweiterte, »Große Glaubensbekenntnis« einigte, das betont, Gott sei ein Wesen in drei Existenzen. Diese Entscheidung veranlasste Wulfila, im Jahr 383 mit einer Gesandtschaft nach Konstantinopel zu reisen, um – wahrscheinlich wider besseres Wissen – den Standpunkt und die Interessen der Homöer zu vertreten. In Konstantinopel angekommen, starb Wulfila. Sein Nachfolger im Bischofsamt war Selinas. Der Leichnam Wulfilas wurde wohl in seine Heimat überführt. Heute vermutet man das Grab Wulfilas in der Felskirche Kyrika bei der Stadt Kaspitschan im Nordosten Bulgariens.

Nicht nur durch die Missionstätigkeit, sondern auch durch die Übersetzung der Bibel ins Gotische und die Erfindung der gotischen Schrift erlangte Wulfila seine Bedeutung. Er erfand ein gotisches Alphabet, eine Mischung aus germanischen Runenzeichen sowie griechischen und lateinischen Buchstaben. Wulfilas Alphabet war – wie neuere Forschungen zeigen – nicht zuletzt auch eine wichtige Grundlage für die kyrillische Schrift. Die kyrillische Schrift, die Schrift der slawischen Sprachen wie z. B. Russisch, entstand nämlich im 9. Jh. in Mösien, in dem Gebiet, wo die Wulfila mit seinen Kleingoten gelebt hatte.

Dieses gotische Alphabet war dann die Voraussetzung für die Übersetzung der Bibel ins Gotische. Die Bibelübersetzung ist als einzige von den Schriften Wulfilas erhalten und wurde als Wulfilabibel bzw. Gotenbibel bekannt. Die Gotenbibel ist nicht nur als erstes christliches Werk der Goten von Bedeutung, sondern vor allem deshalb, weil sie überhaupt die älteste bekannte Schriftquelle in einer germanischen Sprache ist. Wulfila war demnach der Erste, der einen Text in germanischer Sprache niederschrieb. Wulfila übersetzte Teile des Alten Testaments, vor allem aber das Neue Testament und zwar nach der Vorlage des griechischen Bibeltextes. Bei der Übersetzung musste Wulfila den besonderen kulturellen Kontext und die germanische Vorstellungswelt der Goten berücksichtigen. Dabei ergab sich die Schwierigkeit, für die griechischen Worte und Begriffe des kanonischen, unveränderbaren Bibeltextes die richtigen gotischen Entsprechungen zu finden. So kannten die Goten z. B. den Begriff Sünde nicht. Wulfila übersetzte diesen Begriff mit »böse Tat«, »Verderben« (got. = frawaurths). Oder er übernahm in seinem gotischen Text die den Goten geläufigen Begriffe wie Treue oder Sippe, die im Gotischen einen etwas anderen Bedeutungs- und Bezugsrahmen hatten als die griechischen Entsprechungen. Die zwei alttestamentlichen Bücher der Könige nahm Wulfila deshalb nicht in seine Gotenbibel auf, um damit nicht die Kriegslust der Goten zu animieren, sondern um sie zu einem friedlichen Zusammenleben zu führen.

Die Wulfilabibel ist uns heute nur noch in Resten von Abschriften bzw. Handschriften erhalten, die aus der Zeit zwischen dem 6. und 8. Jh. stammen. Zu nennen sind vor allem der *Codex Argenteus*, *Codex Carolinus* und die *Codices Ambrosiani*. Vom Neuen Testament sind so drei Viertel der Texte, vom Alten Testament ein Teil des Buches Nehemia erhalten. Vor allem der *Codex Argenteus* (= silberne Handschrift) ist kostbar ausgestattet mit purpurfarbenen Pergamentblättern mit silberner und goldener Schrift. Der Codex enthält Texte der vier Evangelien des Neuen Testaments und entstand wahrscheinlich am Hofe Theoderichs des Großen in Ravenna um 500. Kaiser Karl holte die Handschrift an seinen Hof nach Aachen. Von dort gelangte sie nach Werden an die Ruhr, wann und wie ist heute nicht bekannt. Während des Dreißigjährigen Krieges nahmen schwedische Soldaten 1648 die Handschrift mit nach Schweden, und so befindet sie sich heute in der Universitätsbibliothek von Uppsala.

Wulfilas Übersetzung der Bibel ins Gotische war ein Teil seines Programms, die gotische Sprache als Sprache in Kirche und

Liturgie einzuführen und somit die christliche Lehre unter den Goten zu verbreiten. Die Geschichte bestätigt den Erfolg von Wulfila: Mit dem Bekenntnis zur christlich-arianischen bzw. homöischen Lehre begründete Wulfila den gotischen Arianismus, dem zuerst seine Gruppe der Kleingoten angehörte und sich mit der Bekehrung der Terwinger unter Fritigern nicht nur unter West- und Ostgoten, sondern auch den Vandalen und Burgundern ausbreitete. Mit der Annahme des Christentums wurden die Goten in das Römische Reich integriert und Teil seiner Geschichte. Wulfila wurde zur Symbolfigur gotischer Kultur – bis heute. So ist Wulfila z. B. auch namengebend für ein interdisziplinäres und internationales Forschungszentrum in Bulgarien (Sofia), dessen Schwerpunkt das gemeinsame gotische Erbe Europas ist: das Wulfila-Haus.

6. Geiserich –
Das Vandalenreich in Afrika

Geiserich (um 390–477) – der Barbar, der keiner war. Geiserich schuf das Reich der Vandalen in Nordafrika, das von 439–534 bestand und konnte dadurch das Römische Imperium so nachhaltig schwächen, dass dessen Untergang vorprogrammiert war. Seine außergewöhnlichen Fähigkeiten bewies er als fähiger Herrscher, als geschickter Diplomat, als Organisator einer Volkswanderung zu Wasser und zu Lande und als ausgezeichneter Krieger. Schon die Meeresüberquerung der Vandalen von Spanien nach Nordafrika war eine logistische Meisterleistung, ganz zu schweigen von der anschließenden Eroberung Nordafrikas.

»Wie die Vandalen hausen …«

»Hausen wie die Vandalen« – mit dieser Redensart ist bis heute die Erinnerung lebendig an die Plünderung und angebliche Zerstörung Roms im Jahr 455 durch die Vandalen unter ihrem Herrscher Geiserich. In Wirklichkeit konnte Geiserich ohne großen Widerstand in Rom einziehen, machte dort zwar reiche Beute, aber zerstörte die Stadt keineswegs.

Die Vandalen waren das germanische Volk, das während der Völkerwanderungszeit die größte Marschroute von ihrem ursprünglichen Gebiet westlich der Elbe über Ungarn bis Spanien und dann nach Nordafrika hinter sich brachte. Über die Herkunft der Vandalen fehlen konkrete Informationen. Man geht davon aus, dass sie aus dem Osten Germaniens kamen, einem Gebiet zwischen Elbe und Weichsel. Die Vandalen werden auch als Träger der nach der Stadt Przeworsk genannten Przeworsk-Kultur (3.–5. Jh. v. Chr.) im südlichen und mittleren Polen angesehen, deren besonderes Kennzeichen der Bernsteinhandel war. Inwieweit die Vandalen mit dem ostgermanischen Stamm der Luiger identisch sind oder eine Untergruppe von diesem waren, ist nicht eindeutig geklärt. Untergruppen der Vandalen waren jedenfalls die Hasdinger und Silinger. Die Silinger kamen aus dem Gebiet des heutigen Schlesien, dem sie ihren Namen gaben, und die Hasdinger aus dem Gebiet des heutigen Ungarn und Rumäniens. Die Vandalen waren unter Führung der Goten an den Markomannenkriegen in den Jahren 166–180 beteiligt, die zu einer schweren Krise im Römischen Reich führten.

Von den Römern werden die Vandalen erstmals 77 bei Plinius erwähnt, der sie als Erste von fünf germanischen Völkern nennt und als ihre Untergruppen die Burgunder, Warnen, Chariner und Goten aufzählt. Auch Tacitus bezeichnet die Vandalen als einen der größeren germanischen Stämme. Spätere Quellen erwähnen die Vandalen nur am Rande. Besondere Erwähnung nach den Markomannenkriegen finden die Vandalen erst wieder im 4. Jh., als sie ihre Wanderung nach Westen beginnen und damit die Aufmerksamkeit der Römer auf sich ziehen. Auf ihrem Zug nach Westen bzw. Spanien überqueren die Vandalen den Rhein – zusammen mit den Sueben und Alanen. Die Sueben waren ein germanischer Stamm, die Alanen ein iranischstämmiges Volk, das zunächst in Kasachstan, dann im Kaukasus und schließlich in Pannonien siedelte, wo sie mit den Vandalen zusammentrafen. Die Vandalen selbst waren in zwei Untergruppen unterteilt, die Hasdinger und die Silingen. Warum die Vandalen in Richtung Westen aufbrachen, ist nicht ganz sicher, vermutlich weil Hunnen in ihr Gebiet eindrangen und sie verdrängten.

Als die Gruppe, wahrscheinlich am 31.12.406, bei Mainz den zugefrorenen Rhein überquerte, kam es zu einer Schlacht mit den Franken, die als Föderaten, als Verbündete des Römischen Reiches das weitere Vordringen der Vandalen verhindern wollten. In dieser Schlacht verloren die Vandalen nicht nur viele Leute, sondern auch ihren König Godegisel, den Vater von Geiserich. Sein ältester Sohn und Nachfolger Gunderich war zu dieser Zeit noch im Kindesalter, er regierte erst später von 410–418. Die Vandalen zogen weiter nach Gallien. Gallien musste drei Jahre lang unter den Raubzügen und Brandschatzung der Vandalen leiden, die dann 409 nach Spanien weiterzogen, auch dort zunächst Raubzüge unternahmen und sich dort niederließen. 411 teilten sich die Hasdinger, Silinger, Alanen und Sueben die Iberische Halbinsel als Siedlungsgebiet mit offizieller Bestätigung des römischen Kaisers auf. 416 drangen Westgoten in Spanien ein und konnten die Vandalen nach Andalusien verdrängen, zogen sich dann aber wieder zurück. Die Gruppen der Silinger und Alanen erlitten dabei so starke Verluste, dass sich der

Rest der Überlebenden 418 der Herrschaft Gunderichs unterstellte. Gunderich nannte sich nun »Rex Vandalorum et Alanorum« (= König der Vandalen und Alanen), ein Titel, den auch Geiserich übernahm. Gunderich stellte sich auf die Seite von Maximus, der römischer Kaiser werden wollte, und konnte mit ihm einige Siege gegen die römischen Kaisertruppen erringen. Entsprechend war seine Herrschaft in Südspanien gefestigt und er begann auch bereits mit dem Aufbau einer Flotte. Demnach hatte vielleicht schon Gunderich die Absicht, in Afrika einzumarschieren. Zunächst aber unternahmen die Vandalen mit ihren Schiffen »nur« Plünderungsfahrten an den spanischen und nordafrikanischen Küsten. Eine dieser Plünderungsfahrt 428 nach Sevilla kostete Gunderich das Leben. Andere Quellen berichten, dass Geiserich seinen Bruder Gunderich töten ließ. Geiserich trat die Nachfolge von Gunderich an. Die Kinder von Gunderich, noch unmündig, wurden bei der Thronfolge nicht berücksichtigt und später von Geiserich getötet. Es gibt auch anderslautende Überlieferungen: So sollen nach dem Tod Godegisels in Spanien seine beiden Söhne Gunderich und Geiserich zusammen regiert haben.

In Spanien wurden die Vandalen sehr wahrscheinlich Christen. Allerdings gibt es keine Quellen, die über die Bekehrung der Vandalen zum Christentum berichten. Die Vandalen bekehrten sich zum arianischen Christentum, was, wie wir später sehen, in Afrika zu Konflikten mit der römisch-katholischen Bevölkerung führen sollte und letztlich wahrscheinlich ein Grund dafür war, dass dem Vandalenreich keine Dauer beschieden war.

Geiserich – der Barbar, der keiner war

Geiserich wurde um 390 geboren und war der uneheliche Sohn des Königs Godegisel mit einer Sklavin. Über die Herkunft der Mutter weiß man nichts, anzunehmen ist, dass sie keine Vandalin war. Geiserich »war von mittlerer Statur und hinkte nach einem Fall vom Pferd, er war tiefgründig und wortkarg, ein Verächter der Schwelgerei, wild in seinem Zorn, habgierig, stets bedacht, Völker aufzuschrecken, Ursachen für Streit zu verbreiten und immer bereit, Hass zu säen« (Jordanes, Die Gotengeschichte, 168). 428 wurde Geiserich König der Vandalen und Alanen.

429, ein Jahr nachdem Geiserich König geworden war, begann er seinen Marsch nach Afrika. 80.000 Männer, Frauen und Kindern, davon 15.–20.000 Soldaten, zählte der Treck der Vandalen und Alanen sowie einiger anderer Stammesangehörige. Zur besseren Lesbarkeit wird im Folgenden nur noch abkürzend von Vandalen gesprochen. Die Zahlenangaben dürften deshalb zutreffen, weil Geiserich vor der Überfahrt nach Afrika eine Volkszählung durchführen ließ. Damit haben wir zugleich die einzige mehr oder weniger genaue Größenangabe eines germanischen Volkes in der Völkerwanderungszeit. Die Überfahrt per Schiff von Spanien nach Afrika mit einer Menschenanzahl in der Größenordnung eines ganzen Stammes war eine logistische Spitzenleistung. Innerhalb kürzester Zeit hatten die Vandalen sich von der bisherigen Reiterei auf Schiffbau und Schifffahrt umgestellt.

Es stellt sich die Frage, warum die Vandalen den beschwerlichen und risikoreichen Marsch nach Nordafrika wagten und unternahmen? Afrika war die Getreidekammer Roms, das in dieser Beziehung reichste Land. Als eine Art Schlaraffenland war es für die Vandalen ein verlockendes Ziel, sich dort anzusiedeln. Zudem konnte Geiserich von Nordafrika aus besser römische Angriffe abwehren als auf der iberischen Halbinsel. Prokop nennt einen anderen Grund, nämlich, dass Bonifatius, der römische Oberkommandeur von Afrika, Geiserich nach Afrika gerufen und ihm sogar Land angeboten haben, damit er ihn in seinem Kampf gegen den römischen Heermeister Flavius Felix unterstütze. Dies wird heute weitgehend abgelehnt, aber der Streit zwischen Bonifatius und Felix schwächte auf jeden Fall das Weströmische Reich, und diese Schwächung war für den Vormarsch in Afrika eine gute Vorrausetzung und sicher auch ein Grund, dieses Unternehmen zu wagen.

Von Julia Traducta (Tarifa) in Spanien setzen die Vandalen nach Nordafrika über und landeten vermutlich im heutigen Tanger. Der Zug der Vandalen zog an der Küste entlang: 1200 km über ausgebaute römische Straßen, vorbei an verschiedenen Städten – ohne auf Widerstand zu stoßen. Das Ziel war die Stadt Hippo Regius (Annaba). Als sie dort angekommen waren, kam es erstmals zum Kampf mit den Römern unter Bonifatius, dem römischen Oberkommandeur. Dieser zog sich in die Stadt Hippo Regius zurück. Vierzehn Monate, von 430 bis 431, belagerten die Vandalen Hippo Regius. Den Anfang der Belagerung erlebt der bekannte Kirchenvater und bedeutende Kirchenlehrer Augustinus noch mit als Bischof dieser Stadt, ehe er 430 stirbt. Den Weströmern kam eine Truppe aus dem Oströmischen Reich zu Hilfe unter Befehl des Alanen Aspar, die aber auch nichts ausrichten konnte und unverrichteter Dinge wieder abzog. Aspar machte später noch Karriere in Ostrom. Bonifatius floh aus der Stadt, bevor die Vandalen 431 Hippo Regius einnahmen. Geiserich machte Hippo Regius zu seiner ersten Residenz in Afrika.

Geiserichs Stellung wurde gestärkt, als Kaiser Valentian II. mit ihm am 11.2.435 einen Vertrag abschloss, der die Vandalen zu Föderaten, zu Verbündeten des römischen Reiches machte und ihnen wichtige Gebiete Nordafrikas, Teile von Numidia, Mauretania und Sitifendis und das Gebiet der Proconsularis als Besitz, überließ. Damit entstand ein vandalisches Reich, dass im Westen und Osten von römischem Gebiet eingegrenzt war. Es ist unklar, ob und welche Bedingungen Geiserich zu erfüllen hatte: Ob er seinen Sohn Hunerich als Geisel den Römern übergeben musste oder nicht, oder ob er eine bestimmte Menge Getreide an die Römer liefern musste. Für Geiserich hatte der Vertrag den Vorteil, dass er jetzt von Angriffen der Römer verschont blieb und weitgehend selbstständig herrschen konnte.

Am 19.10.439 eroberte Geiserich die Stadt Karthago. Er nutzte die Schwäche der Römer aus, die kurz zuvor eine Niederlage gegen die Westgoten in Gallien erlitten hatten. Damit brach er den Bündnisvertrag mit den Römern. Mit diesem Datum begann die Königsherrschaft Geiserichs in Nordafrika, der sich von nun an »König des Landes und des Meeres« nannte. Geiserich war sich bewusst, dass die Römer sich für die Eroberung Karthagos revanchieren würden und versuchte sich mit einem Bündnis mit den Westgoten abzusichern. So verheiratete er seinen Sohn Hunerich mit der Tochter des Westgotenkönigs Theoderich I. (nicht zu verwechseln mit dem Ostgotenkönig Theoderich der Große). Zudem unternahm Geiserich Überfälle auf Sizilien, Sardinien und auf Palermo. Kaiser Valentinian III. bat seinen »Amtskollegen« Theodosius II. in Byzanz um eine Flotte als Unterstützung, die aber nur bis Sizilien kam und wieder nach Byzanz zurückkehrte. Der weströmische und der oströmische Kaiser mussten sich in der Folgezeit zunächst mit den Hunnen und Persern auseinandersetzen und schlossen wohl mehr aus dieser Bedrängnis heraus in den Jahren 441 und 442 Verträge mit Geiserich. Durch den Vertrag mit Valentinian III. im Jahr 442 erhielt Geiserich unter anderem die Provinz Proconsularis und das östliche Numidien. Geiserich gab dafür Mauretanien und das westliche Numidien an Valentinian zurück. Außerdem übergab Geiserich seinen Sohn Hunerich als Geisel als Garantie für die Einhaltung der Verträge und den Verzicht von weiteren Angriffen auf die Römer. Zudem verpflichtete sich Geiserich zur Lieferung von Getreide an die Römer. Trotz dieser Auflagen profitierte Geiserich von dem Vertrag: Er hatte wertvollere Gebiete Nordafrikas erhalten und dazu vor allem die strategisch wichtige Metropole Karthago. Mit diesem Vertrag erhielt erstmals ein germanischer Herrscher die Erlaubnis, auf dem Boden des Römischen Imperiums ein eigenes Reich zu gründen. Geiserich erkannte aber seinerseits die Vorrechte des Kaisers Valentinian an, indem er z. B. keine eigenen Münzen prägte, und hielt sich bis zum Tod Valentinians 455 an die Bedingungen des Vertrages.

Schon im Jahr 437 hatte Geiserich gezielt einen Kurs gegen die Katholiken begonnen, der später immer härter wurde: Katholische Geistliche wurden vertrieben, viele katholische Kirchen wurden zu arianischen Kirchen. Wahrscheinlich befürchtete Geiserich, dass die katholische Kirche die römische Regierung unterstützen würde. Ansonsten machte Geiserich wohl keine Unterschiede im Zusammenleben zwischen vandalischer und römischer Bevölkerung. Die römische Oberschicht verlor zwar einen großen Teil ihrer Besitzungen, ein Teil floh ins römische Reich, ein Teil wurde versklavt. Allerdings erhielt ein Teil der Römer später ihren Besitz wieder zurück.

Die Vandalen waren mit 5% der Gesamtbevölkerung eine Minderheit. Die friedliche Koexistenz mit den Römern war daher eine Notwendigkeit. Die Vandalen passten sich insgesamt schnell dem römischen Way of Life an. Sie lebten vorwiegend in der Provinz Proconsularis, in der Nähe der Stadt Karthago. Geiserich übernahm weitgehend das römische Verwaltungssystem, in dem auch weiterhin Römer tätig waren. Die in Nordafrika lebenden Berberstämme kooperierten mit Geiserich und nahmen an dessen Plünderungsfahrten teil.

Das Verhältnis zwischen Geiserich und Valentinian besserte sich im Lauf der Zeit: Um 445 wurde Hunerich aus der Geiselhaft entlassen und konnte zurückkehren. Geiserich und Valentianian planten die Heirat ihrer Kinder. Es war allerdings vorläufig nur ein Eheversprechen, denn Valentinians Tochter Eudocia war noch ein Kind.

Mit dem Westgotenkönig Theoderich I. kam es zum Bruch. Jordanes berichtet, warum: Hunerich hatte Theoderichs Tochter geheiratet und diese war »anfangs in dieser Verbindung auch glücklich gewesen (...). Später aber ließ Geiserich, der selbst gegen seine eigenen Kinder grausam war, allein wegen des Verdachtes eines von ihr versuchten Giftmordes [an Geiserich] ihr die Nase und die Ohren abschneiden und beraubte sie so ihrer natürlichen Schönheit und schickte sie zu ihrem Vater nach Gallien zurück, sodass die Elende einen traurigen Anblick bot. Die Grausamkeit aber, durch die selbst Unbeteiligte erschüttert worden wären, erregte die Rache des Vaters nur umso heftiger.« (Jordanes, Die Gotengeschichte, 184) Um dieser Rache entgegenzuwirken, besticht Geiserich nun – so Jordanes – Attila, Krieg zu führen. Gleichzeitig schickt er Gesandte jeweils an Valentinian und an Theoderich. In dem Brief an den römischen Kaiser versichert Geiserich diesem seine Freundschaft und dass er nur Krieg gegen Theoderich führen und nicht gegen ihn führen wolle. In dem Brief an Theoderich andererseits ermuntert er diesen, »dass er das Bündnis mit den Römern verlasse und den Kampf wieder beginne (...) Trotz seiner übergroßen Wildheit kämpfte der scharfsinnige Mensch [Geiserich] erst einmal mit List.« (ebd. 186) Dies war eine der Ursachen für die Schlacht auf den Katalaunischen Feldern 451, in dem Attila die Westgoten angriff.

455 wurde Valentinian ermordet und Petronius Maximus war nun neuer weströmischer Kaiser. Damit änderte sich das bisher gute Verhältnis Geiserichs mit den Römern: Der Vertrag von 442 wurde ungültig. Als Maximus Eudoxia heiratete, die Witwe von Valentinian, nahm Geiserich mit einer Flotte Kurs auf Rom. Angeblich soll Eudoxia einen Hilferuf an Geiserich geschickt haben. Wahrscheinlicher aber ist, dass Geiserich anderweitig von den Ereignissen in Rom erfahren hatte und darin eine Gelegenheit sah, sich zu bereichern. Wie dem auch sei, Geiserich setzt mit einer Flotte nach Italien über und kann, nachdem Maximus von den Römern getötet worden war, am 2.6.455 ohne Widerstand in Rom einziehen und vierzehn Tage lang die

Stadt plündern. Diese Plünderung Roms lebt bis heute sprach-
lich in Ausdrücken wie »Vandalismus« für die Zerstörung fremden Besitzes oder »wie die Vandalen hausen« für Zerstörungswut weiter. Prokop berichtet wie folgt darüber: »Geiserich aber
lockte nur die Erwartung reicher Beute, und so fuhr er mit einer
stattlichen Flotte nach Italien. Da ihm niemand entgegentrat,
kam er bis nach Rom hinauf und bemächtigte sich des kaiserlichen Palastes. Maximus wollte entfliehen, doch er wurde von
den Römern gesteinigt, die ihm Haupt und alle sonstigen Glieder abschlugen und unter sich verteilten. Geiserich aber machte
Eudoxia samt Eudokia und Plakidia, ihren und Valentianos
Töchtern, zu Gefangenen, außerdem brachte er eine große Menge von Gold und anderen kaiserlichen Besitztümern an Bord
seiner Schiffe und fuhr damit nach Karthago. Dabei ließ er weder Erz noch sonst etwas im Kaiserpalast zurück. Auch den
Tempel des Jupiter Capitolinus plünderte er aus und nahm die
Hälfte des Daches mit, das aus bestem Erz bestand und außerdem mit einer dicken Goldschicht überzogen war, sodass es einen gar prächtigen und staunenswerten Eindruck machte. Von
den Schiffen Geiserichs soll nur ein einziges, das die Standbil-
der an Bord hatte, untergegangen sein, während alle anderen
Fahrzeuge der Vandalen wohlbehalten im Hafen von Karthago
landeten.« (Prokop, Vandalenkriege I, 5) Auch der Schatz des jüdischen Tempels in Jerusalem, den Titus nach Rom gebracht hatte, fiel in die Hände der Vandalen. Angeblich war es Papst Leo
I., der Geiserich veranlasste, auf Mord und Brandschatzung zu
verzichten. Jedenfalls wurde die Stadt selbst nicht zerstört. Insgesamt war die Ausbeute der Vandalen reich. Geiserich nahm
neben Eudoxia und ihren Töchtern auch Handwerker und Senatoren als Gefangene mit nach Afrika. Hunerich heiratete dann
ein Jahr später, 456, wie schon länger geplant, Eudocia.
    Geiserich eroberte auch Sardinien, Sizilien, Korsika und die
Balearen sowie den größten Teil der bisher römischen Gebiete in
Afrika. Damit war Geiserich zum mächtigsten Herrscher im
westlichen Mittelmeerraum geworden, der einen großen Teil
der Getreideproduktion kontrollierte. Wirtschaftliche Gründe
waren wohl auch das Hauptmotiv von Geiserichs Eroberungszügen gewesen.
    Der weströmische Kaiser Avitus und der oströmische Kaiser
Marcian versuchten vergeblich, gegen Geiserich vorzugehen.

460 misslang eine Vergeltungsaktion von Maiorian, dem Nachfolger von Avitus: Geiserich ließ als Vorsichtsmaßnahme Mauretanien verwüsten und vor allem die Brunnen vernichten. Das aber war gar nicht nötig, denn Geiserich konnte ohne Probleme, einfach durch Verrat, die römische Flotte zerstören. Maiorian gab sich daraufhin geschlagen, schloss mit Geiserich einen Friedensvertrag und zog sich zunächst nach Gallien und dann Italien zurück. Dort wurde er nach einem Putsch durch Rikimer hingerichtet – wahrscheinlich wegen seines Misserfolges in Afrika.

Mit dem oströmischen Kaiser Leo I. schloss Geiserich 462 einen Nichtangriffspakt. Zuvor hatte Geiserich Eudoxia und ihre Tochter Placidia freigegeben. Gegenüber dem weströmischen Kaiser erhob Geiserich Anspruch auf das Erbe von Valentinian III., weil Hunerich dessen Tochter Eudocia geheiratet hatte. Und außerdem forderte er, den Senator Olybrius zum Kaiser des Weströmischen Reiches zu erheben. Denn Olybirus hatte Placidia, die Schwester von Eudocia, geheiratet und war somit zum Schwager von Hunerich geworden. Der Heermeister Rikimer lehnte alle Forderungen Geiserichs ab. Daraufhin unternahm dieser weitere Plünderungszüge und nahm Kontakt mit Aegidius, dem Befehlshaber in Nordgallien und Konkurrenten Rikimers, auf.

Die Verhältnisse änderten sich im Jahr 467: Der oströmische Kaiser Leo I. erhob Anthemius zum Kaiser in Italien und verschaffte sich damit auch Einfluss über das Westreich. Leo I. unternahm 468 den Versuch, mit einem Großangriff das Vandalenreich vollkommen zu vernichten. Mit ost- und weströmischen Truppen startete Leo I. Angriffe auf die Vandalen an mehreren Orten: Sizilien, Sardinien, Tripolis und Kap Bon vor Karthago. Die größte Truppeneinheit unter dem Befehl von Basiliscus, dem Schwager von Leo I., landete am Kap Bon, um Karthago zu erobern. Zunächst sah alles nach einem Sieg der Römer aus. Dann aber konnte Geiserich mit einer List den römischen Angriff abwehren: Geiserich bat Basiliscus um eine Waffenruhe von fünf Tagen, Basiliscus kam der Bitte nach. Aber Geiserich dachte gar nicht daran, sich selbst an die Waffenruhe zu halten, sondern nutzte sie zu einem Angriff aus und zerstörte die römische Flotte am Kap Bon. Zur gleichen Zeit wurde Marcellinus, der die Truppen auf Sizilien befehligte, ermordet. Die römischen Truppen zogen sich daraufhin zurück, ohne die Vandalen besiegt oder gar vernichtet zu haben. 470 griff Leo I. noch einmal überraschend die Vandalen in Libyen an. Auch hier musste er einen Rückzieher machen wegen innerpolitischer Auseinandersetzungen in Konstantinopel und war gezwungen, mit Geiserich einen Friedensvertrag abzuschließen. Im Westreich kämpften die Heermeister Rikimer und Anthemius um die Macht. Somit blieb das Vandalenreich erst einmal von weiterer Offensiven der Römer verschont.

472 wurde Geiserichs Kandidat Olybrius weströmischer Kaiser, der allerdings noch im November desselben Jahres starb. Nachdem Vandalen die Küsten des Oströmischen Reiches plünderten, schloss Zeno, der Nachfolger von Kaiser Leo I., 474 einen »ewigen« Frieden mit Geiserich. Der Besitz Geiserichs wurde anerkannt. Geiserich seinerseits gewährte der römischen Bevölkerung in seinem Reich freie Ausübung der katholischen Konfession. Nur die Bischofserhebung blieb nach wie vor verboten. Zudem gab Geiserich römische Gefangene frei. Der Vertrag zwischen Geiserich und Zeno ist der einzig bekannte Vertrag zwischen einem römischen Kaiser und einem »Barbarenkönig«, der über den Tod der Vertragspartner hinaus gültig blieb. Damit zeugt der Vertrag auch von der außergewöhnlichen Position Geiserichs, der nun frei handeln konnte. Ebenso schloss Geiserich mit dem Patrizier Orestes und mit Odoaker in Westrom Verträge ab. Als Geiserich am 24.1.477 starb, hatte er somit sein Reich nicht zuletzt durch Verträge abgesichert.

Nachleben

Das Bild Geiserichs, das der Nachwelt überliefert wurde, stammt weitgehend von katholischen Autoren, die ihm als Arianer gegenüber feindlich eingestellt waren. Ein habgieriger Mensch, der unter den Völkern Zwietracht sät – so das Urteil des Jordanes über Geiserich. Ein verweichlichter, lasterhafter, beutegieriger Greis, so beschreibt ihn Sidonius Apollinaris. Geiserichs Ziel war es, das Überleben seiner Vandalen zu sichern und das nicht nur gegenüber den Römern, sondern auch gegenüber der Konkurrenz anderer germanischer Stämme. Dies versuchte er mit Präventivangriffen gegen die Römer und mit der Kontrolle über die Getreideproduktion in Afrika zu erreichen. Geiserich wollte für seine Vandalen einen Siedlungsraum schaffen, aber nicht das ganze Römische Reich erobern oder gar vernichten. Allerdings hatten die Vandalenzüge den Untergang des Weströmischen Reiches vorangetrieben. Jordanes schreibt, dass Geiserich hoffte, dass die Westgoten das Weströmische Reich und die Ostgoten das Oströmische Reich angriffen und »solange in beiden Reichsteilen gekämpft würde, er selbst in Afrika in Ruhe regieren könne« (Jordanes, Die Gotengeschichte, 244)

Geiserich hatte noch selbst vor seinem Tod bestimmt, dass die Nachfolge als König der jeweils älteste Sohn seiner Familie übernehmen sollte. Entsprechend folgte Geiserichs ältester Sohn Hunerich (420–484) seinem Vater Geiserich auf dem Thron, danach wurde Gunthamund (um 450–496), der Enkel Geiserichs und Sohn des Gento, des jüngsten Sohnes von Geiserich, König der Vandalen. Ihm folgte sein Bruder Thrasamund († 523), dann Hilderich (457–533), der Sohn von Hunerich, und als letzter König der Vandalen Gelimer, ein Enkel von Gento.

Hunerich sollte einen noch schlechteren Ruf als sein Vater Geiserich erhalten. Schuld daran war vor allem die »Geschichte der Verfolgung der Katholiken durch die Vandalen« (Historia persecutionis Africanae provinciae) von Victor de Vita († nach 490), der später katholischer Bischof der nordafrikanischen Provinz Byzacena war und ausführlich die harte Verfolgung der Katholiken während der Herrschaft Hunerichs beschrieb. Dabei hatte Hunerich zunächst sogar die Besetzung vakanter Bischofsitze erlaubt und versucht, einen Dialog zwischen Arianern und Katholiken zu führen. So fanden Gespräche zwischen Vertretern beider Konfessionen im Februar 484 statt, die aber letztlich scheiterten. Erst daraufhin erließ Hunerich noch im selben Monat ein Edikt zur Verfolgung der Katholiken. Auch wenn Victor de Vitas Bericht nicht objektiv ist, waren die Katholikenverfolgungen wohl sehr brutal durchgeführt worden. Es waren aber weniger religiöse, sondern vielmehr politische Gründe, die Hunerich zu den Verfolgungen veranlassten. Denn Hunerich sah in der Stärkung des katholischen Christentums gleichzeitig eine Stärkung der mehrheitlich römischen Bevölkerung und dadurch die Herrschaft der Vandalen gefährdet. Hunerich musste auch gegen den Widerstand der Berber in Numidien vorgehen – im Unterschied zu seinem Vater Geiserich, der die Berber in sein

Reich integrieren konnte. Hunerich versuchte, seinem Sohn Hilderich die Nachfolge zu sichern. Dafür »entfernte« er sogar seinen Bruder Theuderick und seinen Neffen Godagis, indem er sie in die Verbannung schickte. Aber nicht Hilderich, sondern sein Neffe Gunthamund folgte ihm 484 auf dem Thron nach. Gunthamund war ein Sohn von Gento, dem vierten und jüngsten Sohn von Geiserich. Er war beliebter als sein Vorgänger. Die katholische Kirche wurde nicht mehr verfolgt, die Wirtschaft stabilisierte sich und es war insgesamt eine friedliche Regierungszeit. Nicht zuletzt deshalb, weil das Oströmische, Ostgotische und Westgotische Reich mit eigenen inner- und außenpolitischen Konflikten beschäftigt waren. Gunthamund führte eine Münzreform durch, indem er neben den Goldmünzen auch Silbermünzen prägen ließ. Diese Münzreform diente dann später auch als Vorbild für das Münzsystem im Römischen Reich. Nach dem Tod Gunthamunds 496 übernahm sein Bruder Thrasamund die Herrschaft. Er war ein theologisch und kulturell sehr interessierter Herrscher, der die Verfolgung der Katholiken ganz beendete und auch Religionsgespräche zwischen Katholiken und Arianern veranlasste. Allerdings ohne Ergebnisse, die Gegensätze zwischen arianischer und katholischer Bevölkerung blieben bestehen. Mit den Ostgoten ging Thrasamund eine Bündnispolitik ein, indem er im Jahr 500 Amalafrida, die Schwester von Theoderich dem Großen, heiratete. Wie schon Gunthamund musste auch Thrasamund den Verlust der Berbergebiete hinnehmen. 523 folgte Hilderich, Enkel Geiserichs und des weströmischen Kaisers Valentinian III., Sohn des Hunerich und der Eudocia. Hilderich brach zwar das Bündnis mit den Ostgoten, indem er die Witwe seines Vetters Thrasamund gefangen nehmen und 525 wohl töten ließ. Aber mit dem oströmischen Kaiser Justinian verstand er sich gut und ließ in seinem Reich sogar Münzen mit dem Bild von Justinian prägen. Dagegen formierte sich Widerstand. Hinzu kam, dass Hilderich von den Berbern besiegt wurde und man ihn für einen unfähigen Herrscher hielt. 530 wurde Hilderich von Gelimer gestürzt und gefangen genommen. Gelimer, der Enkel von Geiserichs Sohn Gento, übernahm die Herrschaft, wurde aber von dem oströmischen Kaiser Justinian nicht anerkannt. 533 unternahm Justinian einen Feldzug gegen die Vandalen, um Hilderich wieder als König einzusetzen. Als Feldherr in römischen Diensten begegnet uns in dieser letzten Schlacht der Vandalen hier der Feldherr Belisar, der auch den letzten Feldzug gegen die Ostgoten führen sollte. Gelimer ließ Hilderich und seinen Neffen Euagees in Karthago hinrichten, wurde aber 534 von den Römern besiegt. Die Römer führten Gelimer im Triumphzug durch Konstantinopel. Er musste sich vor dem Kaiser in den Staub werfen: »Als Gefangene gingen im Triumphzug Gelimer selbst – mit einem Purpurmantel um die Schultern –, seine ganze Sippe sowie die stattlichsten und schönsten Vandalen. Als nun Gelimer in der Rennbahn stand und den Kaiser auf hohem Thron sitzen und die Volksmassen auf beiden Seiten sich drängen sah, da ließ ihn dieser Anblick die ganze Größe seines Unglückes erkennen: er brach darüber aber nicht in Tränen aus und ließ auch keinen Seufzer hören, sondern wiederholte immer nur nach der heiligen Schrift der Hebräer die Worte ›O Eitelkeit der Eitelkeiten, alles ist Eitelkeit!‹ Dann nahm man ihm, sobald er vor dem kaiserlichen Thron stand, den Purpurmantel ab und nötigte ihn, sich aufs Antlitz niederzuwerfen und Kaiser Justinian zu huldigen. (…) Kaiser Justinian und Kaiserin Theodora beschenkten die Kinder und Enkel des Königs Hilderich und sämtliche Nachkommen des Kaiser Valentinianos mit reichen Gaben: auch Gelimer überließen sie ansehnliche Ländereien in Galatien und gestatteten ihm, dort mit seinen Verwandten zu leben. Unter die Patrikier wurde er jedoch nicht aufgenommen, da er sich weigerte, den arianischen Glauben aufzugeben.« (Prokop, Vandalenkriege II, 9) Ganz so schlecht verlief Gelimers Leben zum Schluss also doch nicht! Mit Gelimer endete das Vandalenreich. Nordafrika war nun wieder Teil des römischen Reiches und wurde dann Teil des Herrschaftsgebiets der islamischen Dynastie der Umayyaden.

Geiserich war eine in jeder Hinsicht starke Persönlichkeit. Ein Machtmensch wie die anderen germanischen Herrscher, darin glich er ihnen. Aber Geiserich wies auch Fähigkeiten in der Organisation auf wie z. B. bei der Überfahrt der Vandalen von Spanien nach Nordafrika, als Diplomat, sodass er auch verschiedene Parteien gegeneinander ausspielen konnte, und als erfolgreicher Krieger. Geiserich war es, der entscheidend zum Ende der Macht des Weströmischen Reiches beitrug. Geiserich und seine Vandalen waren letztlich der Anfang vom Ende Westroms. Die negative Einordnung Geiserichs und der Vandalen hat sich bis heute erhalten. Geläufigstes Beispiel ist der Begriff Vandalismus, den Henri-Baptiste Grégoire, Bischof von Blois, erstmals 1794 im heutigen Sinne verwendete. Er kritisierte damit das Vorgehen der Kirchen gegen die Jakobiner. Der Begriff bürgerte sich ein als Bezeichnung für Zerstörungswut und für die absichtliche Zerstörung fremden Eigentums.

7. Exkurs: Die Goten

Das ostgermanische Volk der Goten machte im Laufe seiner Geschichte eine der längsten Wanderungen der germanischen Völker durch: von der Weichselmündung (Pommern) zum Schwarzen Meer und über den Balkan und Italien bis zur Iberischen Halbinsel. Dem Westgotenkönig Alarich gelang die Eroberung Roms, der Ostgotenkönig Theoderich eroberte Italien und schuf ein Reich, das vom Balkan bis zur Iberischen Halbinsel reichte, und die Westgoten schufen auf der Iberischen Halbinsel das Westgotenreich.

Aber gab es »die« Goten als einheitliches Volk wirklich? Nein, denn was wir als Volk der Goten bezeichnen, machte im Laufe der Geschichte und der langen Wanderungen ständig Veränderungsprozesse durch: Die Goten passten sich der Umwelt an, nichtgotische Stämme verbanden und vermischten sich mit ihnen, sowohl germanische Völker als auch nichtgermanische wie Skythen oder Hunnen. Was veranlasste die Goten zu ihren ständigen Wanderungen? Es waren vor allem wirtschaftliche Gründe, die Hoffnung auf fruchtbares Land, wo sie sich ansiedeln und von den Erträgen leben konnten. Die Geschichte der Goten spielte sich zunächst im Oströmischen Reich ab, sodass im Folgenden mit Kaiser entsprechend der oströmische Kaiser in Konstantinopel gemeint ist. Erst später zogen die Goten ins Weströmische Reich und übernahmen dort eine bedeutende Rolle in der Geschichte.

Von Skandinavien, der Insel »Scandia«, über die Ostsee durch Mitteleuropa bis zum Schwarzen Meer, so beschreibt Jordanes in seiner »Gotengeschichte« die Herkunft und Wanderung der Goten. Jordanes »Gotengeschichte« (»Getica«, 6. Jh.) ist die wichtigste Quelle zur Geschichte der Goten. Über das Leben des Jordanes († 552) wissen wir wenig. Er war ein Historiker römisch-gotischer Abstammung und verfasste neben der »Gotengeschichte« auch eine Weltchronik. Für seine »Gotengeschichte« benutzte Jordanes eine ältere Quelle, nämlich die »Geschichte der Goten« *(Historia Gothica)* von Cassiodor (vollständiger Name: Flavius Magnus Aurelius Cassiodorus Senator). Cassiodor (um 485–580) war ein Zeitgenosse des Ostgotenkönigs Theoderich und erhielt von diesem den Auftrag, eine Geschichte der Goten zu schreiben, die er unter Athalarich, dem Enkel Theoderichs, fertigstellte. Die Gotengeschichte von Cassiodor ist nicht mehr erhalten und wir wissen daher heute nicht, was und in welchem Umfang Jordanes diese für seine Gotengeschichte verwendet hat. Die »Gotengeschichte« des Jordanes ist nicht immer historisch korrekt und zuverlässig, dies gilt vor allem für die Anfänge und die frühe Geschichte der Goten, wo Sagen und historische Begebenheiten vermischt werden.

Woher kamen die Goten? Eine bis heute nicht eindeutig geklärte Frage. In der Forschung ist man sich heute darüber einig, dass die Goten nicht, wie Jordanes angibt, aus Skandinavien stammten, uneinig ist man sich aber nach wie vor über ihre genaue Herkunft. Wahrscheinlich lebten die Goten zur Zeitenwende im Gebiet der Weichselmündung und waren die Träger der archäologisch nachweisbaren Wielbark-Kultur in Pommern (1. Jh. v. Chr. – 4. Jh. n. Chr.). Im 2./3. Jh. n. Chr. zog ein Teil der Goten zum Schwarzen Meer in das Gebiet zwischen Dnjepr und Don. Mit dem Angriff der Goten und Karpen 238 auf die oströmische Stadt Histros südlich der Donaumündung beginnt der sogenannte Gotensturm. Die Goten erpressen nach dem Angriff von den Römern erfolgreich Jahresgelder und verzichten dafür auf weitere Überfälle. Als die Römer die Jahresgelder nach zehn Jahren einstellen, dringen 250 die Goten unter Kniva nach Dakien, Thrakien, Mösien und Illyrien vor und besiegen die Römer in der Schlacht bei Abrittus 251, bei der der römische Kaiser Decius stirbt. 254 gelangen die Goten bis Thessaloniki und erobern 257, nachdem sie über den Bosporus übergesetzt haben, eine Reihe von Städten in Kleinasien. 268 versuchen die Goten zusammen mit den Herulern, nach Plünderungen auf dem Peloponnes, mit Schiffen Richtung Konstantinopel zu fahren. Kaiser Claudius II. kann die Goten aber besiegen, sie vom Balkan vertreiben und so den Gotensturm beenden. Er erhält dafür den Ehrentitel »Gothicus«. Für die Römer beginnen wieder ruhigere Zeiten. Allerdings nur für kurze Zeit, denn statt der Goten entsteht eine neue Gefahr für das Römische Reich: die Hunnen.

Ende des 3. Jh. kam es zur Spaltung der Goten in die Gruppe der Greutungen und der Terwinger. Später, ab dem 6. Jh., wird für die Greutungen die Bezeichnung Ostgoten und für

Terwinger die Bezeichnung Westgoten üblich. Die Begriffe West- und Ostgoten beziehen sich nicht auf die Himmelsrichtungen Westen oder Osten, sondern sind Ehrenbezeichnungen: *West*goten geht etymologisch auf die indogermanische Silbe »austra« (= glänzend) zurück, *Ost*goten auf die indogermanische Silbe »uesu« (= gut). Entsprechend wäre die eigentlich richtige Bezeichnung dann Visigoten und Ostrogoten, wie sie in der Wissenschaft üblich ist.

Die Greutungen bildeten unter König Ermanarich zwischen 350 und 375 in Südrussland ein Reich, dessen Grenzen nicht genau bekannt sind, dessen Einflussgebiet aber von der Ostsee bis zum Schwarzen Meer Reich reichte. Das Jahr 375 bedeutete das Ende dieses Reiches: Die Greutungen wurden von den Hunnen besiegt und Ermanarich starb. Nach dem Bericht des Ammianus Marcellinus beging Ermanarich Selbstmord wegen des Sieges der Hunnen, nach Jordanes wurde er von zwei Männern getötet, die den Mord an ihrer Schwester rächen wollten. Ildikó, die später den Hunnenkönig Attila heiratete, soll mit Ermanarich verwandt gewesen sein. Attila starb noch in der Hochzeitsnacht mit Ildikó an einem Blutsturz. Nachdem die Hunnen 375 die Greutungen besiegt hatten, schlossen sich viele der Goten den Hunnen an und übernahmen auch deren Lebensweise als Steppenbewohner und Reitervolk. Ein Teil der Greutungen unter Führung von Ermanarichs Sohn Vithimiris aber floh zusammen mit Alanen und abtrünnigen Hunnen über die Donau und beteiligte sich zusammen mit den Terwingern 378 an der Schlacht von Adrianopel.

Später wurden die Greutungen bzw. Ostgoten zu Föderierten des Römischen Reiches. Die Römer wiesen ihnen ein Gebiet zur Ansiedlung in der Provinz Pannonien (Westungarn) zu. Theoderich dem Großen gelang es, im Jahr 488 Italien zu erobern und bis zu seinem Tod 526 über ein Reich vom Balkan bis Spanien zu herrschen.

Die Terwinger siedelten zunächst im 3. Jh. in Dakien. Im Unterschied zu den Greutungen, die wie die Hunnen als nomadisches Reitervolk lebten, führten die Terwinger ein überwiegend sesshaftes Leben als Kleinbauern. Ab 365 kommt es unter dem Heerführer Athanarich zu Kämpfen mit den Römern und 369 zu einem Friedensvertrag mit Kaiser Valens. 372 tritt Fritigern mit einer Gruppe von Goten zum christlich-arianischen Glauben über, während Athanarich als Anhänger der traditionellen germanischen Religion die christlichen Goten verfolgt. Es kommt zur Spaltung der Terwinger aufgrund der verschiedenen Religionszugehörigkeit, sowohl Athanarich als auch Fritigern beanspruchen die Herrschaft. Fritigern konnte viele Anhänger seiner Sache gewinnen und floh mit ihnen 376 in das Gebiet des Römischen Reiches, wo sie sich Schutz vor den Hunnen erhofften. Aber aufgrund von Hungersnöten bei den Goten kam es 377 immer wieder zu Aufständen, die schließlich 378 zur Schlacht von Adrianopel (heute Edirne, Ungarn) führten: Die Terwinger können, zusammen mit einer Gruppe der Greutungen, die Römer besiegen. Kaiser Valens stirbt in der Schlacht. Unter Kaiser Theodosius dem Großen wurden die Terwinger 382 endlich Föderierte des Römischen Reiches und erhielten ein Siedlungsgebiet in Thrakien und Mösien. 394 überquerten die Hunnen die Donau. Die Terwinger bzw. Westgoten zogen unter Führung von Alarich im gleichen Jahr über den Balkan, Peloponnes und Konstantinopel. 397 besiegte der römische Feldherr Stilicho die Westgoten. Sie erhielten einen neuen Föderatenvertrag und ein Siedlungsgebiet in Makedonien. Aber 401 befinden sich die Westgoten schon wieder auf Wanderschaft. Unter Führung von Alarich erscheinen sie 408 vor Rom und erobern 410 die Stadt. Für die Römer war das eine der größten Niederlagen. Alarich plante daraufhin, von Italien nach Nordafrika überzusetzen. Es war ihm kein Erfolg beschieden, und auf dem Rückzug starb er. Unter seinem Nachfolger Athaulf zogen die Westgoten nach Gallien, erhielten 418 einen neuen Föderatenvertrag von den Römern und ein Siedlungsgebiet in Aquitanien. Es entstand das Tolosanische Reich in Toulouse (Tolosa). In der Schlacht auf den Katalaunischen Feldern 451 kämpften die Römer unter dem Feldherrn Aëtius und die Westgoten auf der einen Seite gegen die Hunnen unter Attila und den Ostgoten auf der anderen Seite. Keine der beiden Parteien siegte, die Schlacht endete unentschieden. Der Westgotenkönig Theoderich wurde, wie es heißt, von dem Ostgoten Andagus getötet.

König Eurich (reg. 466–484) kündigte den Föderatenvertrag mit den Römern, das Westgotenreich wurde unabhängig und erreichte den Höhepunkt seiner Macht mit einem Herrschaftsbereich von der Iberischen Halbinsel bis zur Loire im heutigen Frankreich. Aber schon 507 besiegte der Frankenkönig Chlodwig I. die Westgoten in der Schlacht von Vouille und tötete König Alarich. Das Westgotenreich verlor dadurch den französischen Teil und bestand nun nur noch aus dem Gebiet der Iberischen Halbinsel und einem strategisch wichtigen Teil an der französischen Mittelmeerküste. Der Ostgotenkönig Theoderich wurde 511 auch König des Westgotischen Reiches. Nach seinem Tod 526 drängten die Franken die Westgoten ganz auf die Iberische Halbinsel zurück. Der Westgotenkönig Leovigild besiegte die Sueben und die Römer, die Iberische Halbinsel befand sich nun vollständig unter gotischer Herrschaft. Die Zeit danach war durch Kämpfe um Herrschaft und Thron gekennzeichnet. Mit dem 3. Konzil in Toledo 589 wird das römisch-katholische Christentum Reichsreligion, es ist das Ende des Arianismus, der bisherigen Form des Christentums der Goten. Als König Roderich 710 zum König gewählt wird, geht das Westgotische Reich seinem Ende zu, denn seine Rivalen rufen die Mauren zu Hilfe. Diese lassen sich nicht lange bitten, kommen und besiegen die Goten 711 in der Schlacht von Guadelete, in der Roderich den Tod findet. Unter Peleyo formierte sich zwar westgotischer Widerstand in Asturien gegen die Mauren, aber das Westgotische Reich und damit generell die Geschichte der Goten war nun Vergangenheit.

Abschließend ist noch zu erwähnen, dass der mittelalterliche Kunststil der Gotik einzig und allein den Namen mit den Goten gemeinsam hat. Die Gotik entstand in Paris um 1140, also im Frankenreich und zu einer Zeit, als die Geschichte der Goten schon abgeschlossen war. Auch die seit den 1980er Jahren präsente Gothic-Kultur, eine moderne Jugendkultur und Teil der Schwarzen Szene, hat nichts außer dem Namen mit den historischen Goten gemein.

8. Theoderich der Grosse – Das Ostgotische Reich

Theoderich (um 453–526) war der erste germanische Herrscher, der dauerhaft über weite Teile des Römischen Reiches herrschte. Obwohl durch einen Mord an seinem Rivalen Odoaker an die Macht gekommen, zeigte er sich dann als diplomatischer Herrscher, der Italien eine stabile und friedvolle Zeit brachte. Er verstand es nicht nur, weitgehend ein friedliches Zusammenleben zwischen Goten und Römern zu garantieren, sondern auch zwischen den verschiedenen germanischen Herrschern durch eine Bündnispolitik aufgrund von Heiraten. Es stellt sich die Frage, wie die weitere Geschichte Europas ausgesehen hätte, wenn sich der arianische Glauben Theoderichs und seiner Ostgoten statt des katholischen Glaubens Chlodwigs und seiner Franken durchgesetzt hätte. Es kam anders, der Tod Theoderichs war der Anfang des Endes der Geschichte der Ostgoten.

Geiselhaft in Konstantinopel und erste Herrschaftsjahre

Wer heute als Tourist Ravenna besucht, zu dessen Reiseprogramm gehört auch ein Besuch des Grabmals von Theoderich dem Großen, das dieser selbst zu Lebzeiten erbauen ließ. Es ist ein turmartiges Gebäude, architektonisch eine einzigartige Verbindung germanischer und römisch-byzantinischer Architektur. Es ist das steinerne Zeugnis der Politik Theoderichs, dessen Ziel es war, die zwei verschiedenen Völker der Goten und Römer unter einer Herrschaft zu vereinen.

Theoderich wurde in den Jahren zwischen 451 und 456, wahrscheinlich um 453 in der römischen Provinz Pannonien (Westungarn) geboren, das genaue Geburtsjahr und der genaue Geburtsort sind unbekannt. Er war der uneheliche Sohn von Thiudimer aus der Dynastie der Amaler und einer Konkubine namens Erelieva, wahrscheinlich einer Römerin, die später den katholischen Glauben und mit der Taufe den Namen Eusebia annahm. Erelieva war sehr wahrscheinlich auch die Mutter von Theoderichs jüngerem Bruder Theodemund. Theoderich hatte zudem zwei Schwestern, mit Namen erwähnt wird nur Amalafrida.

Thiudimer, Theoderichs Vater, hatte zwei Brüder, Vidimer und Valamer. Alle drei teilten sich die Herrschaft über Pannonien, Valamer war dabei führend. Die drei Brüder schlossen sich Attila auf seinen Eroberungszügen an. Die Schlacht auf den Katalaunischen Feldern in Gallien im Jahr 451 und der plötzliche Tod von Attila zwei Jahre später bedeutete eine Wende in der Geschichte, sowohl für die Hunnen als auch für die Ostgoten. Die meisten Völker, vor allem die Gepiden, die die Hunnen bis dahin unterstützt hatten, nutzten die Gelegenheit, um sich von den Hunnen zu lösen. Die Ostgoten trennten sich erst von ihnen nach der Niederlage der Hunnen bei der Schlacht am Fluss Nedao (454), als die Hunnen versuchten, die Goten zu unterwerfen und von Valamer besiegt wurden. Nach Jordanes erhielt Thiudimer fast gleichzeitig die Nachricht vom Sieg Valamers und von der Geburt seines Sohnes Theoderichs. Die Ostgoten wurden nun 457 als Föderierte (*foederati*), als Verbündete des oströmischen Kaisers, in das Römische Reich aufgenommen, der ihnen Pannonien als Siedlungsgebiet zuwies.

Nach zwei Jahren kam es aber zu einem Aufstand der Ostgoten, weil sie noch nicht wie vereinbart die Jahresgelder von den Römern erhalten hatten. Der oströmische Kaiser gab nach, die Ostgoten kehrten wieder nach Pannonien zurück. Allerdings mussten sie dem oströmischen Kaiser Geiseln stellen. Unter diesen Geiseln war Theoderich. Jordanes schreibt: »Während sein Vater zögerte, ihn zu übergeben, trat dessen Onkel Valamer als Fürsprecher auf, damit ein sicherer Frieden zwischen den Goten und den Römern bestehen bleibe. Theoderich wurde also als Geisel von den Goten hingegeben und zu Kaiser Leo nach Konstantinopel geführt und weil er so ein feiner Knabe war, verdiente er sich die kaiserliche Zuneigung« (Jordanes, Die Gotengeschichte, 271). Theoderich war damals ungefähr acht Jahre alt und verbrachte zehn Jahre als Geisel am Kaiserhof von Konstantinopel. Der Wechsel von der Provinz in die damalige Metropole Konstantinopel war für den Achtjährigen zunächst ein Kulturschock. Während der zehn Jahre, die Theoderich als Geisel in Konstantinopel lebte, herrschte Frieden zwischen Kaiser Leo I. und den Ostgoten. Das mag einer der Gründe sein, dass Theoderich die Zeit nicht in strenger Gefangenschaft erlebte, sondern im Gegenteil begünstigt und gefördert wurde: In Konstantinopel besuchte Theoderich nicht nur die Hochschule, sondern verkehrte auch am Kaiserhof und lernte so die römische Gesellschaft und das Regierungssystem kennen. Beides war für die Zukunft Theoderichs von Vorteil, um sich gegenüber den Römern durchzusetzen. Andererseits übernahm Theoderich auf diese Weise vieles von der römischen Kultur, sodass er also keineswegs der Barbar und Analphabet war, als den ihn später seine Gegner darstellten.

Die Ostgoten waren unterdessen in Kämpfe mit den Sueven, Rugiern und anderen Völkern verwickelt. Dabei starb Theoderichs Onkel Valamer, und sein Vater Thiudimir übernahm die Herrschaft. In diese Zeit endete auch die Geiselhaft Theoderichs, und er kehrte zu den Goten zurück, ausgestattet mit kaiserlichen Geschenken. Es ist unklar, ob Thiudimir seinen Sohn Theoderich gleich zum Mitregenten machte. Zumindest konnte Theoderich schon kurz nach seiner Rückkehr Anhänger um sich sammeln und erste Eroberungserfolge verbuchen: »Ohne Wissen seines Vaters«, wie Jordanes schreibt, überfiel Theoderich die Sarmaten im Gebiet des heutigen Belgrad und unterwarf sie, nachdem er ihren König Babai getötet hatte.

Die wirtschaftliche Lage der Goten verschlechterte sich, und deshalb verließen sie 473 Pannonien und teilten sich auf: Vidimer, der Bruder Thiudimers, zog mit seiner Gruppe nach Italien und starb dort. Sein Sohn folgte ihm nach Italien und wurde dann nach Gallien geschickt, wo er sich den Westgoten anschloss. Damit wurde Thiudimer der Alleinherrscher der anderen Gruppe der Ostgoten, die nach Makedonien zog, wo sie von den Römern Land erhielten. 474 starb Thiudimir, nachdem er Theoderich zu seinem Nachfolger bestimmt hatte, der dann von Makedonien nach Novae (Niedermösien) zog.

Im Jahr 474 starb auch der oströmische Kaiser Leo I. und Zenon wurde sein Nachfolger. Zenon musste sich gegen Widersacher behaupten, die eine Verschwörung anzettelten und ihn zwangen, Konstantinopel verlassen. Der Heermeister Basiliscus übernahm die Herrschaft. An dieser Verschwörung war auch ein Gote, ein Namensvetter von Theoderich dem Amaler, beteiligt. Er hatte den Beinamen Strabo (= der Schieler) und gehörte der in Thrakien beheimaten Gotengruppe an. Strabo war unter Leo I. Heermeister geworden, von Zenon wurde er aber wieder abgesetzt und dann von Basiliscus wiederum zum Heermeister ernannt. 476, nach dem Tod von Basiliscus, konnte Zenon wieder als Kaiser nach Konstantinopel zurückkehren und Theoderich (den Amaler), der Zenon unterstützt hatte, zum Heermeister mit dem Titel Patricius einsetzen. Um Theoderich diesen Posten zu sichern, adoptierte Zenon Theoderich als Waffensohn. Das war eine germanische Sitte, die hier ein römischer Kaiser erstmals durchführte. Theoderich und seine Gotengruppe zogen in die Nähe von Konstantinopel, in die Nähe des Gebietes der thrakischen Goten seines Namensvetters. Dadurch wurden sie Rivalen, was Zenon, der ein Doppelspiel mit Theoderich im Sinn hatte, gelegen kam. Denn Zenon hoffte, dass sich die beiden gotischen Gruppen im Bruderkrieg gegeneinander ausspielten und er so ein Problem weniger haben würde. Zunächst schien sein Plan auch aufzugehen: Von 478 bis 481 war Theoderich mit seiner Gruppe wieder auf Wanderschaft durch Südosteuropa, teils im Auftrag bzw. aufseiten des Kaisers, teils gegen ihn und seinen Widersacher Strabo. Strabo starb aber 481, als er vom Pferd in eine aufgestellte Lanze stürzte. Strabos Nachfolger war sein Sohn Rekitach. Um Theoderichs Raubzüge in Makedonien und Thessalien zu beenden, schloss Zenon schließlich 483 einen Vertrag mit Theoderich, ernannte ihn wieder zum Heermeister und im Jahr 484 sogar zum Konsul. Für Theoderich bedeutete das Amt des Konsuls, dass er nicht nur römischer Staatsbürger und Föderierter, sondern auch in die Kaiserfamilie aufgenommen wurde. Theoderich tötete Strabos Sohn Rekitach, seinen Rivalen, nach einem Bad. Die Gefolgschaft Rekitachs konnte er auf seine Seite bringen und somit beide gotischen Gruppen vereinen. Dafür kam es aber immer wieder zu Spannungen und 486/87 sogar zu Kämpfen zwischen Theoderich und Zenon. Theoderich belagerte Konstantinopel. Zenon konnte die Belagerung mit Geschenken an Theoderich beenden.

Herrschaft in Italien: Das Ostgotenreich

Während in Konstantinopel unter Zenon stabile Verhältnisse herrschten, war das im Weströmischen Reich schon länger nicht mehr der Fall. Nicht zuletzt durch den Einfall germanischer Stämme war Italien zu dieser Zeit durch wirtschaftliche und politische instabile Verhältnisse geprägt. Fast alle zwei Jahre wechselten die Kaiser. Und nicht die Kaiser, sondern die Heermeister besaßen die eigentliche Macht und bestimmten die Politik. Diese Heermeister waren nicht selten germanischer Herkunft, wie z. B. Rikimer. Dieser hatte in seiner Amtszeit von 457 bis zu seinem Tod 472 drei Kaiser abgesetzt und zwei neue eingesetzt. Rikimer war es auch, der Odoaker förderte. Odoaker, 433 geboren, war der Sohn eines Thüringers namens Edeco und einer Skirin. Edeco hatte am Hofe Attilas gedient und war in einer Schlacht gegen die Ostgoten gefallen. Odoaker war zunächst Anführer einer Gruppe von Sachsen, die in Nordgallien Plünderungszüge unternahm. 470 kam er nach Rom, wo er in der römischen Armee diente. Nach einer Soldatenrebellion wählten die germanischen Truppen in Italien 476 Odoaker zu ihrem König. Odoaker ließ den Heermeister Orestes töten, setzte den letzten weströmischen Kaiser Romulus Augustulus ab und beendete damit das Kaisertum im Weströmischen Reich. Odoaker hatte nicht nur die Soldaten auf seiner Seite, sondern auch der oströmische Kaiser Zenon akzeptierte zunächst seine Herrschaft. Die zwölfjährige Regierungszeit Odoakers war weitgehend eine Friedenszeit.

Ganz ohne Kämpfe war die Herrschaft aber nicht: 487 besiegte Odoaker die Rugier und nahm den Rugierkönig Feva und seine Frau Giso gefangen. Deren Sohn Friderich konnte fliehen und schloss sich mit seinem Gefolge Theoderich an. Die Rache für die Rugier war eines der Motive für Theoderichs Plan, nach Italien zu ziehen. Ausschlaggebend für Theoderich war aber vor allem die Hoffnung auf eine bessere wirtschaftliche Situation. Dem oströmischen Kaiser Zenon kam das gelegen, da er Odoaker nicht vollkommen vertraute. Zog Theoderich nach Italien, so waren er und seine Ostgoten erst einmal aus der »Reichweite« von Konstantinopel, so ein Marsch bis Italien dauerte lange. Und wenn Theoderich in Italien angekommen war, konnte dieser – so hoffte wohl Zenon – Odoaker in Schach halten. Ob Theoderich im offiziellen Auftrag von Zenon oder auf eigenen Wunsch nach Italien aufbrach, ist unklar. In der Gotengeschichte von Jordanes ist es der Wunsch Theoderichs, den dieser wie folgt dem oströmischen Kaiser vorträgt: »Schickt mich mit meinem Volk, wenn ihr wollt, dorthin [nach Italien], damit ihr auch dort die Last der Abgaben leichter macht und, wenn ich mit Gottes Hilfe siege, der Ruhm eurer Frömmigkeit erstrahle. Es nützt nämlich, wenn ich, der ich euer Knecht und euer Sohn bin, dort siege und die Macht dort als euer Gefolgsmann ausübe und nicht jener, den ihr gar nicht kennt, mit tyrannischem Schwert euren Senat und einen Teil des Staates mit der Sklaverei der Gefangenschaft bedrückt. Wenn ich nämlich siege, überlasse ich alles euch und besitze die Macht als Geschenk von euch. Wenn ich dagegen besiegt werde, verliert eure Frömmigkeit nichts, ja vielmehr wird, wie wir gesagt haben, Aufwand eingespart.« (ebd., 291)

Mit insgesamt 20.000 Kriegern, darunter die Rugier unter Friderich, einschließlich der Familien insgesamt wohl 100.000 Leute, brach Theoderich im Sommer 488 in Richtung Rom auf. Auch Theoderichs Mutter und Schwester waren dabei. Im Herbst 489 trafen Theoderich und Odoaker erstmals am Fluss Isonzo aufeinander. Es folgte eine Reihe von Kämpfen. Odoaker nahm seine Zuflucht nach Ravenna, wo ihn Theoderich drei Jahre lang belagerte. Im Februar 493 konnte der Bischof von Ravenna beide Gegner zum Abschluss eines Friedensvertrages bringen, wonach beide, Theoderich und Odoaker, sich die Herrschaft über Italien teilen sollten. Aber Theoderich wollte Alleinherrscher sein und entledigte sich schon im März seines Mitregenten, indem er ihn bei einem Gastmahl höchstpersönlich ermordete. Theoderich machte buchstäblich reinen Tisch mit der Familie und den Anhängern Odoakers: Odoaker erhielt kein christliches Begräbnis, seine Witwe erlitt den Hungertod, sein Bruder wurde trotz Asyl in einer Kirche getötet. Theoderich ließ sich direkt nach Odoakers Ermordung zum *Rex* bzw. König ausrufen. Schon in den Jahren 471 und 474 hatte sich Theoderich zum König der Goten ausrufen lassen. Jetzt aber war er nicht nur König über die Goten, sondern auch über die Römer in Italien, und er hatte dazu ein festes Herrschaftsgebiet gewonnen.

Der oströmische Kaiser Zenon war inzwischen (491) gestorben und Anastasius I. wurde sein Nachfolger. Die Frage war nun, wie sich Anastasius I. gegenüber Theoderich verhalten und ob er ihn anerkennen würde? Beide waren aber an einem einvernehmlichen Verhältnis interessiert. Anastasius I. erkannte die Königsherrschaft Theoderichs an, indem er ihm als Zeichen seiner Herrschaft Diadem, Zepter und Purpurgewand überbringen ließ. Theoderich verstand es diplomatisch sehr gut, einerseits seine Machtstellung deutlich zu zeigen, andererseits sich dem oströmischen Kaiser unterzuordnen. So trug Theoderich die vom oströmischen Kaiser zugesandten Herrschaftsinsignien nie in der Öffentlichkeit, ließ keine Münzen mit eigenem Porträt prägen, erließ keine eigenen Gesetze und betonte in einem Schreiben ausdrücklich die Vorrangstellung von Anastasius I. Statt der Gesetze erließ Theoderich Edikte, d. h. Verlautbarungen bzw. Richtlinien. Das bekannteste dieser Edikte ist das *Edictum Theoderici*, das die Einhaltung der bisherigen Ordnung und eine rechtliche Gleichstellung der Goten und Römer zum Ziel hatte. Den Kaiserpalast in Ravenna bezog Theoderich nicht, sondern ließ sich einen eigenen bauen. Aber wie bei einem Kaiser lag die oberste Gerichtsbarkeit und die Verwaltung in den Händen Theoderichs, einschließlich des kirchlichen Bereichs. Dabei versuchte er, die römische Ordnung, so wie er sie vorfand, zu bewahren. Er beteiligte den Senat an seiner Politik und Verwaltung.

Die ca. 100.000 Goten Theoderichs, die als militärische Elite des Landes galten, siedelten sich vorwiegend in Nord- und Mittelitalien und der Gegend von Dalmatien an. Im Unterschied zu anderen Germanenreichen, und das ist das besondere Kennzeichen seiner Politik, war für Theoderich die *civilitas* (= Bürgerstand) das Ziel seiner Politik, nämlich das friedliche Zusammenleben von zwei verschiedenen Völkern. Theoderich förderte die Anpassung der Goten, vor allem der Oberschicht, an die römische Kultur, Gesellschaft und Lebensweise, und bis auf die letzten Lebensjahre Theoderichs gab es keine Schwierigkeiten im Zusammenleben von Goten und Römern.

Theoderich konnte seinen diplomatischen Einfluss auf Chlodwig nach dessen Krieg gegen die Alemannen 506 noch geltend machen, sodass dieser keine weiteren Feldzüge in deren Gebiet unternahm (vgl. dazu Kap. Chlodwig). Aber gegen Chlodwigs Angriff auf die Westgoten konnte er nicht direkt vorgehen. Denn ihm waren zunächst die Hände gebunden: In Italien drohte 508 ein Angriff der Flotte aus Konstantinopel, die aber letztlich nicht vor Anker gehen konnte. Erst im Juni 508 konnte Theoderich mit seinem Heer den Westgoten gegen die Franken zu Hilfe kommen. Theoderich machte Ansprüche auf das Westgotenreich geltend, da seine Tochter mit dem Westgotenkönig Alarich II. verheiratet gewesen war. Nach dessen Tod war anstelle des minderjährigen Amalarich, dem Sohn von Alarich II. und Enkel Theoderichs, Gesalech, ein unehelicher Sohn von

Alarich II., auf den Thron gelangt. Dieser konnte sich aber aufgrund der Opposition gegen ihn nicht lange halten. Theoderichs Feldherr Ibba konnte Gesalech 511 vertreiben. Dieser fand Aufnahme bei dem Vandalenkönig Thrasamund, dem Schwager Theoderichs. Nachdem sich Theoderich darüber bei Thrasamund erfolgreich beschwert hatte, versuchte Gesalech zu den Burgundern zu fliehen und wurde dabei ermordet. 511 setzte Theoderich seinen Enkel Amalarich als König über die Westgoten ein. Da Amalarich noch minderjährig war, übernahm Theoderich an seiner Stelle die Herrschaft und war nun bis zu seinem Lebensende auch König der Westgoten.

Theoderich, der Arianer und die katholische Kirche

Theoderich war ein frommer Arianer. Er förderte und begünstigte den Arianismus, nicht zuletzt durch Kirchenbauten wie z. B. die Palastkirche in Ravenna (heute Sant'Apollinare Nuovo). Aber trotzdem war er gegenüber der katholischen Kirche tolerant und versuchte nicht, den Arianismus gegenüber der katholischen Mehrheit durchzusetzen, sondern sein Ziel war ein gutes Einvernehmen mit der katholischen Kirche. Er konvertierte nicht zur katholischen Kirche wie Chlodwig, verfolgte die Katholiken aber auch nicht wie Geiserich.

Dann kam es aber zu einer Krise in der katholischen Kirche, die sich auch auf die Herrschaft Theoderichs auswirkte: Als Papst Anastasius II. im Jahr 498 starb, wurden gleich zwei Päpste gewählt: Symmachus und Laurentius. Jeder von beiden hatte seine Anhänger und beanspruchte für sich das Papstamt. Beide baten schließlich Theoderich, zu entscheiden, wer Papst bleiben sollte. Gegen seinen Grundsatz, sich nicht in kirchliche Angelegenheiten einzumischen, entschied Theoderich, dass Symmachus rechtmäßig das Papstamt zustehe. Die Anhänger des Laurentius gaben aber nicht auf und klagten Papst Symmachus wegen Amtsmissbrauch an. Man versuchte, auf Synoden das Problem zu klären. Erst nach dem Tod von Papst Symmachus 514, unter seinem Nachfolger Hormisdas, beruhigte sich die Lage wieder. In Konstantinopel zeigte Kaiser Anastasius I. währenddessen Tendenzen zum Monophysitismus. Dadurch entstand ein distanziertes Verhältnis zu Rom, wovon Theoderich profitierte. Erst Justin, der 518 Kaiser wurde, lehnte deutlich den Monophysitismus ab. Dadurch kam es wieder zu einem guten Einvernehmen zwischen Ost- und Westkirche – zum Nachteil Theoderichs. Denn dadurch entwickelte sich eine antikatholische Stimmung gegen Theoderich.

Das war einer der Gründe, warum Theoderich nach seinem Tod zunächst ohne Nachruhm blieb und man die Erinnerung an ihn, wie z. B. seine Bildnisse, zerstörte. Es war die katholische, antiarianische und antigotische Stimmung, die die Oberhand gewann. Diese Entwicklung deutete sich, wie oben aufgezeigt, schon in den letzten Lebensjahren Theoderichs an.

Es waren zwei ganz konkrete Ereignisse, die diese Entwicklung auslösten: Da war zunächst der Fall Boethius, der aus einer alteingesessenen Senatorenfamilie stammte. Boethius war Beamter, erwarb sich aber auch als Philosoph und Theologe einen Namen. Er wurde von Theoderich gefördert, der ihm den Titel *Patricius* verlieh. Und auch Kaiser Justin förderte ihn und verlieh ihm und seinen Söhnen den Titel Konsul. Der Senator Cyprianus beschuldigte nun einen Kollegen namens Albinus, dass dieser sich in Briefen negativ gegen die Regierung Theoderichs ausgesprochen habe. Boethius setzte sich für Albinus ein und behauptete, Cyprianus' Aussage sei falsch. Boethius wurde daraufhin wegen Hochverrat angeklagt und verhaftet. Erschwerend hinzu kamen Aussagen von den Untergebenen des Boethius, die ihn belasteten und Briefe, in denen sich Boethius gegen die gotische Herrschaft aussprach. Boethius behauptete, die Briefe seien gefälscht. Theoderich hielt sich aus dem Gerichtsverfahren heraus. Boethius wurde zum Tode verurteilt und 524 hingerichtet. Sein Schwiegervater Symmachus versuchte vergeblich, Boethius nach seinem Tod zu rehabilitieren. Auch er wurde wegen Hochverrat verhaftet und hingerichtet.

Der zweite Vorfall war die Reise von Papst Johannes I. nach Konstantinopel im Jahre 526. Johannes I. war seit 523 der Nachfolger von Papst Hormisdas. Es war die erste Reise eines Papstes nach Konstantinopel. Kaiser Justin empfing ihn mit allen Ehren und es kam zu einer Annäherung der westlichen und östlichen Kirche. Bezüglich dieser Reise von Johannes I. gibt es nun Berichte, die behaupten, dass Theoderich dem Papst aufgetragen habe, sich für die arianische Kirche in Konstantinopel einzusetzen. Und gerade in diesem Punkt erhielt Johannes I. keinerlei Zusagen von Kaiser Justin. Theoderich sei darüber so verärgert gewesen – so die Berichte –, dass er den Papst nach seiner Rückkehr verhaften ließ. Dieser starb in der Haft, wahrscheinlich nicht zuletzt auch an den Folgen der beschwerlichen Reise, die er im hohen Alter unternommen hatte. Spätere Berichte betonen den Einsatz von Papst Johannes I. für verfolgte Katholiken und dass er dafür von Theoderich verhaftet wurde. Wenn diese Berichte stimmen, stellt sich die Frage, warum Theoderich, der sich immer aus kirchenpolitischen Angelegenheiten herausgehalten hatte, gerade zu Ende seiner Regierungszeit sich eingemischt haben sollte. Und wenn ja, warum Theoderich gerade Papst Johannes I., von dem bekannt war, dass er gegen die Arianer eingestellt war, beauftragt haben sollte, sich bei Kaiser Justin für die Arianer einzusetzen. Diese Fragen lassen Zweifel an der Glaubwürdigkeit der Berichte aufkommen, deren spätere Autoren wahrscheinlich katholisch und antigotisch eingestellt waren.

Die letzten Jahre und Theoderichs Nachfolge

Bis zum Jahr 522 verlief die Regierungszeit Theoderichs friedlich. Dann unternahm er mit Hilfe der Franken erfolgreich gegen die Burgunder einen Feldzug. Der Grund war die Rache für die Ermordung seines Enkels auf Befehl des eigenen Vaters: Die Tochter Theoderichs, Ostrogotho, war gestorben. Der Witwer, Sigismund, wurde 516 König über Burgund und heiratete noch einmal. Auf Betreiben seiner neuen Frau ließ Sigismund seinen Sohn Sigerich, Theoderichs Enkel, töten. Auch in seinem Todesjahr 526 musste Theoderich noch einmal zum Kampf rüsten, und zwar gegen die Vandalen. Seine Schwester Amalafrida, die mit dem Vandalenkönig Thrasamund verheiratet war, musste nach dessen Tod fliehen, als Hilderich an die Macht kam (s. dazu Kap. Geiserich). Auf der Flucht wurde sie gefangen genommen und ermordet.

Theoderich hatte eine Tochter namens Amalasuintha von seiner Frau Audefleda und zwei uneheliche Töchter – aber keinen Sohn als Nachfolger. Theoderich gab deshalb seine Tochter Amalasuintha 515 einem Goten namens Eutharich Cilliga in Spanien zur Frau. Es gibt unterschiedliche Berichte, ob dieser jung oder alt war und inwiefern er aus dem Geschlecht der Amaler stammte und somit mit Theoderich verwandt war. Jedenfalls hatte Theoderich ihn als Nachfolger ausgewählt und sorgte dafür, dass der oströmische Kaiser ihn zum Konsul und Waffensohn ernannte. Aus der Ehe ging der Sohn Athalarich hervor. Leider starb aber Eutharich schon vor Theoderich im Jahre 523 und machte damit die Pläne Theoderichs zunichte.

Theoderich verfügte 526 auf einer Versammlung in Ravenna, kurz vor seinem Tod, dass Athalarich sein Nachfolger sein sollte und – da er erst zehn Jahre alt war – bis zur Volljährigkeit seine Mutter Amalasuintha die Regierung übernehmen sollte. Jordanes ergänzt: »Und in denselben testamentarischen Verfügungen verkündete er, dass sie [die Goten] den König verehren und den Senat und das Volk von Rom lieben sollten, den Kaiser des Ostens zufriedenstellen und gleich nach Gott immer in Ehren halten sollten.« (ebd., 304) Theoderich starb am 30.8.526 und wurde in dem von ihm selbst errichteten Grabmal außerhalb von Ravenna bestattet. Dieses Grabmal ist architektonisch einmalig, es gibt kein zweites in dieser Form. Es ist ein turmartiges Gebäude mit einer Verbindung von Elementen germanischer und römischer Architektur.

Für den noch minderjährigen Athalarich übernahm seine Mutter Amalasuintha wie vorgesehen die Herrschaft. Acht Jahre lang, bis zum frühen Tod von Athalarich, konnte Amalasuintha »in Frieden« wie Jordanes schreibt, regieren. Allerdings hatten sich die Westgoten unter Theoderichs Enkel Amalarich wieder selbstständig gemacht und vom Ostgotenreich getrennt. Amalarich heiratete eine Tochter von Chlodwig, um sich mit den Franken zu verbünden. Diese beschwerte sich aber, sie werde von ihrem Ehemann misshandelt. Der Frankenkönig Childerich zog daraufhin gegen die Westgoten zu Felde und besiegte sie 531. Amalarich konnte fliehen, Childerich erhielt einen Teil des Westgotenreiches, die Herrschaft über den anderen Teil übernahm Theudis, ein ehemaliger Freund Theoderichs.

Amalasuintha fehlte letztlich die volle Unterstützung der Goten, was nach dem frühen Tod von Athalarichs am 2.10.534 deutlich wurde. Amalasuinthas Cousin Theodahad wurde Mitregent. Dieser ließ sie aber gefangen nehmen und am 30.4.535 töten. Die Franken eroberten 529 das Reich der Thüringer und töteten Hermanafrid. Seine Frau Amalabirga, eine Nichte von

Theoderich, konnte fliehen. 534 eroberten die Franken auch das Burgunderreich. Kaiser Justin zog nach den Auseinandersetzungen mit den Persern gegen Rom. Weder Theodahad noch sein Nachfolger Witichis konnten gegen die oströmischen Truppen unter dem General Belisar bestehen. Witichis hatte Matasuintha, die Enkelin Theoderichs, geheiratet, um mit der Heirat einer Angehörigen der Dynastie der Amaler seine Ansprüche auf die Herrschaft zu festigen. Beide wurden gefangen genommen und 540 nach Konstantinopel gebracht. Das war das Ende der Herrschaft der Amaler, der Dynastie Theoderichs. In Italien verloren auch die letzten Gotenkönige Totila und nach ihm Teja den Kampf gegen den oströmischen Truppen unter dem Feldhernn Belisar. 568 zogen die Langobarden unter Alboin nach Italien und konnten schließlich nach vielen Kämpfen mit Konstantinopel ihre Herrschaft etablieren, und ein neues Kapitel der Geschichte Italiens begann.

Theoderichs politische Erfolge als Diplomat zwischen Römern und Germanen

Die Politik Theoderichs war geprägt durch die Bewahrung der römischen Ordnung und den Versuch, durch eine Bündnispolitik den germanischen Reichen eine friedliche Entwicklung zu garantieren. Als Mittel dazu diente ihm der Aufbau eines Bündnissystems der germanischen Reiche aufgrund verwandtschaftlicher Beziehungen, indem er seine Schwestern und Töchter mit den verschiedenen germanischen Herrschern verheiratete. Theoderich schwebte dabei wohl eine germanische Königsfamilie der verschiedenen Stämme als Absicherung gegenüber oströmischen Machtansprüchen vor, die er letztlich auch verwirklichte. Die durch Heiraten mit ihm verbundenen germanischen Herrscher redete er dann auch als Bruder oder Sohn an.

Theoderich selbst heiratete die Schwester des Frankenkönigs Chlodwigs, Audofleda. Seine Tochter Theodigotha verheiratete er 494 mit dem Westgotenkönig Alarich II. und seine Tochter Tochter Ariagne bzw. Ostrogotha mit Sigismund, dem ältesten Sohn des Burgunderkönigs Gundobad. Die Schwester Theoderichs, Amalafrida, heiratete im Jahr 500 den Vandalenkönig Thrasamund. Die Tochter von Amalafrida, Amalabirga, heiratete den Thüringerkönig Herminafrid. Nach diesen Heiraten waren alle dem Ostgotenreich benachbarten Könige mit Theoderich verwandt und sein Reich nicht zuletzt durch diese Heiratspolitik abgesichert. Theoderichs Ziel war eine Ausgeglichenheit zwischen den germanischen Stämmen, im Unterschied zu Chlodwig, der auf eine Expansion des fränkischen Reiches auf Kosten der anderen zielte, und der Theoderichs Plan dadurch erschwerte und letztlich durch den Angriff auf das Westgotenreich verhinderte.

Theoderich hatte sich zwar immer als Gote gefühlt und betonte diese gotische Identität. Aber andererseits war er am Hofe des oströmischen Kaisers aufgewachsen, hatte die römische Kultur und Lebensweise kennengelernt und war offen dafür. Und während seiner Regierungszeit als König in Ravenna erneuerte er das römische Staatssystem und die römische Kultur. Er zerstörte sie nicht, sondern versuchte sie zu erhalten und zur Grundlage seiner Regierung zu machen. Ein Fehler Theoderichs war aber, dass er die Unterschiede zwischen Goten und Römern sowie Arianern und Katholiken unterschätzte. Denn gerade in den letzten Regierungsjahren Theoderichs traten immer mehr die religiösen Unterschiede zwischen Arianern und Katholiken und damit verbunden die ethnischen Unterschiede zwischen Goten und Römern hervor. Dies hatte zur Folge, dass nach dem Tod Theoderichs sich eine Stimmung gegen ihn ausbreitete.

Nachleben als Dietrich von Bern

Aufgrund der negativen Propaganda erfuhr Theoderich zunächst keinen Nachruhm. Nachdem die oströmischen Truppen die Goten in Italien besiegten, konnten die katholischen Gegner Theoderichs die Spuren seiner Herrschaft und des Arianismus beseitigen: Arianische Kirchen wurden in katholische umgewandelt, Bildnisse Theoderichs wurden verändert bzw. ersetzt und sein Sarkophag aus seinem Mausoleums entfernt.

Theoderich fand aber dann in Kaiser Karl dem Großen einen großen Verehrer, der ihn als Vorbild ansah: Dieser ließ die Pfalzkapelle in Aachen nach dem Vorbild der Kirche San Vitale in Ravenna erbauen, die er fälschlicherweise für die Palastkirche Theoderichs hielt. Und er ließ 801 ein Standbild eines Reiters aus

Italien nach Aachen bringen und es dort zwischen Pfalzkapelle und Königshalle aufstellen. Es galt als Standbild Theoderichs und stammte aus dem Palast oder dem Mausoleum Theoderichs. Allerdings gab es Kritik an der Aufstellung der Statue Theoderichs in Aachen. Theoderich galt als Tyrann und Ketzer und als Beispiel, wie ein solcher bestraft wird. So wurde z. B. die Legende überliefert, dass Theoderich zur Bestrafung seiner Vergehen von Papst Johannes I. und Symmachus zu einem Vulkan gebracht und hineingeworfen wurde.

Berühmtheit erlangte Theoderich in Gestalt des Dietrichs von Bern, eine der bekanntesten mittelalterlichen und neuzeitlichen Sagenfiguren. Dietrich ist der Held einer vielfältigen Literatur, die zwischen dem 9. und 17. Jh. als Heldenlied, aber auch als Epos und Prosa entstand. Als Beispiele sind zu nennen das Hildebrandslied, das Nibelungenlied oder die skandinavische Thidrekssaga, in der das gesamte Leben Dietrichs geschildert wird.

Zusammengefasst berichtet die Dietrich-Saga in den verschiedenen Überlieferungen Folgendes: Dietrich ist Herrscher über Oberitalien, er regiert von Bern aus, womit Verona gemeint ist. Odoaker vertreibt ihn von dort, in späteren Versionen wird Dietrich von seinem Onkel Ermenrich (Ermanarich) vertrieben. Dietrich flieht zum Hunnenkönig Etzel (Attila) und beteiligt sich an dessen Kämpfen. Danach zieht er mit seinem Waffenmeister Hildebrand nach Bern. In der Schlacht von Raben (Ravenna) besiegt Dietrich seinen Onkel und Konkurrenten Ermenrich, dieser kann aber fliehen. In der Schlacht sind auch die Söhne Attilas gefallen, dieser aber verzeiht ihm. Nach 32 Jahren Exil kann Dietrich wieder über sein Reich herrschen. Nach Attilas Tod übernimmt Dietrich auch die Herrschaft über dessen Reich, da Etzel keine direkten Nachkommen hat.

Im Nibelungenlied wird Dietrich als Freund von Gunther und seinen Brüdern geschildert. Er kämpft gegen Siegfried und besiegt ihn mit Hilfe des Schwertes Mimung. Und Dietrich ist es auch, der die Hochzeit zwischen Siegfried und Kriemhild, der Schwester von Gunther, arrangiert. Im Kampf zwischen den Nibelungen und den Hunnen kann sich Dietrich zunächst nicht entscheiden, kämpft dann aber aufseiten von Etzel.

Zwischen Dietrich und Theoderich gibt es eine Reihe von Gemeinsamkeiten: Zunnächst der gleiche Klang der Namen, ebenso der Namen von Dietrichs Vater Dietmar und Theoderichs Vater Thiudimir oder der Amelungen und Amaler. Odoaker ist Konkurrent bzw. Gegenspieler von Theoderich und Dietrich. In Bern, die deutsche Bezeichnung für Verona, hat die Schlacht Theoderichs gegen Odoaker 490 stattgefunden und die Stadt war gotisches Siedlungsgebiet. Eine weitere Gemeinsamkeit ist die Rabenschlacht bzw. Schlacht von Ravenna. Hierbei gibt es allerdings auch Unterschiede, denn Dietrich kehrt nach der Rabenschlacht zu den Hunnen zurück, für Theoderich beginnt danach direkt die Herrschaft über Italien. Weitere Unterschiede sind die Geburt und Jugend Dietrichs in Bern und ebenso seine Beziehung zu Attila. Der historische Attila verstarb 453, als Theoderich noch gar nicht geboren war.

Gerade die Dietrich-Saga zeigt, dass die Erinnerung an Theoderich doch noch weiterlebte. Denn das Verdienst Theoderichs war es, für die Goten, aber auch für die Römer, eine Periode des materiellen Wohlstandes und des Friedens geschaffen zu haben, eine Zeit des Glücks für Italien, wie es in einer zeitgenössischen Quelle (Theodericiana, XII) heißt.

9. EXKURS: DIE FRANKEN

Während die anderen germanischen Reiche wie das der Ost- und Westgoten oder der Vandalen schon bald wieder von der Bühne der Weltgeschichte verschwunden waren, hatte das Frankenreich Bestand und prägte entscheidend den weiteren Lauf der abendländischen Geschichte. Die Franken waren somit das erfolgreichste der germanischen Völker. Der Frankenkönig Chlodwig legte den Grundstein zu einem einheitlichen Frankenreich. Und Karl der Große erweiterte das Frankenreich, sodass es zum größten Reich in Europa nach dem Römischen Imperium wurde. Schon damals wurde Karl der Große der »Vater Europas« genannt, und vor allem Frankreich und Deutschland berufen sich auf ihn als den eigentlichen Gründer ihrer Nation.

Wer waren die Franken? Das Wort Franken bedeutet die »Frechen«, die »Mutigen«, später ab der Merowingerzeit wurde es auch als die »Freien« übersetzt. Die Franken treten erst gegen Ende des 5. Jahrhunderts als einheitlicher Volksstamm in Erscheinung. Bis dahin waren sie ein Verband mehrerer westgermanischer Stämme, zu denen z. B. die Chamaver, Brukturer, Chattwarier, Chatten oder Amsivarier gehören. Mit den Einfällen der fränkischen Stämme in die römische Provinz Gallien 257/58 werden die Franken erstmals in römischen Quellen erwähnt.

Im 3. Jh. bildeten sich die zwei Hauptgruppen der Franken heraus, die Salfranken bzw. Salier und die Rheinfranken. Die Salfranken siedelten am unteren Niederrhein bis zum Salland, die Rheinfranken im Großraum Köln, am Mittelrhein und im Moselgebiet. Bis 358 hatten die Salfranken Toxandrien eingenommen, das Gebiet zwischen Maas und Schelde. Die Rheinfranken begannen gegen Ende des 4. Jahrhunderts mehrmals über den Rhein vorzustoßen. Während die römischen Heermeister Stilicho und Arbogast die Rheinfranken zunächst in Schach halten konnten, kam es nach dem Tod des Feldherrn Aëtius 454 zu einer Schwächung der Römer. Infolgedessen konnten die Rheinfranken zwischen 457 und 461 Köln einnehmen, beendeten ihr Verhältnis als römische Föderaten und weiteten ihr Gebiet bis Mainz und Worms sowie Trier, Toul und Verdun aus.

Der bekannteste Rheinfrankenkönig war Sigibert, der zusammen mit Chlodwig I. im Jahr 496 die Alemannen in der Schlacht bei Zülpich besiegte und von seinem eigenen Sohn Chloderich auf Anstiftung von Chlodwig getötet wurde. Chlodwig (ca. 465–511) ließ dann Chloderich ermorden und wurde so zum König nicht nur der Salfranken, sondern auch der Rheinfranken. Dadurch und durch seinen Übertritt zum römisch-katholischen Christentum legte Chlodwig den Grundstein zu einem einheitlichen fränkischen Großreich, das dann unter Karl dem Großen (ca. 747–814) seine größte Ausdehnung erfuhr. Nach der Aufteilung des großen Frankenreiches unter den Söhnen von Karl dem Großen entstand im Laufe der Geschichte aus dem fränkischen Westreich das heutige Frankreich, aus dem fränkischen Ostreich die heutigen Staaten Deutschland, Niederlande, Belgien, Luxemburg, Schweiz, Österreich und Teile Italiens.

Die Merowinger waren die Dynastie der Franken, die das Frankenreich begründeten und zu denen Childerich und Chlodwig gehörten. Die Dynastie der Merowinger führt sich auf Chlogio und Merowech zurück. Chlogio gilt als erster König der Salfranken, die unter seiner Herrschaft im 5. Jh. bis Nordfrankreich gelangten. Chlogio hatte seine Residenz in Dispargum. Unklar ist, ob damit das heutige Duisburg im Ruhrgebiet oder ein Ort in der Nähe von Brüssel gemeint ist. Um die Nachfolge von Chlogio soll es nach seinem Tod Streit unter seinen Söhnen gegeben haben. Schließlich wurde Merowech, ein Verwandter von Chlogio, König der Salfranken. Merowech war der Stammvater der Merowinger-Dynastie, für die er auch namengebend war. Denn Merowech war der Vater Childerichs und somit Großvaters Chlodwigs.

In der Fredegar-Chronik wird die Sage erzählt, dass Chlogio der Vater Merowechs war und seine Frau vor der Geburt von Merowech beim Baden einem Meerungeheuer begegnete, vielleicht beeinflusst von der Gestalt des Minotauros, halb Stier, halb Mensch, in den griechischen Sagen. Die Fredegar-Chronik führt nicht weiter aus, ob es »nur« eine Begegnung im Sinne eines Vorzeichens war, ob das Meerungeheuer der Vater von Merowech wurde oder ob Chlogio seiner Frau in Gestalt eines Meerungeheuers erschien. Unklar ist auch die Herkunft der Sage und ob sie nicht vielleicht beabsichtigt, die Herkunft der Merowinger zu verspotten. Man vermutet, dass die Sage im 6./7. Jh.

entstand, um den Namen Merowech mit der Übersetzung als »Meeresvieh« und somit auch den Namen der Merowinger zu erklären. Mit Childerich († 481 oder 482) wird die fränkische Königsdynastie der Merowinger historisch greifbar, auch wenn vieles von der Biografie von Childerich, ebenso wie von der Chlodwigs, im Dunkeln bleibt. Childerichs Herrschaftsbereich war Nordgallien bis zur Loire.

10. Chlodwig –
Gründer des Frankenreiches

Der Frankenkönig Chlodwig (ca. 465–511), ein Heiliger, obwohl er buchstäblich über Leichen ging, um seine Rivalen auf dem Weg zur Macht auszuschalten? Darüber kann man streiten. Fest steht, dass Chlodwig als Gründer des Frankenreiches die Grundlagen für die zukünftige Entwicklung der Einheit des Abendlandes und Europas stellte. Mit seinem Übertritt zum christlich-katholischen Glauben legte er die Weichen für die spätere Verbindung von Staat und Kirche in der Geschichte Europas. Für Frankreich spielt Chlodwig (frz. Clovis, die spätere deutsche Namensform ist Ludwig) bis heute als nationale Gestalt eine große Rolle.

Childerich

Im 17. Jh. sorgte die Entdeckung des Grabes von Childerich für Aufsehen. Childerich war in Tournai ganz nach germanischem Brauch bestattet worden, mit spektakulären Grabbeigaben, vor allem prächtigem Goldschmuck. Schon die Bestattung von Childerichs Sohn Chlodwig eine Generation später fand nach christlichem Brauch in der Apostelkirche in Paris statt. Denn während der Regierungszeit Chlodwigs erfolgte eine historische Wende mit seinem Übertritt zum katholischen Christentum.

Childerich († 481 oder 482), König der Salfranken aus der Dynastie der Merowinger, war der Vater Chlodwigs und schuf die Vorrausetzungen dafür, dass Chlodwig ein einheitliches Reich der Franken gründen konnte. Historisch belegt ist Childerichs Herrschaft erstmals im Jahr 463. Er soll von 457/58 an 24 Jahre lang regiert haben. Childerich war nicht nur König der Franken, sondern auch in römischen Diensten Verwalter und militärischer Befehlshaber in der römischen Provinz *Belgica Secunda*. Seine Residenzstadt war Tournai im heutigen Belgien. Gregor von Tours berichtet über Childerich, dass er von den Franken zwischenzeitlich als König abgesetzt wurde, weil er fränkische Frauen sexuell missbraucht haben soll. Childerich ging daraufhin ins Exil zu den Thüringern, während der römische Heermeister Aegidius als *Rex* (König) sein Nachfolger bei den Franken wurde. Childerich kehrte aber wieder zurück und wurde wiederum König der Franken. Es heißt, dass Basina, die Frau des Thüringerkönigs, ihren Mann verließ, Childerich bei seiner Rückkehr aus dem Exil folgte und ihn heiratete.

Entscheidend für die weitere »Karriere« Childerichs wurde sein Verhältnis zu Aegidius und vor allem das seines Sohnes Chlodwigs zu Syagrius, dem Sohn von Aegidius. Aegidius war zunächst römischer Heermeister, rebellierte dann 461 erfolgreich gegen Rom und schuf sich um das Gebiet der Stadt Soissons einen autonomen Machtbereich. Es ist bis heute unklar, in welchem Verhältnis Childerich zu Aegidius stand, ob als Verbündeter oder als Rivale. Nach dem Tod des Aegidius 464/65 übernahm Paulus kurzzeitig seinen Herrschaftsbereich, danach sein Sohn Syagrius. Später konnte Chlodwig Syagrius besiegen, sein Herrschaftsgebiet übernehmen und sich so eine Grundlage für die weitere Ausdehnung seines Reiches schaffen.

Childerich führte zwei siegreiche Schlachten gegen die Westgoten, die erste 463 bei Orleans, die zweite im Jahr 469. Unklar ist, ob Childerich dabei unter dem Befehl des Römers Aegidius bzw. Paulus oder unabhängig als Konkurrent agierte. 469/70 konnte Childerich die Sachsen von der Mündung der Loire vertreiben. Mit Odovacrius kam es zum Bündnis gegen die Alemannen, Näheres hierüber ist aber nicht bekannt. Ungeklärt ist auch, ob Odovacrius mit Odoaker identisch ist, der den weströmischen Kaiser absetzte und von Theoderich dem Großen ermordet wurde. Childerich versuchte auch – erfolglos – Paris zu erobern. Die Vita der heiligen Genoveva berichtet, dass Childerich Paris zehn Jahre lang belagerte, und hat hier wohl die zehnjährige Belagerung Trojas durch die Griechen zum Vorbild. Es scheint Kontakt zwischen Childerich und Genoveva gegeben zu haben, die näheren Umstände sind aber nicht bekannt. In der Zeit ab 470 musste sich Childerich vermutlich mit der Expansion der Westgoten unter Eurich auseinandersetzen. Childerich starb 481 oder 482. Sein Sohn Chlodwig ließ ihn in einem prunkvollen Grab in seiner Stadt Tournai bestatten, in der Uniform eines römischen Offiziers.

Das Grab Childerichs geriet im Laufe der Jahrhunderte in Vergessenheit und wurde erst 1653 bei Ausschachtungen für den Bau eines Armenhauses wiederentdeckt. Ein Bauarbeiter fand Gold-

und Silbermünzen und damit das Grab und den Schatz von König Childerich. Jean-Jacques Chiflet, der Leibarzt von Erzherzog
Leopold Wilhelm von Österreich, dem Statthalter der damals
spanischen Niederlande, erhielt den Auftrag, die Funde zu unter-
suchen und zu dokumentieren. Diesen Auftrag führte Chiflet
sehr gewissenhaft aus, sodass wir aufgrund seiner detaillierten
Zeichnungen heute gut über den Grabfund informiert sind. Als
Erzherzog Leopold wieder nach Wien ging, nahm er den Fund
mit, wo er ihn in der kaiserlichen Schatzkammer aufbewahrte.
1665 gab Kaiser Leopold I. den größten Teil des Childerich-Schat-
zes an Ludwig XIV. als Geschenk zurück. Er wurde in der Königlichen Bibliothek (heute Französische Nationalbibliothek) aufbewahrt, wo er 1831 gestohlen wurde und seitdem verschwunden
ist. Nur einzelne Stücke, wie z. B. ein Schmuckstück in Form
zweier Bienen aus Gold, konnten wiedergefunden werden.

Das Grab Childerichs bestand aus einer Grabkammer, über
der man einen Hügel errichtet hatte. Den Bestatteten konnte
man als Childerich identifizieren aufgrund des Siegelringes mit
seinem Namen und Porträt. Childerich war mit zahlreichen
Grabbeigaben bestattet worden: Waffen, Schmuck, einem stattlichen Münzschatz, daneben ein Stierkopf und ein Pferdeschädel.
Es ist anzunehmen, dass Childerichs Pferd, nach thüringischem
Brauch, mit ihm bestattet wurde. 1980 fand man im Umkreis des
Grabes nicht nur weitere Gräber, sondern auch Reste von mehr
als 21 geopferten Pferden. Childerich war also von seinem Sohn
Chlodwig noch ganz nach dem Ritus der germanischen Religion bestattet worden, während dieser sich selbst christlich beiset-
zen ließ. Ein Unterschied, der später noch ausführlicher behandelt werden wird. Mit dem prunkhaft ausgestatteten Grab
machte Chlodwig seinen Gefolgsleuten und denen, die es werden wollten, die Bedeutung seines Vaters deutlich und zeigte
gleichzeitig, dass er selbst ein würdiger, mächtiger und nicht
zuletzt reicher Nachfolger sei.

Chlodwig – die militärischen Erfolge

Chlodwig lebte ca. 465–511 und regierte von 481/82–511 das
Frankenreich. Über ihn haben wir letztlich nur wenige Informationen – im Unterschied z. B. zu Karl dem Großen. Die Haupt-

quelle für Chlodwigs Leben ist Gregor von Tours (538/39–594), katholischer Bischof von Tours, der einer gallorömischen Familie entstammte. Gregor von Tours stellt die Lebensgeschichte Chlodwigs im zweiten Buch (Kapitel 27–43) seines Werkes »Zehn Bücher Geschichten« (*Libri historiarum decem*, früher auch »Frankengeschichte« genannt, um 575) dar. Gregor betont zwei Kennzeichen Chlodwigs: Chlodwigs steilen Aufstieg als Herrscher und seine Zuwendung zum richtigen Glauben. Bezüglich der biografischen Daten und Chronologie richtet sich Gregor von Tours nach einem in der Spätantike üblichen System, das die Regierungszeit eines Herrschers in Fünfjahreszeitabschnitte einteilte: So besiegte Chlodwig – nach Gregor von Tours – in seinem 5. Regierungsjahr Syagrius, in seinem 10. Regierungsjahr die Thüringer, im 15. Regierungsjahr trat er zum katholischen Christentum über und besiegte im 25. Jahr die Westgoten. Chlodwig herrschte 30 Jahre über die Franken und starb mit 45 Jahren.

Als Childerich 481/82 starb und Chlodwig seine Nachfolge antrat, war er zwar erst 16 Jahre alt, aber nach fränkischem Recht schon »waffenfähig«, d. h. volljährig. Zu dieser Zeit bestand Gallien zum einen aus den Königreichen germanischer Stämme wie Westgoten, Burgunder und Alemannen, zum anderen aber auch aus Gebieten von autonomen römischen Herrschern wie z. B. Arbogast, der Trier und die Umgebung beherrschte, oder dem bereits erwähnten Syagrius, dessen Reich das Gebiet nördlich der Loire umfasste und der in Soissons residierte.

Der erste Schritt Chlodwigs als Herrscher war der erfolgreiche Kampf gegen Syagrius im Jahr 486. Gregor von Tours berichtet darüber relativ knapp: »Im fünften Jahre seiner [Chlodwigs] Regierung hatte Syagrius, der König der Römer, Sohn des Aegidius, seinen Sitz in der Stadt Soissons (...). Gegen ihn zog Chlodwig mit seinem Vetter Ragnachar, der wie er ein Königreich hatte, und forderte, dass der Kampfplatz bestimmt werde. Syagrius aber zögerte nicht und scheute sich nicht, ihm standzuhalten. Es kam nun zwischen beiden zur Schlacht und als Syagrius sein Heer zurückgedrängt sah, wandte er sich zur Flucht und eilte schnellstens nach Toulouse zum König Alarich.« (Gregor von Tours, Hist. II, 27) Nachdem Chlodwig von Westgotenkönig Alarich die Herausgabe von Syagrius gefordert hatte, ließ er diesen »in Haft halten; er nahm sein Reich in Besitz und ließ ihn dann heimlich mit dem Schwerte töten« (Gregor von Tours, Zehn Bücher Geschichten II, 27). Soissons wurde die neue Residenz von Chlodwig.

Nach dem Sieg über Syagrius grenzte das Reich Chlodwigs an das der Westgoten und Burgunder. Entsprechend suchte Chlodwig den Kontakt mit den Burgundern als potenzielle Bündnispartner. Bündnisse wurden damals oft durch Heiraten abgesichert. So heiratete Chlodwig 493 Chrodechilde, die Nichte des Burgunderkönigs Gundobad. Sie war es, die später Chlodwig veranlasste, zum katholischen Christentum überzutreten – wie später noch näher ausgeführt wird. Es war die zweite Ehe Chlodwigs. Seine erste Frau war wahrscheinlich eine rheinfränkische Königstochter, die ihm den ersten Sohn Theuderich gebar. Gregor von Tours spricht von »Konkubine« bzw. Nebenfrau und meint damit wohl eine Friedelehe, im Unterschied zur Vollehe.

Sehr früh verbunden war mit der Person Chrodechildes die sagenhafte Erzählung des Brudermords und der Blutrache, die Gregor wie folgt erzählt: »Es lebte damals Gundioc, der Burgunderkönig, aus dem Geschlechte des Königs Athanarich des Verfolgers (...) Gundioc aber hatte vier Söhne: Gundobad, Godegisel, Chilperich und Godomar. Gundobad aber tötete seinen Bruder Chilperich mit dem Schwerte und ließ seine Gemahlin mit einem Stein um den Hals ins Wasser werfen. Ihre beiden Töchter verbannte er vom Hofe, die ältere, die Nonne wurde, hieß Chrona, die jüngere Chrodechilde.« (ebd., II, 28) Weiter heißt es, dass Boten von Chlodwig auf Chrodechilde aufmerksam wurden und ihm darüber berichteten. »und sofort schickte er eine Gesandtschaft an Gundobad und hielt um ihre Hand an. Jener scheute sich, ihn abzuweisen, und übergab den Boten die Jungfrau. Die nahmen sie in Empfang und brachten sie eilends vor den König. Da er sie sah, fand er großes Wohlgefallen an ihr und nahm sie zur Frau.« (ebd., II, 28) Die Söhne Chrodechildes unterwarfen später das Burgunderreich und so entstand wahrscheinlich die Geschichte des Brudermordes von Gundobad, um die Eroberung des Burgunderreiches als Rache dafür zu rechtfertigen.

In die Gebiete der Rheinfranken am Untermain und Mittelrhein drangen immer mehr die Alemannen ein. Chlodwig schlug, unterstützt von Sigibert, dem König der Rheinfranken in Köln, in der Schlacht bei Zülpich im Jahr 496 die Alemannen in die Flucht. Diese zweite von drei Schlachten gegen die Alemannen ist insofern von großer Bedeutung, da Chlodwig versprochen hatte, sich im Falle eines Sieges taufen zu lassen. Und als Folge des Sieges trat Chlodwig dann auch zum katholischen Christentum über – eine Taufe mit weltgeschichtlichen Folgen, wie später noch ausführlicher dargestellt wird. Heute ist in der Forschung allerdings umstritten, ob diese sogenannte Bekehrungsschlacht wirklich bei Zülpich stattfand: Zum einen wird angezweifelt, dass es in dieser Gegend überhaupt Alemannen gab, und zum anderen erwähnt Gregor von Tours den Ort Zülpich (Tulbiac) nicht in diesem Zusammenhang. Mit der letzten Schlacht gegen die Alemannen bei Straßburg 506 endete die Herrschaft der Alemannen. Die nördlichen Alemannen wurden ins Frankenreich integriert, die südlichen Alemannen in das Reich des Ostgotenkönigs Theoderich.

Bald kam es zum Bruderkrieg zwischen dem Burgunderkönig Gundobad und Godegisel, der gerne alleine Herrscher sein wollte. Godegisel schickte eine Gesandtschaft an Chlodwig mit der Botschaft: »»Wenn Du mir Beistand leihen willst gegen meinen Bruder, dass ich ihn im Kriege töten oder aus dem Reiche treiben kann, will ich Dir Jahr für Jahr so viel Tribut zahlen wie Du mir aufzulegen beliebst.‹ Solches hörte Chlodwig gern und versprach, ihm zu Hilfe zu kommen, so oft es vonnöten sei; und zur bestimmten Zeit bot er darauf sein Heer gegen Gundobad auf.« (ebd., II, 32) Das Angebot Godegisels bedeutete für Chlodwig einen finanziellen Gewinn und zum anderen die Unterstützung durch Godegisel im Falle eines Krieges. Um 500 kam es dann bei Dijon zur Schlacht zwischen Chlodwig und Gundobad, der zwar besiegt wurde, aber nach Avignon fliehen konnte und von den Westgoten unterstützt wurde. Das Westgotenreich sollte die nächste Etappe in der Karriere Chlodwigs sein.

Schon in den Jahren 496 und 498 waren Franken in das Gebiet der Westgoten eingedrungen und konnten Bordeaux besetzen. Nachdem Chlodwig und Alarich 502 Freundschaft geschlossen hatten, griff Chlodwig 507 erneut die Westgoten an, unterstützt von Chloderich, dem Sohn von Sigibert, des Königs der Rheinfranken, und von Sigismund, dem Sohn des Burgunderkönigs

Gundobad. Chlodwig nutzte wahrscheinlich eine Krise der Westgoten aus, die als Arianer mit der katholischen Mehrheit ihrer Untertanen Schwierigkeiten hatten. Und der ostgotische Herrscher Theoderich der Große konnte momentan Italien nicht verlassen, da er einen Angriff des byzantinischen Kaisers Anastasios I. befürchtete. Theoderich war der Schwager Chlodwigs, denn er hatte dessen Schwester Audofleda geheiratet. Dieses Heiratsbündnis hatte damals die Stellung Chlodwigs aufgewertet. Trotz der Warnung Theoderichs griff Chlodwig die Westgoten an. Gregor von Tours berichtet vom Ausgang der Schlacht: Chlodwig »schlug die Goten in die Flucht und tötete ihren König Alarich. Da traten ihm aber zwei Männer plötzlich entgegen und trafen ihn in beide Seiten mit ihren Speeren. Aber sein Harnisch und sein schnelles Pferd retteten ihn vor dem sicheren Tod.« (ebd., II, 37) Im Jahr 508 konnte Theoderich dann endlich mit seinen Truppen in die Auseinandersetzung zwischen Chlodwig und den Westgoten eingreifen. Theoderich gewann den größten Teil des Westgotenreiches, das nun zu seinem Ostgotenreich gehörte. Chlodwig konnte sein Reich nach Süden hin fast bis zur Grenze der Iberischen Halbinsel, einschließlich der Stadt Toulose, erweitern. Es gelang ihm aber nicht, bis ganz zum Mittelmeer vorzustoßen. Dieser kleine, aber wichtige Gebietsstreifen verblieb beim Westgotischen Reich. Chlodwig hatte zudem den Schatz des Alarich in Besitz genommen und machte nun Paris zu seiner Residenz.

Die Kämpfe gegen die Westgoten waren Chlodwigs größter Erfolg. Er war auf dem Höhepunkt seiner Macht und nun mit den Herrschern Theoderich und dem Burgunderkönig Gundobad gleichrangig. Dies zeigte sich vor allem im Jahre 508, als Chlodwig nach Tours reiste, um dort den heiligen Martin zu ehren und ihm zu danken. Bei dieser Gelegenheit verlieh ihm der oströmische Kaiser Anastasios I. in Tours den Titel *Patricius*, einer der höchsten militärischen Ehrentitel, die an engste Vertraute des Kaisers verliehen wurden. Wer diesen Titel erhalten hatte, wie z. B. Gundobad oder Theoderich, übte die Regierungsgewalt aus. Chlodwig war als *Patricius* jetzt mit Theoderich und Gundobad gleichrangig, er war symbolisch in die Familie des Kaisers aufgenommen worden und vertrat den Kaiser in Gallien. Gregor von Tours spricht, nicht ganz korrekt, vom Titel »Konsul« und »Augustus«. Jedenfalls ließ sich Chlodwig selbstbewusst mit einer feierlichen Prozession in Tours feiern, wie Gregor berichtet: »Damals erhielt er [Chlodwig] vom Kaiser Anastasios ein Patent als Konsul und legte in der Kirche des heiligen Martin den Purpurrock und Mantel an und schmückte sein Haupt mit einem Diadem. Dann bestieg er ein Pferd und streute unter das anwesende Volk auf dem ganzen Weg, von der Pforte der Vorhalle bis zur Bischofskirche der Stadt, mit eigener Hand Gold und Silber mit der größten Freigebigkeit aus; und von diesem Tage an wurde er Konsul oder Augustus genannt. Von Tours ging Chlodwig nach Paris und machte dies zum Sitz seiner Herrschaft.« (ebd., II, 38)

Chlodwig festigte endgültig seine Macht und die Einheit des Reiches, indem er buchstäblich über Leichen ging und die anderen Frankenkönige als potenzielle Konkurrenten beseitigte. Das erste Opfer war Sigibert, der König der Rheinfranken, der in Köln residierte. Sigibert hatte wegen einer Knieverletzung, die er sich in der oben erwähnten Schlacht von Zülpich gegen die Alemannen zugezogen hatte, nicht am Krieg gegen die Westgoten teilnehmen können. An seiner statt nahm sein Sohn Chloderich teil. Chlodwig überredete Chloderich, seinen Vater Sigibert zu ermorden und dieser wurde dann selbst im Auftrag von Chlodwig getötet. Wie Gregor von Tours berichtet, ließ Chlodwig heimlich durch einen Boten ausrichten: »Siehe dein Vater ist alt geworden und hinkt auf einem verkrüppelten Bein. Stürbe er, so würde dir zugleich mit unserer Freundschaft mit Recht sein Reich zuteil werden.‹ So wurde jener zur Herrschsucht verlockt und sann darauf, wie er den Vater tötete. Einst verließ dieser Köln und ging über den Rhein, um im Buchonischen Walde umherzuschweifen; und als er um Mittag in seinem Zelte schlief, kamen gedungene Mörder über ihn, und sein Sohn ließ ihn töten, um selbst die Herrschaft an sich zu reißen. Aber Gott ist gerecht, und er fiel selbst in die Grube, die er seinem Vater schändlich gegraben hatte.« (ebd., II, 40) Chloderich schickt nun einen Boten an Chlodwig mit der Nachricht vom Tod seines Vaters und dass er sich von dem Schatz seines Vaters so viel nehmen könne wie er wolle. Chlodwig antwortete ihm, dass er seine Leute schicken würde, und Chloderich solle ihnen alles zeigen. So geschah es: Chlodwigs Leute sagten zu Chloderich: »Stecke doch einmal eine Hand hinein bis auf den Boden (…) und finde alles.‹ Er tat dies und beugte sich tief, da aber erhob einer den

Arm und hieb ihm mit der Axt in den Hirnschädel; so traf ihn dasselbe Los, das er ruchlos seinem Vater bereitet hatte.« (ebd., II, 40) Chlodwig hielt dann eine Rede vor Sigiberts versammelten Rheinfranken: »›An all diesem bin ich durchaus ohne Schuld. Denn das Blut meiner Stammvettern darf ich ja nicht vergießen, und schändlich wäre es, wenn ich es täte. (…)‹ Als sie dies hörten, schlugen sie an ihre Schilde, riefen Beifall, hoben ihn auf den Schild und setzten ihn zum König über sich. So empfing er Sigiberts Reich und seine Schätze, und es kamen die Leute desselben unter seine Herrschaft.« (ebd., II, 40) Eine sicher ausgeschmückte, aber im Kern wohl durchaus wahre Geschichte, die Gregor von Tours hier erzählt. Damit waren die Hauptstämme, Salfranken und Rheinfranken, vereint unter der Herrschaft Chlodwigs.

Chlodwig ließ auch Chararich, wohl sein Vetter, und dessen Sohn ermorden. Es ist unsicher, ob Chararich ein eigenes Reich besaß oder vielleicht der Bruder eines Frankenkönigs war. Chlodwig besiegte Chararich und seinen Sohn, ließ ihnen die Haare scheren, um sie so für das Königsamt untauglich zu machen. Chararich wurde Priester, sein Sohn Diakon. Angeblich ließen sich Vater und Sohn die Haare aber wieder wachsen, erhoben also Herrschaftsansprüche, und wurden daraufhin von Chlodwig enthauptet, um eine eventuelle Rache zu verhindern. Danach ließ Chlodwig den Frankenkönig Ragnachar und seine Brüder Richar und Rignomer ermorden. Gregor von Tours, der dies berichtet, begründet die Ermordung damit, dass Ragnachar ein zügelloser Herrscher gewesen sei und Inzest betrieben habe, vermutlich mit seiner Schwägerin, die nach damaliger Sicht eine Blutsverwandte war. Später wurde Rignomer bei Le Mans ermordet, und Chlodwig hatte dadurch schließlich von allen drei Brüdern »ihr ganzes Reich und alle ihre Schätze« (ebd., II, 42) erhalten.

Abschließend stellt Gregor fest: »Auch viele andere Könige ließ er töten, sogar seine nächsten Verwandten, von denen er fürchtete, sie möchten ihm das Reich nehmen, und breitete so seine Herrschaft über ganz Gallien aus.« (ebd., II, 42) Für den heutigen Leser sind diese Morde an den Konkurrenten eine kriminelle Tat. Aber Chlodwig war nicht der einzige Herrscher seiner Zeit, der so seine Macht festigte. Und selbst in unseren Tagen kommt es noch vor, dass Diktatoren ihre Familienmitglieder ermorden und hinrichten lassen. Für den Bischof Gregor von Tours dienten diese Taten einer »guten Sache«, nämlich der Einheit des Reiches und vor allem der Verbreitung des katholischen Glaubens.

Eine Taufe von weltgeschichtlicher Bedeutung

Während die germanischen Herrscher der Nachbarreiche bereits christlich-arianisch waren, war Chlodwig noch Anhänger der germanischen Religion. Die Mehrheit der gallorömischen Bevölkerung von Chlodwigs Herrschaftsgebiet war christlich-katholisch. Und das dürfte einer der Gründe gewesen sein, das Chlodwig sich entschied, katholisch zu werden. Gregor von Tours betont als Gründe für Chlodwigs Entscheidung zum Christentum zum einen den Einfluss seiner Frau Chrodechilde, die schon katholisch war, und den Einfluss des Bischofs Remigius von Reims, der Chlodwig dann schließlich auch taufte. Gregor berichtet, dass Chrodechilde ihren Mann schon bald nach der Eheschließung zur christlichen Taufe drängte, ihren ersten Sohn Inogmer taufen ließ, dieser allerdings nach der Taufe starb. Auch der zweite Sohn, Chlodomer, wurde getauft. Nach Gregor von Tours war es aber letztlich der Sieg Chlodwigs in einer Schlacht mit den Alemannen in seinem fünfzehnten Regierungsjahr, die ihn zur Konversion veranlasste: Als Chlodwig auf das Heer der Alemannen traf, »kam es zu einem gewaltigen Blutbad, und Chlodwigs Heer war nahe daran, völlig vernichtet zu werden. Als er das sah, erhob er seine Augen zum Himmel, sein Herz wurde gerührt, seine Augen füllten sich mit Tränen, und er sprach: ›Jesus Christ, Chrodechilde verkündet, Du seiest der Sohn des lebendigen Gottes. Hilfe, sagt man, gebest Du den Bedrängten, Sieg denen, die auf Dich hoffen – ich flehe Dich demütig an um Deinen mächtigen Beistand: Gewährst Du mir jetzt den Sieg über diese meine Feinde und erfahre ich so jene Macht, die das Volk, das Deinen Namen sich weiht, an Dir erprobt zu haben rühmt, so will ich an Dich glauben und mich taufen lassen auf Deinen Namen. Denn ich habe meine Götter angerufen, aber, wie ich erfahre, sind sie weit davon entfernt, mir zu helfen. Ich meine daher, ohnmächtig sind sie, da sie denen nicht helfen, die ihnen dienen. Dich nun rufe ich an und verlange, an Dich zu glauben, nur entreiße mich aus der Hand der Widersacher.‹ Und da er solches gesprochen hatte, wandten sich die Alemannen und fingen an zu fliehen. Als sie aber ihren König getötet sahen, unterwarfen sie sich Chlodwig (…)« (ebd., II, 30). Mit letzter Sicherheit lassen sich weder Ort noch Datum dieses Kampfes mit den Alemannen genau bestimmen: Man vermutet aber, dass es bei Zülpich im Jahre 496 war.

Chlodwig musste, nach germanischem Brauch, die Franken auf einer Volksversammlung über seinen Wunsch abstimmen lassen. Sie stimmen der Taufe zu und Chlodwig verkündete seine Entscheidung offiziell am Tag des heiligen Martin (11.11.) in dessen Kirche in Tours. Chlodwig wurde sehr wahrscheinlich in der Kirche von Reims von Bischof Remigius am 25. Dezember (wie Avitus berichtet) getauft, mit ihm 3000 seiner Soldaten. Der Tag der Taufe ist zwar bekannt, nicht aber das Jahr. Wahrscheinlich fand die Taufe im Jahr 496 statt, möglich sind aber auch die Jahre 498, 506 oder 508.

Das Reich von Chlodwig bestand aus unterschiedlichen Völkern: Franken, Gallorömern, Alemannen und Westgoten. Die Franken waren zwar eine Minderheit gegenüber der gallorömischen Bevölkerungsmehrheit, aber sie waren die politische Führungsschicht. Mit dem Übertritt zum katholischen Christentum hatte Chlodwig das religiöse Bekenntnis der Mehrheit seiner Untertanen sowie der Bischöfe gemeinsam und diese damit auch auf seiner Seite. Und die katholischen Bischöfe seines und auch der Nachbarreiche hatten nun im Falle eines Krieges eher einen Grund, auf der Seite eines katholischen Herrschers zu stehen, als auf der Seite der arianischen Herrscher der Nachbarreiche. Denn die Bischöfe waren ein wichtiger Machtfaktor im politisch-gesellschaftlichen Bereich, unter anderem auch als Stadtherren. Für Chlodwig war die Kooperation mit den Bischöfen daher wichtig, aber andererseits waren auch die Bischöfe daran interessiert.

Dies zeigt nicht zuletzt das Konzil von Orléans im Jahr 511, das Chlodwig einberufen hatte. Durch das Konzil wurde die enge Verbindung zwischen Bischöfen und König verstärkt: Der König erhielt Einfluss auf die Wahl der Geistlichen, vor allem der Bischöfe, und er förderte die Kirche durch Landschenkungen. Ein wichtiges Thema auf dem Konzil war auch die Frage, wie die Arianer behandelt werden sollten: Arianische Kirchen sollten nach entsprechender Weihe übernommen und arianische Priester konnten zum katholischen Priester geweiht werden.

Chlodwig förderte die Einheit seines Reiches auch durch eine einheitliche Rechtsgebung. So veranlasste Chlodwig die Niederschrift der *Lex Salica* von Gelehrten in den Jahren 507–511. Die *Lex Salica* ist nach dem Stamm der Salfranken benannt, in lateinischer Sprache verfasst, und enthält inhaltlich eine ganze Reihe von Gesetzen des germanischen Stammesrechtes. Für freie Franken sah die *Lex Salica* prinzipiell Geldstrafen vor, für Unfreie Körper- oder sogar die Todesstrafe. Die Tötung eines Gallorömers wurde mit 100 Schillingen, die Tötung eines freien Franken mit 200 Schillingen und die Ermordung eines Mitglieds des königlichen Gefolges mit 600 Schillingen bestraft. Die *Lex Salica* wurde im Frühmittelalter vielfach abgeschrieben und überarbeitet. Die genaue Einordnung der *Lex Salica* ist bis heute nicht eindeutig. So stellen sich z. B. die Fragen, wie der Name »Salica« zu deuten ist, ob es sich um rein germanisches Recht handelt, wie groß der römische Einfluss ist oder wer genau die Autoren waren.

Die letzten Jahre

Chlodwig wählte Paris als Ort seiner neuen Residenz nach seinem Erfolg gegen die Westgoten. Paris bot sich als Residenz aus mehreren Vorteilen an: Es hatte als ehemals römisches Militärlager und Winterquartier einiger römischer Kaiser eine gut ausgebaute Infrastruktur, sodass Chlodwig von hier aus gut in alle Teile seines Reiches gelangen konnte. Der Aufenthalt römischer Kaiser in Paris mag Chlodwig auch zur Wahl von Pairs veranlasst haben. Zudem war Paris die Stadt der heiligen Genoveva, die Chlodwig, wie auch schon sein Vater Childerich, verehrte. Genoveva hatte Paris vor den Angriffen der Hunnen und Franken gerettet. Schon direkt nach ihrem Tod im Jahr 502 wurde sie wie eine Heilige verehrt. Chlodwig und seine Frau Chrodechilde ließen für Genoveva die Apostelkirche, heute Saint Geneviève, in Paris erbauen. In dieser Kirche wurde dann Chlodwig bestattet, wahrscheinlich auch seine Frau und andere aus der Dynastie der Merowinger.

Chlodwig starb am 27.11.511. Sein Reich wurde »zu gleichen Teilen« wie Gregor von Tours schreibt, unter seinen vier Söhnen Theuderich, Chlodomer, Childebert und Chlothar aufgeteilt. Chlodomer, Childebert und Chlothar stammten aus der Ehe Chlodwigs mit Chrodechilde, Theuderich stammte als ältester Sohn aus einer Beziehung Chlodwigs mit einer Konkubine. Theuderich aber hatte im Unterschied zu seinen Halbbrüdern bereits politische und militärische Erfahrung und einen Sohn, der fast genauso alt war wie sein jüngster Bruder Chlothar.

Nachleben

Auffallend ist, dass die direkten Nachfahren Chlodwigs ihre Kinder nicht nach ihm benannten. Erst über hundert Jahre nach seinem Tod tragen Chlodwigs Nachfahren wieder seinen Namen, so Chlodwig II. (reg. 639–657) oder Chlodwig III. (reg. 691–695). Karl der Große nannte seine Zwillingssöhne Chlodwig und Chlothar (Ludwig der Fromme und Lothar), vielleicht als Referenz an die Dynastie der Merowinger oder nur deswegen, weil seine älteren Söhne schon Pippin, Karl und Karlemann hießen.

Als Karl der Kahle (reg. 843–877), der Sohn Ludwig des Frommen und Enkel Karls des Großen, in Metz von Hinkmar, Erzbischof von Reims, zum König geweiht wurde, verwies Hinkmar auf die Bedeutung von Reims für die fränkischen Könige hin. In Reims sei Chlodwig getauft und zum König gesalbt worden mit Salböl, das eine Taube in einer Ampulle vom Himmel gebracht habe. Nicht zuletzt aufgrund dieser Legende vom himmlischen Salböl war Reims seit —dem 11. Jh. bis 1825 der offizielle Krönungsort der französischen Könige. Das Salböl belege den Vorrang der französischen Könige vor allen anderen abendländischen Herrschern, so Phillipp II. August (reg. 1180–1223).

Und auch das Wappen mit den drei Lilien, das seit Ludwig VIII. (reg. 1223–1226) die französischen Könige führten, verband man mit Chlodwig. Die Schlacht von Zülpich wurde im 14. Jh. legendenhaft zum nationalen Mythos erweitert. Es heißt, dass die heidnischen Könige Chlodwig und Conflat Krieg gegeneinander führten. Kurz vor einem dieser Kämpfe erschienen drei goldene Lilien als Wappenzeichen auf den Waffen Chlodwigs statt der bisherigen drei Halbmonde. Viermal ließ Chlodwig die Waffen austauschen, immer wieder erhielt er die Waffen mit dem Zeichen der drei Lilien darauf. Und zwar hatte Chlodwigs Frau Chrodechilde das Wappen verändern lassen aufgrund der Vision eines Eremiten, den sie immer wieder besuchte, wonach Chlodwig unter dem Wappen der drei Lilien siegen werde. Dies geschah, und Chlodwig trat zum Christentum über.

Unter Ludwig XI. (reg. 1461–1483) wurde Chlodwig heiliggesprochen. Chlodwig wurde zum Begründer des französischen Königtums und Staates, der die französische nationale Identität symbolisiert. Nach wie vor spielt Chlodwig bis heute im französischen Geschichtsbild eine große Rolle – im Unterschied zu den Deutschen, die sich eher auf Arminius oder Karl den Großen berufen.

11. Brunichilde –
Eine Germanische Powerfrau

Das Leben von Brunichilde (ca. 550–613) bietet Stoff nicht nur für ein, sondern für mehrere Dramen: Gattenmord, Brudermord, Kämpfe um Macht und Liebe und der abgrundtiefe Hass zweier Frauen aufeinander. Nicht zuletzt deshalb gilt Brunichilde als Vorbild für die tragische Frauengestalt Brünhild im Nibelungenlied. Brunichilde war die Tochter von Athanagild, dem König der Westgoten und seiner Frau Gosvintha. Um 566 heiratete sie Sigibert, König des fränkischen Teilreiches Austrasien und Enkel Clodwigs. Die Geschichte Brunichildes ist die Geschichte einer tragischen Powerfrau in der germanischen Zeit, die eigentlich nur Männer als Herrscher kannte. Die offizielle Herrschaft hat Brunichilde als Frau nie innegehabt, führte aber de facto lange Jahre die Regierungsgeschäfte.

Das Leben der Königin und Powerfrau Brunichilde

Das Drama Brunichilde beginnt damit, womit normalerweise Liebesdramen glücklich enden: mit zwei Hochzeiten, ihrer eigenen und der ihrer Schwester. Und das Ende des Dramas ist kein Happy End, sondern Brunichilde wird von einem Pferd grausam zu Tode geschleift. Wir sind relativ gut über Brunichildes Leben unterrichtet durch die »Zehn Bücher der Geschichten« (*Decem libri historiarum*, Buch IV und V) von Gregor von Tours (538–594), der die meisten der Protagonisten dieses Dramas einschließlich Brunichilde persönlich kannte.

Gregor von Tours schreibt: »Als nun König Sigibert sah, dass seine Brüder sich Weiber wählten, die ihrer nicht würdig waren, und sich so weit erniedrigten, selbst Mägde zur Ehe zu nehmen, da schickte er eine Gesandtschaft nach Spanien und freite mit reichen Geschenken um Brunichilde, die Tochter König Athanagilds. Denn diese war eine Jungfrau von feiner Bildung, schön von Angesicht, züchtig und wohlgefällig in ihrem Benehmen, klugen Geistes und anmutig im Gespräch. Der Vater aber versagte sie ihm nicht und schickte sie mit großen Schätzen dem Könige. Der versammelte die Großen seines Reichs. Er ließ ein

Gelage zurichten, und unter unendlichem Jubel nahm er sie zu seinem Gemahl. Und da sie dem Glauben des Arius ergeben war, wurde sie durch die Belehrung der Bischöfe und die Zusprache des Königs selbst bekehrt (...)« (Gregor von Tours, Geschichten IV, 27). Aus der Ehe gingen drei Kinder hervor: der Sohn Childebert II. (570–596) und die Töchter Chlodoswinhta (um 570–589) und Ingund (567–585).

Brunichildes Schwester Galsvintha heiratete Chilperich, den Bruder ihres Mannes Sigibert und König des fränkischen Teilreiches Neustrien. Die Ehen der beiden Schwestern Brunichilde und Galsvintha standen unter einem schlechten Stern. Schon ihre Ehemänner, die Brüder Sigibert und Chilperich, lebten in Streit. Jeder war Herrscher über einen Teil des unter Chlodwig noch geeinten Frankenreiches: Sigibert herrschte über Austrasien, den östlichen Teil des Frankenreiches, Childerich über Neustrien, den westlichen Teil. Chilperich war mit seinem Anteil nicht zufrieden und wollte auch den Teil seines Bruders. Die Brüder wurden zu Rivalen und Konkurrenten, was dann zu einem Bruderkrieg, bekannt als der Merowingische Bruderkrieg, führte. Das Drama begann damit, dass Chilperich seine Frau Galsvintha töten ließ, um seine Konkubine bzw. Nebenfrau Fredegunde zu seiner offiziellen Ehefrau zu machen. Fredegunde wiederum war früher das Dienstmädchen von Audovera, einer früheren Frau von Chilperich, gewesen.

Gregor von Tours schildert, wie Chilperich seine Frau Galsvintha ermorden ließ: »Und als sie [Galsvintha] zum König Chilperich kam, wurde sie mit großen Ehren aufgenommen und ihm vermählt; auch wurde sie von ihm mit großer Liebe verehrt. Sie hatte nämlich große Schätze mitgebracht. Aber des Königs Liebe zu Fredegunde, die er schon früher zum Weibe gehabt hatte, brachte schweren Streit zwischen ihnen. (...) Galsvintha beklagte sich beim König über die Kränkungen, die sie unaufhörlich zu beklagen habe, und dass sie bei ihm nichts gelte; daher bat sie, er möge die Schätze behalten, welche sie mit sich gebracht habe, aber sie selbst frei in ihr Vaterland heimziehen lassen. Der König aber ging heimtückischerweise nicht darauf ein, sondern begütigte sie durch sanfte Worte. Endlich aber ließ er sie durch einen Dienstmann erdrosseln und fand sie tot in ihrem Bette. (...) Der König aber nahm, als er die Tote beweint hatte, nach wenigen Tagen abermals Fredegunde zu seinem Ge-

mahl.« (ebd., IV, 27) Eine solche Ermordung einer Königin war
selbst für die damalige Zeit ungewöhnlich. Dementsprechend
war das Verhältnis der Schwägerinnen Brunichilde und Fredegunde von tiefem Hass geprägt. Gregor von Tours, der Chilperich persönlich kannte, beschreibt diesen äußerst negativ als
»Nero und Herodes unserer Zeit«, aber als sehr gebildet. So hat
Chilperich auch lateinische Gedichte verfasst.

Chilperich begann dann einen Krieg gegen Sigibert, in dem
Sigibert 575 ermordet und anschließend Brunichilde verbannt
wurde. Gregor von Tours schreibt: »Darauf kehrte er [Sigibert]
zurück und zog in Paris ein, und hier kam auch Brunchilde zu
ihm mit ihren Kindern. Da schickten die Franken, die einst
Childebert zu ihrem Herrn gehabt hatten, eine Gesandtschaft
und luden ihn ein, zu ihnen zu kommen, sie wollten Chilperich
absetzen und ihn zum König über sich erheben.« (ebd., IV, 51) Sigibert kommt dieser Aufforderung nach und missachtet eine
Warnung des Bischofs Germanus. Gregor von Tours weiter:
»Und als er nach dem Hofe kam, der Vitry genannt wird, sammelte sich um ihn das ganze Heer der Franken, hob ihn auf den
Schild und setzte ihn sich zum König. Da drängten sich zwei
Dienstleute, welche die Königin Fredegunde berückt hatte, mit
tüchtigen Messern, die man im Volk Scamasax nennt und die
vergiftet waren, an ihn heran, als ob sie ihm eine Sache vorzu-
tragen hätten, und stießen sie ihm in beide Seiten. Da schrie er
laut auf, stürzte zusammen und hauchte nicht lange danach den
letzten Atem aus.« (ebd., IV, 51)

Wie bereits erwähnt, war Brunichilde in Paris, als ihr Mann
ermordet wurde und wurde nach dessen Tod gefangen genommen. Ihr Sohn Sigibert, damals fünf Jahre alt, wird von Herzog
Gunowald, einem Gegner Chilperichs, aus Paris gerettet. 577
kann Brunichilde zu ihrem Sohn flüchten. Zuvor hatte Brunichilde Chilperichs Sohn Merowech (550–577) geheiratet. Chilperich hatte 576 seinen Sohn Merowech mit einem Heer nach Poitiers geschickt, dieser zog stattdessen nach Tours und dann nach
Rouen, wo er die Ostertage verbrachte. In Rouen lebte seine
Mutter Audovera, die Chilperich dort in ein Kloster verbannt
hatte. Gregor von Tours berichtet weiter über Merowech: »Indem er sich aber stellte, als wolle er zu seiner Mutter gehen, begab er sich nach Rouen, traf hier mit der Königin Brunichilde
zusammen und nahm sie zur Frau. Als Chilperich das hörte,

dass er gegen Recht und kirchliches Gebot sich dem Weibe seines Oheims verbunden habe, brach er höchlich erzürnt in größter Eile nach der besagten Stadt auf. Als sie jedoch erfahren hatten, dass er sie zu trennen entschlossen sei, flüchteten sie sich in die Kirche des heiligen Martinus, welche dort auf der Stadtmauer aus Holzbrettern erbaut ist. Als der König daselbst angelangt war, versuchte er durch mancherlei Kunstgriffe, sie von dort wegzubringen, jene aber meinten, es sei nur Trug und glaubten ihm nicht, bis er ihnen einen Schwur leistete und versicherte, wenn es Gottes Wille sei, werde er nicht versuchen, sie zu scheiden. Diesen Eid nahmen sie an und kamen aus der Kirche; er küsste sie, nahm sie geziemend auf und speiste mit ihnen. Nach wenigen Tagen aber kehrte der König nach Soissons zurück und nahm Merovech mit sich.« (ebd., V, 2) Soissons wurde während der Abwesenheit Chilperichs angegriffen, Chilperich konnte diesen Angriff bei seiner Rückkehr siegreich abwehren. Aber, so Gregor von Tours: »Nachdem dies geschehen war, fing der König an, wegen der Heirat mit Brunichilde Argwohn gegen seinen Sohn Merovech zu hegen, indem er sagte, dieser Krieg sei durch die Bosheit seines Sohnes angezettelt; er entkleidete ihn deshalb seiner Waffen, setzte ihm Wächter, hielt ihn in freier Haft und begann zu überlegen, was er in der Folge mit ihm vornehmen sollte.« (ebd., V, 3) Chilperich verbannte Merowech ins Kloster. Nachdem Merowech aus dieser »Klosterhaft« befreit wurde, gewährte ihm der Bischof von Tours, Gregor von Tours höchstpersönlich, Kirchenasyl. Merowech verließ dann aber Tours wieder, verfolgt von Chilperich. In Tarabennenses (Thérouanne) geriet Merowech schließlich in eine Falle. Angesichts seiner aussichtslosen Lage ließ er sich von seinem Diener Gailen töten. Wie Gregor von Tours schreibt, gab es manche, die behaupteten, Merowech sei auf Befehl von Fredegunde getötet worden.

584 wurde Chilperich bei der Jagd ermordet, wahrscheinlich im Auftrag der adligen Opposition. Es ist aber auch nicht auszuschließen, dass Brunichilde irgendwie daran beteiligt war. Fredegunde starb 13 Jahre später. Guntram von Burgund, ebenfalls ein Schwager von Brunichilde, übernahm die Vormundschaft über seine Neffen Childebert und Chlothar II., den Sohn Chilperichs. Da Childebert aber noch unmündig war, wurde über seine Regentschaft, die Brunichilde an seiner Stelle übernommen hatte, gestritten. Es kam es zum Machtkampf zwischen Königtum und

Adel, in der der Adel zunächst immer mehr an Macht gewann und sich in diesem Zusammenhang verschiedene Gruppen bildeten, die Brunichilde entweder ablehnten oder unterstützten. Vor allem Egidius, der Bischof von Reims, war ein Gegenspieler Brunichildes. Ihm wurde später der Prozess gemacht. Guntram konnte erfolgreich gegen die Adligen vorgehen. Der Vertrag von Andelot 587, an dem Brunichilde maßgeblich beteiligt war, bedeutete vorerst einen Sieg des Königtums über den Adel.

593 starb Guntram und Brunichildes Sohn Childebert II. wurde nun offiziell König nicht nur über Austrien, sondern auch über Burgund, während Chlothar II. König von Neustrien war. Childebert II. starb aber bereits drei Jahre später (596) und seine zwei Söhne teilten sich nun die Herrschaft: Theudebert II. (585–612) wurde König über Austrien, Theuderich II. (587–613) König über Burgund. Da beide noch nicht volljährig waren, übernahm Brunichilde für ihre Enkel die Regentschaft über Austrien und Burgund. Es begann für Brunichilde der Höhepunkt ihrer Macht. Sie war als Frau zwar nicht offiziell Regentin, führte aber de facto die Regierungsgeschäfte. Aber dann setzte sich die Opposition des fränkischen Adels durch und erreichte eine endgültige Teilung der beiden Reiche. Brunichilde zog zu ihrem Enkel Theuderich nach Burgund und erhielt dort Unterstützung durch die romanische Oberschicht der Senatoren. Sie hatte so die Herrschaft über Burgund erlangt, aber ein Angriff auf Austrasien war erfolglos. Die Opposition zwischen Brunichilde und dem Adel führte auch zur Rivalität zwischen ihren Enkeln Theudebert und Theuderich. Beide Brüder kämpften und siegten noch zusammen gegen ihren Onkel Chlothar II. von Neustrien um 600. Danach brach der Konflikt 612 zwischen beiden aber offen aus. Theuderich besiegte seinen Bruder in den Schlachten von Toul und Zülpich, nahm Theudebert und seine Söhne gefangen und ließ sie töten. Der Sieg war Theuderich vor allem deswegen gelungen, weil sich sein Onkel Chothar neutral aus dem Konflikt heraushielt. Burgund und Astrasien waren nun wieder vereinigt unter der Herrschaft Theuderichs. Chlothar verlangte vergeblich von Theuderich eine Belohnung für seine Neutralität. Theuderich sollte aber nur noch ein Jahr länger leben als sein Bruder.

Nach seinem Tod 613 ließ Brunichilde schnell Theuderichs Sohn, ihren Urenkel Sigibert II., zum König ausrufen. Die anderen Söhne Theuderichs wurden nicht berücksichtigt, damit die Einheit des Reiches erhalten blieb. Das war das Ziel Brunichildes. Aber diese Einheit des Reiches sollte unter ihrem Rivalen Chlothar zustande kommen. Denn der Konflikt mit Chlothar auf der einen Seite und die Tatsache, dass sich die Oberschicht in Burgund und Austrasien von Brunichilde abwendete und Chlothar unterstützte, bedeuteten das Ende Brunichildes. Chlothar II., der Brunichilde gefangennahm, vollzog dieses Ende 613 auf brutalste Weise: Er ließ Brunichilde foltern und mit Pferden zu Tode schleifen. Chlothar II. war nun König eines wieder geeinten Frankenreiches. Er musste aber Zugeständnisse an den fränkischen Adel machen, mit deren Hilfe er dieses Ziel erreicht hatte. In diesem Zusammenhang gewann das Amt des Hausmeiers als Verwalter des Königsreiches zunehmend an Macht. Schließlich übernahmen die Hausmeier auch die Ausführung von Regierungsgeschäften, und damit war der Weg zum Aufstieg der Karolinger und Karls des Großen geebnet.

Die Tochter Brunichildes, Ingund, heiratete 579 Hermenegild, den Sohn des Westgotenkönigs Leovigild. Sie geriet in Konflikt mit ihrer Schwiegermutter Gosvintha. Gosvintha war die Stiefmutter von Hermenegild, aber auch die Mutter von Brunichilde, also gleichzeitig Schwiegermutter und Großmutter Ingunds. Gosvintha verlangte von Ingund, sie solle vom katholischen zum arianischen Christentum, wie es am Hofe der Westgoten üblich war, übertreten. Ganz im Gegenteil zu dieser Aufforderung gelang es Ingund, ihren Mann Hermenegild zum Übertritt zum katholischen Glauben zu bewegen. Es kam zum Aufstand Hermenegilds gegen seinen Vater Leovigild. 584 kapitulierte Hermenegild, wurde gefangen gesetzt und 585 in der Haft ermordet – wahrscheinlich auf Befehl seines Vaters, weil er nicht zum arianischen Glauben zurückkehren wollte. Ingund flüchtete in den byzantinischen Machtbereich Spaniens und starb dann in Nordafrika. Den Sohn von Ingund und Hermenegild, Athanagild, brachte man nach Konstantinopel.

Nachleben als Brünhild der Nibelungensage

Die Nachwelt überliefert ist ein eher negatives Bild von Brunichilde. Unmittelbar nach ihrem Tod erschien die Gestalt Clothars im besseren Licht, da er das Frankenreich wieder geeint hatte. Allerdings ist die negative Bewertung von Brunichilde nicht zuletzt damit begründet, dass sie in einer männerorientierten und -bestimmten Welt als Powerfrau nicht in das Rollenbild ihrer Zeit und Kultur passte.

Das negative Image von Brunichilde zeigt sich auch in der Gestalt, in der sie populär werden sollte und bis heute weiterlebt: Brünhild. Denn Brunichilde ist mit größter Wahrscheinlichkeit die historische Vorlage der Brynhild bzw. Brünhild in den nordischen Sagen und im Nibelungenlied. Brunichilde ist die einzige bekannte historische Person mit diesem Namen in der Zeit vor der Entstehung dieser Sagen. Der Name leitet sich ab von den althochdeutschen Worten *brunna* (= Brustpanzer) und *hiltja* (= Kampf). In den nordischen Texten heißt es Brynhild, im Nibelungenlied Brünhild. In den altnordischen Texten der Liederedda, der Snorri-Edda und der Thidrekssaga und der Völsungsaga wird Brynhild als Walküre präsentiert. Walküren waren in der germanischen Mythologie Frauen, die in Gefolgschaft des Göttervaters Odin bzw. Wotan die im Kampf gefallenen Krieger nach Walhall (= Halle der Gefallenen), dem Aufenthaltsort Odins, führten. Später treten Walküren als überirdische Kriegerinnen auf.

Die Liederedda, wohl um 1270 entstanden, erzählt, wie Sigurd (= Siegfried im Nibelungenlied) die schlafende Walküre Brynhild aufweckt und sich mit ihr verlobt. Nach einem Zaubertrank, den Sigurd von Grimhild erhält, vergisst er aber Brynhild und heiratet Gudrun, die Tochter von Grimhild und Gjuki. Später verhilft Sigurd seinem Schwager Gunnar zur Heirat mit Brynhild. Der dadurch entstehende Konflikt zwischen Brynhild und Gudrun führt dann zum Tode von Sigurd. Die Edda des Snorra erzählt ebenfalls davon, wie Sigurd die Walküre aufweckt. Sigurd heiratet Gudrun und hilft seinem Schwager Gunnar dabei, um bei Atli um dessen Schwester Brynhild zu werben. Diese will nur den als Mann nehmen, der eine Mutprobe besteht. Sigurd besteht diese Aufgabe für Gunnar, indem er mit ihm Gestalt und Namen getauscht hat, und auch die Hochzeit vollzieht Sigurd für Gunnar, ehe beide wieder ihre Rollen tauschen. Nach Sigurds Tod begeht Brynhild Selbstmord und ihr Bruder Atli sinnt auf Rache für seine Schwester. Die Völsungsaga berichtet inhaltlich fast Gleiches über Brynhild: Erweckung

durch Sigurd, Verlobung von Sigurd und Brynhild, die dann –
und das ist neu – eine Tochter namens Aslaug gebiert, die Heirat Sigurds mit Gudrun nach dem Zaubertrank des Vergessens,
das Werben Sigurds um Brynhild für Gunnar, Ermordung Sigurds und Selbstmord Brynhilds. Brynhilds Tochter Aslaug
spielt später eine wichtige Rolle in der isländischen Sage von
Ragnar Lodbrok: Sie ist darin die zweite Frau des Wikingers
Ragnar, und deren gemeinsamer Sohn Sigurd ist danach der
Großvater von Harald Harfagre, dem ersten Alleinherrscher
Norwegens.

Ihre populärste Nachwirkung aber erfuhr Brunichilde vor allem als Vorbild für eine der Hauptfiguren im ersten Teil des Nibelungenliedes: als Brünhild. Das Nibelungenlied ist eines der
bekanntesten Heldenepen des Mittelalters, entstanden im 13. Jh.
Hauptthema des Nibelungenliedes ist der Streit zwischen zwei
Frauen, Kriemhild und Brünhild. Aus diesem Konflikt heraus
entwickeln sich letztlich alle Geschehnisse im Nibelungenlied.
Das Nibelungenlied erzählt im ersten Teil, wie Siegfried, Sohn
des Königspaares Sigurd und Sieglinde in Xanten, Kriemhild,
die Schwester von Gunther, König des Burgunderreiches, in
Worms heiratet. Bevor Siegfried Kriemhild heiratet, soll er Gunther zur Heirat mit Brünhild, der Königin von Island, verhelfen.
Diese ist Jungfrau, und so lange sie dies ist, verfügt sie über
übernatürliche Kräfte. Der Mann, der sie heiraten will, muss sie
in mehreren Kämpfen besiegen. Siegfried kann, durch eine
Tarnkappe unsichtbar, Brünhild besiegen. Diese meint, Gunther
hätte sie besiegt. Brünhild zieht mit Gunther nach Worms, wo
die Doppelhochzeit von ihr und Gunther und von Siegfried und
Kriemhild gefeiert wird. In der Hochzeitsnacht fesselt Brünhild
Gunther mit einem Gürtel und hängt ihn an der Wand an einen
Nagel auf. Wiederum hilft Siegfried Gunther, als er in der zweiten Nacht Brünhild unsichtbar mit Tarnkappe im Ehebett be-
zwingt und danach mit Gunther tauscht, sodass dieser endlich
die Ehe vollziehen kann. Mit der Jungfräulichkeit verliert Brünhild ihre übernatürlichen Kräfte. Jahre nachdem Siegfried glücklich mit Kriemhild in Xanten gelebt hat, folgen sie einer Einladung zu einem Fest nach Worms. Dort kommt es zu einem folgenreichen Streit zwischen Kriemhild und Brünhild darum,
welche der beiden Königinnen ranghöher sei. Dies wird deutlich in der Szene vor dem Münster in Worms, wo beide Frauen

für sich beanspruchen, zuerst die Kirche betreten zu dürfen. Kriemhild ist dann die Erste, die eintritt. Brünhild beginnt daraufhin, Nachforschungen anzustellen und erfährt, dass Siegfried und nicht Gunther sie im Kampf und im Ehebett bezwungen hat. Hagen, der eigentlich nur am Nibelungenschatz interessiert ist, schlägt Gunther ein Komplott gegen Siegfried vor, an dem sich Gunther und seine Brüder beteiligen. Siegfried wird daraufhin zu einer Jagd eingeladen und von Hagen dabei heimtückisch ermordet. Kriemhild verbringt einige Jahre in Trauer am Wormser Hof und sinnt auf Rache. Hagen gelingt es, ihr den Schatz der Nibelungen zu entwenden und versenkt ihn im Rhein. Brünhild herrscht derweil als stolze Königin in Worms und wird im zweiten Teil des Nibelungenliedes so gut wie nicht mehr erwähnt. Der zweite Teil des Nibelungenliedes hat die Rache Kriemhilds zum Thema: Sie heiratet dreizehn Jahre nach dem Tod Siegfrieds den Hunnenkönig Etzel und folgt ihm an seinen Hof im heutigen Ungarn. Kriemhild lädt ihre Brüder, die Burgunden, die jetzt Nibelungen genannt werden, an den Hof Etzels ein, um sich an der Ermordung Siegfrieds zu rächen. Am Hofe Etzels kommt es zum Finale, zur großen, blutigen Schlacht zwischen Nibelungen und Hunnen, bei der die meisten, einschließlich der Brüder Kriemhilds, sterben. Zum Schluss erschlägt Kriemhild Hagen mit dem Schwerte Siegfrieds. Damals für eine Frau eine ungeheuerliche Tat. Deshalb wird Kriemhild daraufhin von Hildebrand, dem Waffenmeister von Dietrich von Bern getötet.

Parallelen zwischen der historischen Brunichilde und der »sagenhaften« Brynhild bzw. Brünhild in den altnordischen Sagen und im Nibelungenlied sind zum einen die Namensgleichheit von Brunichilde und ihrem Mann Sigibert mit den Sagengestalten Brünhild bzw. Sigurd / Siegfried. Dann die Doppelhochzeit mit den dramatischen Folgen, bei dem zwei Frauen bzw. Königinnen zu Todfeinden werden und der Ermordung Sigiberts bzw. Sigurds / Siegfrieds.

Richard Wagner sorgte schließlich mit seiner 1886 erstmals und bis heute immer wieder aufgeführten Oper »Der Ring des Nibelungen« dafür, dass nicht nur die germanische Sagenwelt, sondern vor allem auch Brunichilde alias Brünhild bis heute nicht in Vergessenheit geraten ist.

12. Karl der Grosse –
»Vater Europas«

Karl der Große bzw. Karl I. (ca. 747–814) ist einer der bedeutendsten Herrscher in der Geschichte Europas, der mächtigste Kaiser des Mittelalters. Er gilt als »Vater Europas«, und sowohl für Deutsche als auch für Franzosen beginnt mit Karl dem Großen die Geschichte ihrer Nation. Unter Karl erlangte das Reich der Franken seine größte Ausdehnung, von Spanien bis Dänemark und vom heutigen Frankreich bis Italien und Ungarn. Es war das größte Reich, das es in Mitteleuropa nach Ende des Römischen Imperiums je gab.

Karl der Große (lat. Carolus Magnus, frz. Charlemagne) war der älteste Sohn von Pippin dem Jüngeren bzw. Pippin III. (714–768) und dessen Verwandter Bertrada, Tochter des Grafen Heribert von Laon, die er nach der Geburt Karls heiratete. Pippin der Jüngere war es, der die Herrschaft der Merowinger über das Reich der Franken ablöste. Die Franken hatten sich aus dem Zusammenschluss mehrerer germanischer Stämme gebildet (vgl. Exkurs: Die Franken). Unter Chlodwig (466–511) (vgl. Kap. Chlodwig) aus der Dynastie der Merowinger kam es zur Einigung der Franken und unter Karl dem Großen wurden sie zum erfolgreichsten germanischen Volk. Mit seinem Übertritt zum katholischen Christentum schuf Chlodwig die Grundlagen des fränkischen Großreichs. Denn die christliche Religion als einheitliche Religion des Reiches verband germanische und romanische Bevölkerung immer mehr. Die Franken kämpften erfolgreich unter Chlodwig gegen die Westgoten und Alemannen, unter den Karolingern Karl Martell, Pippin und Karl dem Großen erfolgreich gegen die Friesen, Langobarden, Sachsen, Thüringer, Alemannen und Bayern. Die Merowinger stellten die fränkischen Könige, bis sie, wie erwähnt, durch Pippin dem Jüngeren und seine Dynastie der Karolinger abgelöst wurden.

Am Beginn der Dynastie der Karolinger stehen als Ahnherren im 7. Jh. Arnulf von Metz und die nach ihm benannte Familie der Arnulfinger und Pippin der Ältere (um 580–640) und seine Familie der Pippiniden. Die Bezeichnung Karolinger erfolgte erst nachträglich im 10. Jh. nach Karl dem Großen. Pippin der

Ältere und auch seine Nachkommen waren Hausmeier der Merowingerkönige. Der Hausmeier (lateinisch *maior domus* = Verwalter des Hauses) war der oberste Amtsträger im Frankenreich und für die Verwaltung am Königshof bis hin zur Leitung der Regierungsgeschäfte zuständig. Schon Karl Martell (688–741), der Großvater Karls des Großen, nahm neben dem Amt als Hausmeier auch Herrscherfunktionen wahr, da zeitweise ein König fehlte. Karl Martell konnte Neustrien (der westliche Teil des Frankenreiches), Austrien (der östliche Teil), Burgund und vor allem die Friesen unter seiner Herrschaft vereinen. Sein Sieg gegen die Araber 732 bei Poitiers war von weltgeschichtlicher Bedeutung, weil damit das weitere Vordringen der Araber nach Westen gestoppt wurde und er seitdem als Verteidiger und »Retter« des Abendlandes galt. Allerdings musste Karl Martell immer wieder gegen die Araber in Südfrankreich kämpfen. Erst sein Sohn, Pippin der Jüngere, konnte die Araber endgültig aus dem Gebiet Frankreichs vertreiben.

Pippin der Jüngere war wie sein Vater Karl Martell Hausmeier. Ihm gelang es, den unfähigen Frankenkönig Childerich III. aus der Dynastie der Merowinger abzusetzen, ins Kloster zu schicken und sich 751 auf einer Reichsversammlung in Soissons zum König wählen zu lassen. Dies erfolgte mit Unterstützung des Papstes Zacharias: Pippin hatte diesen vorher angefragt, »ob es gut sei oder nicht, dass im Frankenreich Könige regieren, die keine königliche Macht besäßen« und der Papst antwortete erwartungsgemäß, »dass es besser sei, denjenigen, der wirklich die Macht innehabe, König zu nennen«. Pippin gelangte so mit Zustimmung und Unterstützung des Papstes zur Königswürde. Nicht die Legitimation aufgrund königlicher Abstammung, sondern das Königtum von Gottes Gnaden war hierbei ausschlaggebend. Pippin revanchierte sich, indem er Papst Stephan II. Hilfe gegen die erneute Bedrohung durch den Langobardenkönig Aistulf zusagte. Pippin schloss mit dem Papst ein Freundschaftsbündnis: Pippin versprach dem Papst den Schutz und Hilfe gegen die Langobarden und die Rückgabe bzw. Schenkung der von den Langobarden eroberten, ehemals byzantinischen Gebiete Mittelitaliens. Die Rückgabe dieser Gebiete nach zwei siegreichen Feldzügen gegen die Langobarden ging als sogenannte Pippinische Schenkung in die Geschichte ein. Sie war der Grundstein für den späteren Kirchenstaat, den Vatikan.

Papst Stephan II. bestätigte das Königtum Pippins, indem er an
diesem und seinen Söhnen Karl und Karlmann die Königssal-
bung vollzog und ihnen den Titel *Patricius Romanorum* (= Schutzherr der Römer) verlieh. Ein Titel, der bisher nur dem Vertreter
(Exarch) des byzantinischen Kaisers in Ravenna zukam. Die
Franken wurden somit zur Schutzmacht der abendländischen
Kirche.

Die militärischen Erfolge

Von Karl dem Großen sind weder das genaue Geburtsjahr
(eventuell 742 oder 747) noch der Geburtsort bekannt. Auch über
die Kindheit und Jugend weiß man nichts. Über die Zeit danach
sind wir aber sehr gut informiert durch die Biografie von Einhard, der »Vita Karoli Magni« (= »Das Leben Karls des Großen«),
abgefasst um 829, und durch die Briefe Alkuins. Einhard (770–
840) war Leiter der Hofschule Karl des Großen und dann Ratgeber seines Sohnes Ludwig des Frommen. Der Angelsachse Alkuin (735–804) aus Yorkshire war der wichtigste Ratgeber von
Karl dem Großen in Staats- und Kirchenfragen.

Karl übernahm nach dem Tod seines Vaters im Jahr 768, mit
ungefähr zwanzig Jahren, gemeinsam mit seinem Bruder Karl-
mann die Herrschaft. Das Verhältnis beider Brüder war durch
Konkurrenz und Rivalität gekennzeichnet. Bertrada, die Mutter
Karls, die langobardenfreundlich eingestellt war, forcierte die
Heirat Karls mit der Tochter des Langobardenkönigs – gegen
den Einspruch des Papstes. Schon ein Jahr später befreite sich
Karl von dieser »Zwangsehe«, indem er seine Frau verstieß. Als
Karlmann 771 starb, wurde Karl der alleinige Regent. Karl der
Große war seit 768 König des Frankenreiches, am 25.12.800 er-
folgte in Rom die Krönung zum Kaiser des weströmischen Rei-
ches. Als solcher und aufgrund der Eroberungen, durch die das
Frankenreich seine größte Ausdehnung erlangte, wurde Karl
der Große zu einem der bedeutendsten Herrscher des Abendlandes.

Karl der Große setzte die Politik seines Vaters Pippin fort,
vollendete die enge Verbindung zwischen Rom und dem Frankenreich und führte gleichzeitig an mehreren Fronten Erobe-
rungskriege. Zunächst befreite er im Jahr 774 Papst Hadrian von

der Belagerung Roms durch den Langobardenkönig Desiderius. Er besiegte die Langobarden, ernannte sich selbst zum König der Langobarden und erneuerte das Bündnis mit dem Papst. Dabei überließ er dem Papst Rom und Ravenna.

Im Jahre 777 kam es auf dem Reichstag in Paderborn zu einer Sensation: Der Araberfürst Suleiman Ibn al-Arabi und andere Gesandte traten mit großem Gefolge auf und übergaben Karl den Schlüssel von Barcelona und Saragossa und hofften damit auf Unterstützung in ihrem Kampf gegen dem Emir von Córdoba, Abd Ar-Rahman. Karl kam der Bitte nach und zog 778 mit einem der größten Heere, das Karl jemals aufbot, Richtung Spanien. Ein Teil des Heeres zog nach Pamplona, das anderen nach Saragossa. Die Franken konnten zwar Pamplona, die Hauptstadt der Basken, erobern, nicht aber Saragossa. Es kam zum abrupten Abbruch der Aktion und zu einem Rückzug. Warum, weiß man bis heute nicht genau. Die Quellen geben über den Spanienfeldzug nicht viel Auskunft. Einer der Gründe des Abbruches war ein Aufstand der Sachsen, die im Rheingebiet vordrangen. Auf dem Rückzug wurde eine Nachhut des fränkischen Heeres in der Schlacht bei Roncesvalles von den Basken geschlagen, bei der viele der fränkischen Führer fielen, darunter auch Hruodlandus (Roland). Eine arabische Quelle berichtet, Karl habe Suleiman als Gefangenen mitgeführt. Suleimans Söhne hätten versucht, ihren Vater zu befreien, und dabei sei es zu der Schlacht gekommen. Die fränkischen Annalen erwähnen nichts von diesen Kampf, Einhard berichtet darüber: »In diesem Kampf fielen Eggihard, des Königs Truchseß, Anshelm der Pfalzgraf und Hruodland, der Befehlshaber im bretonischen Grenzbezirk, und viele andere.« (Einhard, Das Leben Karls des Großen, 9) Das Ende Rolands in dieser Schlacht wird im französischen Rolandslied (11. Jh.) ausführlich dargestellt. Hier ist Roland der Neffe von Karl dem Großen und ein Stiefsohn von Ganelon, dessen Intrigen zum Tod von Roland und seinen Recken führten. Karl überbringt der verlobten Rolands die Todesnachricht, die daraufhin stirbt. Ganelon wird für seine Taten bestraft.

Karl wurde zwar bei dem Feldzug nach Spanien nicht besiegt, aber es war der einzige Feldzug in seinem Leben, der nicht von einem Sieg gekrönt war, und für Karl war das letztlich ein Misserfolg. Aber zwanzig Jahre später kam alles doch noch zu einem guten Abschluss: Im Jahr 997 übergab in Aachen der Sarazene Zado die Schlüssel von Barcelona an Karl. Und 801 konnte Karl die Stadt Barcelona erobern und so 806 die spanische Grenzmark gründen.

Seit den Spanienfeldzügen Karls kam es in der Folgezeit immer wieder zu Begegnungen mit der arabischen Welt. Araber sollen immer wieder in Aachen zu Gast gewesen sein. Und um 798 kam es zu diplomatischen Beziehungen zwischen Karl und dem Kalifen von Bagdad, Harun ar-Raschid. Geplant, aber nie in die Tat umgesetzt, war ein Bündnis gegen den Emir von Córdoba auf der einen Seite und das Oströmische Reich auf der anderen Seite. Eine Nachwirkung dieser Beziehungen und der Gründung der spanischen Mark ist die Tatsache, dass sich der Kleinstaat Andorra auf der Iberischen Halbinsel bis heute, nicht zuletzt in der Nationalhymne, auf Karl den Großen beruft.

Die Baiern besiegte Karl 788 und gründete in ihrem Gebiet die Awarische Mark. Nach Kriegszügen um 805 und 806 wurden die Böhmen tributpflichtig und christianisiert. Bis ins Gebiet der Ungarn reichte die Expansion des Frankenreiches. Nach den erfolgreichen Kriegen gegen die Awaren (791–796 s. u.), erhielt Karl den Beinamen »der Große« und »Vater Europas«. Allerdings war »Europa« zu dieser Zeit nur eine rein geografische Bezeichnung und ist keinesfalls in unserem heutigen Sinne zu verstehen.

Vor allem aber die oft brutalen Kriege gegen die Sachsen (772–804) waren Eroberung und Mission zugleich und zogen sich lange hin (vgl. dazu Exkurs: Die Sachsen und die Sachsenkriege sowie Kap. Widukind). Die Sachsen hatten bis dahin als einziger der germanischen Stämme noch nicht das Christentum angenommen. Der Widerstand der Sachsen war so erfolgreich wegen ihrer Taktik des Guerillakrieges mit Angriffen aus dem Hinterhalt. Hinzu kam, dass die Sachsen teilweise getrennt als Teilstämme agierten und somit einzeln besiegt werden mussten. Schon Karl Martell und seine Söhne hatten Kriege gegen die Sachsen geführt. Als Widukind, der bekannteste Anführer der sächsischen Aufstände, sich 785 taufen ließ, führte dies letztlich zum Ende der Sachsenkriege. 804 waren die Sachsenkriege nach erneuten Erhebungen der Sachsen dann endgültig beendet. Mit dem Sieg über die Sachsen und deren Christianisierung hatte Karl schließlich die Einheit des Frankenreiches hergestellt. Karl ließ im Gebiet der Sachsen vier Bistümer gründen: Paderborn, Osnabrück, Minden und Münster.

Tragisch und durch Rivalität gekennzeichnet war die Beziehung von Karl zu seinem ein Jahr älteren Vetter Tassilo, dem Herzog von Bayern. Wie Karl hatte auch Tassilo eine Tochter des Langobardenkönigs geheiratet. Aufgrund des guten Einvernehmens Tassilos mit den Langobarden sowie zu seinen Nachbarvölkern, den Awaren, Böhmen, Karantanen und Mähren war ein Zusammenschluss Bayerns mit diesen Völkern gegenüber den Franken nicht im Bereich des Unmöglichen. Karl wollte dies verhindern und zog schließlich gegen Tassilo zu Felde, als dieser trotz Anweisung Karls nicht zum Reichstag von Worms kam. Schließlich wurde Tassilo auf dem Reichstag von Ingelheim 788 wegen Fahnenflucht beim Feldzug nach Spanien im Jahr 763 – Tassilo hatte das Heer Karls ohne Erlaubnis verlassen – angeklagt, zum Tode verurteilt und zu lebenslanger Haft begnadigt. In den Reichsannalen heißt es: »erreichte der genannte fromme König Karl voll Erbarmen aus Liebe zu Gott und weil er sein Vetter war, bei diesem Gott und ihm getreuen Männern, dass er nicht sterben musste. Und auf die Frage des genannten milden Königs, was sein Begehren sei, bat Tassilo darum, sich scheren zu lassen, in ein Kloster eintreten und seine vielen Sünden bereuen zu dürfen, um seine Seele zu retten. Desgleichen wurde sein Sohn Theodor abgeurteilt, geschoren und ins Kloster gesteckt und einige Baiern, die in Feindschaft gegen König Karl verharren wollten, wurden verbannt.« (Reichsannalen, 788) Ähnlich wie es schon Chlodwig mit einem Germanenherrscher gemacht hatte, ließ Karl Tassilo und seinem Sohn die Haare scheren und verbannte sie ins Kloster, beides ein Zeichen dafür, dass sie den Anspruch auf Herrschaft verloren hatten. Über das Ende Tassilos ist nichts bekannt. 792 kam es noch einmal zu einem Aufstand der Baiern gegen die Franken unter Karls Sohn, Pippin dem Buckligen. Karl schlug den Aufstand nieder, Pippin der Bucklige wurde ins Kloster geschickt. Karls Schwager Gerold übernahm die Herrschaft über Bayern. Statt Regensburg machte Karl Salzburg zur Hauptstadt Bayerns. Dies geschah nicht zuletzt auch in Hinblick auf die Bedrohung durch die Awaren.

Die Awaren waren wie die Mongolen Reiternomaden, die ursprünglich aus Zentralasien stammten, sich im Gebiet Osteuropas bis einschließlich Österreich ansiedelten und Furcht und Schrecken verbreiteten. Allerdings hatten die Awaren zur Zeit

Karls des Großen ihren Zenit schon überschritten. Dennoch plante und organisierte Karl seine Feldzüge gegen die Awaren mit größter Sorgfalt. Beim ersten Feldzug kam es erst gar nicht zum Kampf mit den Awaren, Karl nahm ihr Gebiet bis zum Wiener Wald ohne Gegenwehr in Besitz. Nur sein Sohn Pippin musste einen Kampf mit den Awaren ausfechten. 793 erfolgte ein zweiter Feldzug gegen die Awaren, den Pippin und der über Bayern herrschende Gerold führten. Wiederum fast kampflos ergaben sich die Awaren und überließen ihre großen Schätze den Franken. Karl veranlasste vom Erzbistum Salzburg aus die christliche Mission der Awaren und Slawen. Sie mussten zwar Tribut zahlen, ansonsten war Karl aber nicht bemüht, sie wie die Sachsen in das Frankenreich einzugliedern.

Herrscher von Gottes Gnaden und Erneuerer des Reiches

Schon mit 12 Jahren wurde Karl zusammen mit seinem Bruder 754 vom Papst zum *Patricius Romanorum* (= Schutzherr der Römer) gesalbt. Nach dem Feldzug gegen die Langobarden nannte sich Karl König der Franken und Langobarden. Nach der Kaiserkörnung nannte er sich König der Franken und Langobarden sowie »Kaiser, der das römische Reich regiert«, nicht »römischer Kaiser«. Der Satz »Renovatio Imperii Romanorum« (= »Erneuerung des Römischen Reiches«), den Karl auf die Rückseite der Münzen mit seinem Porträt prägen ließ, war das Programm seiner Regierung, ebenso wie die Herrschaft von Gottes Gnaden. Die »Erneuerung des Römischen Reiches« war zugleich die Vereinheitlichung des Reiches. Die Einheit des Reiches erreichte und festigte Karl vor allem durch folgende Maßnahmen: eine einheitliche Verwaltung in politischer und wirtschaftlicher Hinsicht, eine Einheit im Bereich der Kirche sowie die Förderung der Bildung.

   Maßnahmen der einheitlichen Verwaltung waren vor allem die Kapitularien, die Grafschaftsverfassung, ein einheitliches Geldwesen und die Einrichtung von Kaiserpfalzen. Auf Grundlage der Kapitularien, d. h. der königlichen Anordnungen bzw. Gesetze, wurde eine einheitliche Gesetzgebung eingeführt. Ein einheitliches Verwaltungssystem wurde durch die Grafschaftsverfassung erreicht, nach der jeweils ein Graf in einem Gebiet des Reiches als Stellvertreter des Königs fungierte. Schließlich vereinheitlichte Karl auch das bis dahin unterschiedliche Geldwesen durch eine einheitliche Währung. Karl der Große ließ 100 sogenannte Kaiserpfalzen in seinem Reich errichten. Diese dienten als Stützpunkte mit Unterkunft und Verpflegung für den Kaiser während seiner Reisen, eine Hauptstadt des Reiches gab es damals noch nicht. Zu den bekanntesten von Karl erbauten Kaiserpfalzen zählen z. B. Aachen, Paderborn, Ingelheim, Mainz, Frankfurt, Sossion, Metz, Ravenna oder Verona. In Aachen verbrachte Karl meistens den Winter, um die warmen Quellen dort zu nutzen. Er ließ in Aachen eine Pfalzkapelle erbauen, einer der wichtigsten Bauten aus seiner Zeit, heute ein Teil des Aachener Doms. In den letzten Regierungsjahren machte Karl der Große Aachen zum Zentrum seines Reiches. In Aachen, auf dem Königsthron in der Pfalzkapelle, wurden bis 1531 die deutschen Könige gekrönt. Seit 1950 verleiht die Stadt Aachen in Erinnerung an Karl, der die Stadt berühmt machte, den Internationalen Karlspreis zu Aachen für besondere Verdienste um Europa.

Die Christianisierung war für Karl auch eine Maßnahme, um das Reich zu einigen. Zur karolingischen Reform gehörte daher auch die Kirchenreform, die Bonifatius (675–754), der Missionar bzw. »Apostel Deutschlands«, begonnen hatte. Karl erließ in diesem Sinne Reichsgesetze und veranstaltete Synoden. Dabei wurde die Kirchenverfassung neu geordnet, die Liturgie reformiert, liturgische und kirchenrechtliche Schriften vereinheitlicht und Bistümer neu gegründet. Karl führte auch eine Klosterreform durch, wobei die Regel Benedikts für alle Klöster im Frankenreich verbindlich wurde.

Verbunden mit der Klosterreform war die Förderung der Bildung: Ziel war es, dass alle Mönche Lesen und Schreiben lernten und dass sie Handschriften sammelten und kopierten. Nicht zuletzt dadurch sind viele der antiken Handschriften bis heute erhalten. Karl ließ Klosterschulen errichten, z. B. in St. Gallen und auf der Insel Reichenau, die nicht nur von Mönchen, sondern auch von auswärtigen Schülern besucht wurden. Die »Bildungsreform« Karls umfasste auch eine Reform der Sprache (Latein) und die Einführung einer einheitlichen Schrift, der sogenannten Karolingischen Minuskel. Der Hof Karls des Großen war ein geistig-kulturelles Zentrum, an dem viele Gelehrte aus dem ganzen Reich versammelt waren. Insgesamt erlebte das Frankenreich unter Karl einen kulturellen Aufschwung in Bildung und Kunst, vor allem in der Dichtung und Architektur, aber auch im kirchlich-theologischen Bereich.

Karl mischte sich aktiv in das kirchliche Leben ein und kontrollierte es, ähnlich wie Konstantin der Große. Karl gründete eine Reihe von Bistümern, setzte Bischöfe und Äbte nach seiner Wahl ein und veranstaltete Synoden. Wie schon sein Vater Pippin verstand sich Karl als Herrscher von Gottes Gnaden, als theokratischer, d. h. als weltlicher und geistlicher Herrscher zugleich – nach dem Vorbild König Davids im Alten Testament und nach dem Vorbild Konstantins des Großen. Auf der Synode von Frankfurt 794 wurde Karl als *Rex et Sacerdos* (= König und Priester) bezeichnet, ein ähnliches theokratisches Verständnis des Herrschers, wie es für den byzantinischen Kaiser kennzeichnend war.

Gegenüber Byzanz, dem oströmischen Reich, beanspruchte Karl die Gleichberechtigung. Im 4./5. Jh. hatte es ein doppeltes Kaisertum im Westen und im Osten des Römischen Reiches gegeben, und in diesem Sinne wollte Karl der Kaiser des Westens sein. In den politischen Zwistigkeiten zwischen West und Ost spielte dann auch der Bilderstreit in Byzanz eine wichtige Rolle. Der Bilderstreit (Ikonoklasmus) war ein Streit um die Frage, ob Bilderverehrung erlaubt sei oder nicht. Als Kaiser Leo III. von Byzanz 730 die Bilderverehrung verbot, kam es zu Auseinandersetzungen zwischen den Bilderfreunden und Bilderfeinden. Dies führte zu Aufständen, Verfolgungen und Hinrichtungen. Schließlich veranlasste Kaiserin Irene 787 von Byzanz das (zweite) Konzil von Nizäa, auf dem das Bilderverbot aufgehoben wurde. Karl fühlte sich beim Konzil von Nizäa übergangen, sagte die geplante Heirat seiner Tochter mit dem Sohn von Irene ab und lehnte die »Anbetung« der Bilder ab. Ebenso Papst Leo III., der vor allem auch keine Frau als Kaiserin von Byzanz anerkennen wollte. Die Auseinandersetzungen zwischen Ost und West führten schließlich zur Krönung Karls zum römischen Kaiser durch Papst Leo III.

Papst Leo III. war kein starker Papst und hatte einige Widersacher. Ihm drohte damals wegen seines unsittlichen Lebenswandels die Absetzung als Papst. Die Reichsannalen berichten: »Die Römer nahmen Papst Leo am großen Bittgangstag [25.4.799]

gefangen, blendeten ihn und rissen ihm die Zunge aus. Ins Gefängnis geworfen, entkam er bei Nacht über die Mauer, begab
sich zu den Gesandten des Königs, die sich damals in der Kirche
des hl. Petrus aufhielten, Abt Wirund und Herzog Winigis von
Spoleto, und wurde nach Spoleto gebracht« (Reichsannalen,
799). Im Juni 799 ist Papst Leo in Paderborn, um hier Unterstützung von Karl dem Großen zu erhalten. Entsprechend dem, was
Papst Leo widerfahren war, war Karl in einer starken, unabhängigen Position gegenüber dem Papst. Dementsprechend ist zu
vermuten, wenn auch nicht sicher, dass Karl dafür im Gegenzug
die Krönung zum römischen Kaiser verlangt hatte. In der Biografie von Einhard heißt es allerdings, dass die Krönung für
Karl überraschend kam. Es ist anzunehmen, dass die Krönung
Karls auch Papst Leo III. gelegen kam, da er keine Frau als Kaiserin in Byzanz anerkennen wollte. Daher beabsichtigte er, das
Kaisertum und die römische Reichsgewalt von Byzanz auf die
Franken, auf Karl zu übertragen (die sog. *Translatio Imperii*) – mit
der Begründung, dass das byzantinische Kaisertum der Herrschaft über das Christentum nicht mehr würdig sei. Für die Annahme, dass die Krönung geplant und nicht überraschend war,
spricht auch die Tatsache, dass Karl sich bereits im November
799 in Rom aufhielt, Zeit genug also für die Vorbereitung der
Krönung. So krönte Papst Leo III. am 25.12.800 während der
Weihnachtsmesse in Rom Karl zum Kaiser des Weströmischen
Reiches. Die Reichsannalen beschreiben die Krönung so: »Als
der König gerade am hl. Weihnachtstag sich vom Gebet vor
dem Grab des sel. Apostels Petrus zur Messe erhob, setzte ihm
Papst Leo die Krone aufs Haupt und das ganze Römervolk rief
dazu: dem erhabenen Karl, dem von Gott gekrönten großen
und friedenbringenden Kaiser der Römer Leben und Sieg! Und
nach den lobenden Zurufen wurde er vom Papst nach der Sitte
der alten Kaiser durch Kniefall geehrt und fortan, unter Weg-
lassung des Titels Patricius, Kaiser und Augustus genannt.«
(ebd., 801)

Die Konkurrenz zwischen den Kaisern in Ost und West als
auch zwischen dem Patriarchen von Byzanz und dem Papst in
Rom lief parallel, aber 812 erkennt auch Byzanz den Kaisertitel
Karls an. In späterer Zeit wurde es zur Regel (bis 1530), dass die
Päpste in der Peterskirche in Rom die Krönung zum römischen
Kaiser durchführten. Die Krönung zum König der Deutschen

dagegen erfolgte bei den Nachfolgern Karls im Dom von Aachen durch Erzbischöfe.

Aus dem Alltags- und Privatleben Karls

Das Aussehen Karls beschreibt Einhard so: »Er war von breitem und kräftigem Körperbau, hervorragender Größe, die jedoch das richtige Maß nicht überschritt – denn seine Länge betrug, wie man weiß, sieben seiner Füße –, das Oberteil seines Kopfes war rund, seine Augen sehr groß und lebhaft, die Nase ging etwas über das Mittelmaß, er hatte schönes graues Haar und ein freundliches, heiteres Gesicht. So bot seine Gestalt im Stehen wie im Sitzen eine höchst würdige und stattliche Erscheinung, wiewohl sein Nacken feist und zu kurz, sein Bauch etwas hervorzutreten schien: das Ebenmaß der andern Glieder verdeckte das. Er hatte einen festen Gang, eine durchaus männliche Haltung des Körpers und eine helle Stimme, die jedoch zu der ganzen Gestalt nicht recht passen wollte; seine Gesundheit war gut, außer dass er in den vier Jahren vor seinem Tode häufig von Fieber ergriffen wurde und zuletzt auch mit einem Fuße hinkte.« (Einhard, Das Leben Karls des Großen, 22) Und zur Kleidung: »Die Kleidung, die er trug, war die seiner Väter, d. h. die fränkische. Auf dem Leib trug er ein leinenes Hemd und leinene Unterhosen; darüber ein Wams, das mit einem seidenen Streifen verbrämt war, und Hosen; sodann bedeckte er die Beine mit Binden und die Füße mit Schuhen, und schützte sich mit einem aus Fischotter- oder Zobelpelz verfertigten Rock im Winter Schultern und Brust; dazu trug er einen blauen Mantel und stets ein Schwert, dessen Griff und Gehenk von Gold und Silber war.« (ebd., 23)

Man kann Karl, wie vor ihm Karl Martell oder Pippin, als Krieger bzw. Soldat bezeichnen, denn Kriege waren sein Leben. Wie Karl Martell und Pippin wurde Karl in keinem Feldzug besiegt und es gab nur zwei Jahre in der Regierungszeit Karls, in denen kein Feldzug stattfand. Der Jahresablauf im Leben Karls war bestimmt durch Kampfvorbereitungen bzw. Heeresversammlung im Frühjahr, Feldzüge im Sommer, Reichsversammlung, Inspektionsreisen und Jagd im Herbst und einer »Ruhepause« auf einer Pfalz im Winter.

Karl liebte die Jagd, tafelte gerne und war ein Familien-mensch. Aber er war auch bekannt für sein ausschweifendes Liebesleben: fünf Ehen, aus denen 18 Kinder hervorgingen, und mehr als ein Dutzend Nebenfrauen bzw. Geliebte. Ehen, vor allem die von Herrschern, wurden damals selten aus Liebe, sondern in der Regel aus politischen Gründen und zum Zwecke der Nachfolge geschlossen. Die erste Frau, mit der Karl einen Sohn namens Pippin der Bucklige hatte, war Himiltrud. Es ist nicht ganz klar, ob sie rechtmäßige Ehefrau oder vielleicht doch »nur« eine Nebenfrau oder Friedelfrau war. Auf jeden Fall wurde sie ins Kloster verbannt. 770 heiratete Karl die Tochter des Lango-bardenkönigs Desiderius, deren Namen unbekannt ist. Karl verstieß sie nach einem Jahr, als er sein Ziel, König der Lango-barden zu werden, erreicht hatte. Die dritte Frau, Hildegard, hei-ratete Karl 771. Sie war damals 13 Jahre alt und sie war wohl seine große Liebe. Aus der zwölfjährigen Ehe gingen neun Kinder hervor, u. a. Pippin, Karl der Jüngere und Ludwig, bis Hildegard 783 mit 25 Jahren starb. Eine Tochter aus dieser Ehe, Bertha, hatte später eine nichteheliche Beziehung mit dem Hofgeistlichen Karls, Angilbert, die in der Sage »Eginhard und Emma« darge-stellt wird. Einige Monate nach dem Tod Hildegards folgte die vierte Frau, die Sächsin Fastrada, die 794 starb. Kurz danach heiratete Karl Luitgard, die 800 starb. Danach ging Karl keine Ehe mehr ein, sondern lebte ohne Trauschein mit »Lebensgefährtin-nen«, wie man heute sagt, die in einem Frauenhaus an seinem Hof in Aachen wohnten. Eine davon war die Sächsin Gerwind, angeblich die Tochter Widukinds, der den großen Aufstand der Sachsen gegen Karl angeführt hatte. Das Liebesleben Karls war für einen christlichen Herrscher ungewöhnlich und fragwür-dig, wurde aber erst nach seinem Tode offen kritisiert. Als Karls Sohn Ludwig der Fromme nach dessen Tode nach Aachen kam, um die Nachfolge anzutreten, war eine seiner ersten Handlun-gen, »den Schwarm von Frauen, von denen es hier zu viele gab«, zu vertreiben, wie es in der Biografie von Einhard heißt.

Warum überlebte Karl alle seine jüngeren Frauen? Es war vor allem der Stress durch das ständige Leben auf Reisen. Denn die-se Reisen waren damals im Unterschied zu heute keine »Urlaub«, sondern pure Strapazen – vor allem für eine schwangere Frau. Karls Sohn Ludwig der Fromme z. B. wurde auf einer Reise in den Pyrenäen geboren, eine Tochter während einer Reise in Italien.

Einhard schildert Karl als Familienmensch: »Um die Erziehung seiner Söhne und Töchter war er so besorgt, dass er zu Hause niemals ohne sie speiste, nie ohne sie eine Reise machte: seine Söhne ritten ihm zur Seite, seine Töchter aber folgten hinten im Zuge und eine Schar von Leibwächtern war zu ihrer Bedeckung bestellt. Da sie ungemein schön waren und von ihm aufs zärtlichste geliebt wurden, so ist es zu verwundern, dass er keine von ihnen einem seiner Mannen oder einem Fremden zum Weibe geben wollte; aber er sagte, er könne ohne ihr Gesellschaft nicht leben und behielt alle bis zu seinem Tode bei sich im Hause.« (ebd., 19) So ließ Karl z. B. die geplante Verlobung seiner Lieblingstochter Rotrud mit dem Sohn der byzantinischen Kaiserin Irene I. letztendlich platzen oder lehnte die Anfrage des angelsächsischen Königs, eine seiner Töchter zu heiraten, ab. Neben Rotrud sind auch Bertha, Gisela, Rothaid, Theodrada und Hiltrud als Töchter Karls zu nennen. Karls Töchter führten ein für diese Zeit sehr freies Leben. So warnte Alkuin seinen Schüler vor den Töchtern Karls bzw. davor, dass »die gekrönten Tauben nicht vor sein Fenster kommen sollen, die durch die Gemächer der Pfalz flattern«.

Am 28.1.814 starb Karl der Große nach 46 Jahren Regierungszeit in Aachen. Er hatte sich bei einer Jagd in den Ardennen im Herbst 813 erkältet und sein Gesundheitszustand verschlechterte sich durch eine zusätzliche Lungenentzündung.

Nachleben

806 bestimmte Karl auf einer Reichsversammlung, dass drei seiner Söhne sich das Reich teilen sollten: Für Ludwig (778–840) sah er Aquitanien, einen Großteil Burgunds und die Provence vor, für Pippin (777–810) war Italien, Bayern und der südliche Teil von Alemannien vorgesehen und für Karl den Jüngeren (772–811) der übrige Teil des Reiches, d. h. Neustrien, Austrien, Sachsen, Thüringen, Friesland und die nördlichen Teile von Bayern, Alemannien und Burgund. Diese Pläne wurden hinfällig, als Pippin 810 und Karl der Jüngere 811 noch vor ihrem Vater starben. Ludwig wurde noch zu Lebzeiten Karls Mitregent und nach seinem Tod 814 sein Nachfolger und Alleinherrscher.

Aber die Nachfolger Karls konnten das Reich nicht zusammenhalten: Zwischen Ludwig dem Frommen und seinen Söhnen Lothar I., Ludwig II. (der Deutsche), Pippin und Karl II. (dem Kahlen) kam es später zu einem Bruder- bzw. Familienzwist um die Herrschaft und zu einem Kampf aller gegen alle, denn jeder erhob für sich alleinige Herrschaftsansprüche. Nach fränkischem Erbrecht erbte üblicherweise nicht der älteste Sohn, sondern das Erbe wurde gleichmäßig unter den Söhnen aufgeteilt. Eine Einigung erfolgte schließlich im Vertrag von Verdun 843 unter den überlebenden Brüdern Lothar I., Ludwig II. und Karl II. Das Reich wurde geteilt: Ludwig II. erhielt den östlichen Teil von Schleswig-Holstein bis Bayern (einschließlich Ostfranken, Hessen, Thüringen und Sachsen), Lothar I. den mittleren Teil von den Niederlanden und Belgien über Ostfrankreich bis zur Schweiz und Mittelitalien (Lotharingen, später »Lothringen«) und Karl II. den westlichen Teil von Spanien über Frankreich bis Belgien (d. h. Aquitanien, dem heutigen Spanien, Burgund und Neustrien, d. h. den größten Teil des heutigen Frankreichs). Nach dem Tod Lothars I., der keine Söhne hatte, teilten Ludwig II. und Karl II. das Reich im Vertrag von Meerssen 870 und Ribemont 880 unter sich auf, wobei Ludwig II. den größten Teil von Lothars Reich erhielt, das somit dem Ostfränkischen Reich zufiel. Die Karolinger regierten im Ostfrankenreich noch bis zum Jahr 911, im Westfrankenreich bis 987. Erst mit Otto dem Großen (912–973) aus der Dynastie der Liudolfinger, dem ersten Kaiser des Heiligen Römischen Reiches, trat wieder ein starker Herrscher auf, der die Macht und Einheit des Ostfrankenreiches wiederherzustellen konnte.

Karl galt schon früh als idealer Herrscher, und deshalb führten viele Adels- und Herrscherfamilien gerne ihre Abstammung auf Karl den Großen zurück, so z. B. die Salier, Staufer, die Wittelsbacher oder auch die Habsburger. Die Kaiser des Heiligen Römischen Reiches deutscher Nation (bis 1806), die österreichischen Kaiser aus dem Hause Habsburg, Napoleon Bonaparte und Zar Peter I. stellten sich als Kaiser in die Tradition von Karl dem Großen. Karl gilt auch als Stadtgründer und Gesetzgeber.

Schließlich wurde Karl der Große 1165 auch heiliggesprochen, weil er Heiden, vor allem die Sachsen, bekehrt und viele Bischofssitze samt Kirchen und Abteien gegründet habe. Kein

Geringerer als Friedrich I. Barbarossa veranlasste dies. So schreibt Einhard: »Der christlichen Religion, zu der er von Jugend an angeleitet worden war, war er mit größter Ehrfurcht und Frömmigkeit zugetan. Darum erbaute er auch das herrliche Gotteshaus zu Aachen und stattete es aus mit Gold und Silber, mit Leuchten und mit ehernen Gittern und Türen. Da er die Säulen und Marmorplatten für die Kirche anderswoher nicht bekommen konnte, ließ er sie aus Rom und Ravenna herbeischaffen. Die Kirche suchte er morgens und abends, auch bei den nächtlichen Horen und zur Zeit der Messe fleißig auf, solange es ihm sein Befinden erlaubte (...)« (ebd., 26). Karls nichteheliche Beziehungen und die Brutalität der Sachsenkriege minderten die Heiligkeit Karls nicht. In dieses Bild passt dann auch, dass man Karl aufgrund seiner Feldzüge gegen die Sarazenen und seiner diplomatischen Beziehungen zum Kalifen von Bagdad schon zu Beginn der Kreuzzüge als ersten Kreuzfahrer ansah.

Karl der Große vereinte in seinem Frankenreich erstmals die germanischen Stämme der Franken, Alemannen, Bayern, Thüringer, Friesen und Sachsen. Unter seiner Herrschaft erlangte das Reich der Franken seine größte Ausdehnung, von Spanien bis Dänemark und vom heutigen Frankreich bis Italien und Ungarn. Es war das größte Reich in Mitteleuropa nach dem Ende des Römischen Imperiums. Karl festigte das Frankenreich nach außen gegen die Muslime in Spanien, gegen Sachsen, Awaren, Dänen, Slawen und Böhmen – alles sowohl religiöse als auch militärisch-politische Unternehmen. Durch politisch-wirtschaftliche und kirchliche Reformen schuf Karl ein einheitliches Reich, das unter seiner Regierung einen kulturellen Aufschwung erlebte. Entsprechend wird Karl der Große bis in die Gegenwart gerne als Vorbild und Typus eines großen Herrschers der europäischen Geschichte und als nationale Identifikationsfigur herangezogen. Schon zu Lebzeiten erhielt er den Beinamen »der Große« und »Vater Europas«. Ob und inwiefern er in diesem Sinne die Grundlagen der Entstehung der europäischen Nationen sowie des modernen und geeinten Europa schuf, wird nach wie vor diskutiert.

Schon zu Lebzeiten Karls des Großen erschienen die Wikinger, die Germanen der nordischen Länder, im Frankenreich – und ein neues Kapitel in der Geschichte begann.

13. Exkurs: Die Sachsen und die Sachsenkriege

Warum die heutigen Sachsen eigentlich gar keine Sachsen sind – das soll im folgenden kurzen geschichtlichen Überblick unter anderem auch erwähnt werden. Zur Klärung vorab: Die heutigen Sachsen haben mit den Sachsen zur Zeit Widukinds nur den Namen gemeinsam. Das mag vielleicht den einen oder anderen Leser erstaunen. Aber es zeigt wieder einmal, dass germanische Stämme keine für alle Zeiten unveränderlichen »Völker« oder »Ethnien« sind und dass man im Fall der heutigen »Sachsen« nicht eine kontinuierliche Abstammungslinie von dem damaligen germanischen Stamm desselben Namens herleiten kann. Aber dazu später.

Der Name der Sachsen leitet sich etymologisch von dem germanischen Wort »sahs« (= Messer) ab und ist in diesem Sinne als »Mann mit Messer« zu übersetzen. Die früheste Erwähnung der Sachsen und ihres Siedlungsgebietes finden sich bei dem griechischen Geografen Ptolemaeus (um 100—um 180 v. Chr.), demzufolge die Sachsen um 150 v. Chr. nördlich der Elbe in Holstein siedelten. Ansonsten liegen wenig konkrete und sichere Informationen vor. Bei Tacitus fehlen die Sachsen in der Auflistung der germanischen Stämme. Der Name *Saxonia* als Landesname wird erstmals in einer Inschrift für Theodosius († 375, Vater von Theosiosius I.) in Makedonien verwendet. Erst nach dem 4. Jh. werden die Sachsen öfter als Volk erwähnt, als Bewohner des heutigen Nordwestdeutschland und der östlichen Niederlande, so z. B. bei Gregor von Tours († 594). Von der Nordseeküste aus dehnten sie ihr Gebiet scheinbar über die Elbe bis zur Weser hin aus. Die Sachsen wurden bekannt durch ihre Raubzüge an der Küste Galliens und Britanniens, die sie zusammen mit den Franken unternahmen. Im 4.–5. Jh. gelangte ein Teil der Sachsen zusammen mit Angeln und Jüten nach England. Als Angelsachsen beeinflussten sie entscheidend die weitere Geschichte Englands. Die Namen der Gebiete und früheren Königreiche Sus*sex*, Es*sex*, Wes*sex* oder Middel*sex* weisen etymologisch auf den sächsischen Ursprung hin. Auch auf dem Festland verbanden sich die Sachsen mit anderen Völkern, z. B. mit den

Chauken. Häufig traten die Sachsen zusammen mit den Franken auf, die um 531 das Thüringerreich eroberten. Ob die Sachsen daran beteiligt waren, wie die »Sachsengeschichte« von Widukind von Corvey (um 925-973) berichtet, ist fraglich. Zumindest konnten sie danach ihr Siedlungsgebiet ausdehnen.

In der Zeit von Karl dem Großen und den nachfolgenden Jahrhunderten teilte man die Sachsen ein in die Westfalen zwischen Weser und Rhein, die Ostfalen zwischen Weser und Elbe und die Engern oder Angrevarier zwischen West- und Ostfalen an der Weser. Darüber hinaus werden häufig auch die Nordalbingier nördlich der Elbe noch als Sachsen erwähnt. Genaue Grenzlinien der einzelnen Siedlungsgebiete sind heute nicht mehr festlegbar. Zur Zeit Karls des Großen waren die Sachsen das einzige germanische Volk, das noch nicht christlich war.

Der heutige Freistaat Sachsen und die heutigen Sachsen haben mit dem früheren Sachsen zur Zeit Widukinds wie erwähnt nur den Namen gemeinsam. Der Freistaat Sachsen erhielt seinen Namen dadurch, dass die Träger des Titels »Herzog von Sachsen« wechselten und damit ein Ortswechsel verbunden war: 1180 erhielt der in Wittenberg residierende Askanier Bernhard von Heinrich dem Löwen den Titel Herzog von Sachsen. 1423 erhielten die Wettiner den Herzogtitel von Sachsen. Den Wettinern gehörte die Markgrafschaft Meißen und sie führten den Titel des Kurfürsten. Der sächsische Herzogtitel wurde dementsprechend verbunden mit dem Titel des Kurfürsten, der als ranghöchster Titel vor dem Titel des Markgrafen von Meißen geführt wurde. So wurden die Wettiner zu »sächsischen« Herzögen und ihr Herrschaftsgebiet, die Markgrafschaft Meißen, zu »Sachsen«.

Als Sachsenkriege bezeichnet man die Feldzüge, die Karl der Große (vgl. Kap. Karl der Große) gegen die Sachsen in den Jahren 772–804 führte, um diese zu unterwerfen und zum christlichen Glauben zu bekehren. Schon die Vorgänger von Karl dem Großen, sein Großvater Karl Martell und sein Vater Pippin der Jüngere, führten Kriege gegen die Sachsen, nicht zuletzt um die Randgebiete des Frankenreiches einerseits vor den Überfällen der Sachsen zu sichern und andererseits das Reich zu erweitern. Für das Jahr 744 werden erstmals Massentaufen der Sachsen erwähnt. 758 unterwarf Pippin mit der Eroberung der Burg Sitnia die Sachsen, die ihm daraufhin einen Tribut zahlten und wahrscheinlich auch die Missionare in ihrem Gebiet zulassen mussten. Eroberung und Mission sind bei den Feldzügen gegen die Sachsen nicht voneinander zu trennen. Sieg, Unterwerfung und Bekehrung der Sachsen zum Christentum oder die Vernichtung der Sachsen war das Motto Karls des Großen. Die Kriege Karls des Großen gegen die Sachsen (772–804), Eroberung und Mission zugleich, zogen sich lange hin.

Die Sachsen waren kein einheitlicher Stammesverband unter einem gemeinsamen Herrscher, sondern bestanden aus mehreren kleineren Stämmen und Stammesverbänden und agierten autonom. Dies machte es Karl dem Großen so schwer, die Sachsen zu erobern. Er musste jeden sächsischen Stamm einzeln unterwerfen, und hatte er einen Stamm besiegt, so versuchte wieder ein anderer Stamm den Aufstand. Zudem führten die Sachsen eine Art Guerillakrieg mit Angriffen aus dem Hinterhalt. Die Sachsen hatten bis dahin als einziger der germanischen Stämme noch nicht das Christentum angenommen, sondern hingen nach wie vor der germanischen Religion und Tradition an. Die Sachsen in England dagegen waren schon längst christlich, und Missionare von dort versuchten, ihre Stammesbrüder auf dem Festland zu missionieren – eine buchstäblich lebensgefährliche Mission. Die Verteidigung der germanischen Tradition und damit ihrer ethnischen Identität war eines der wichtigsten Motive des erbitterten Widerstandes der Sachsen in den Sachsenkriegen.

Die Sachsenkriege begannen damit, dass Karl 772 eine Irminsul, ein sächsisches Heiligtum, gleichzeitig auch ein wichtiger Versammlungsort der Sachsen, zerstören ließ. Die Irminsul befand sich wahrscheinlich in der Nähe von Eresburg (Obermarsberg). Welcher Art und Gestalt diese Irminsul war, weiß man nicht genau. Man vermutet aber, dass es – wie der Name »Große Säule« (*irmin* = groß, *sul* = Säule) sagt – eine Säule oder ein großer Baumstamm war. Eine solche Säule oder ein solcher Stamm ist ein durchaus häufiges Phänomen in der Religionsgeschichte der Welt und stellt als sogenannter Weltenbaum die Verbindung zwischen diesseitiger und jenseitiger Welt dar. Die Zerstörung der Irminsul führte dann zum Aufstand der Sachsen.

In der ersten Phase der Sachsenkriege 772–777 konnten die Franken sächsische Befestigungen wie Eresburg, Syburg, und

Brunsberg erobern. Karl ließ die Karlsburg errichten, wohl im Stadtgebiet des heutigen Paderborn. In Paderborn veranstaltete Karl der Große 777 einen Reichstag. 778 begann die zweite Phase der Sachsenkriege. Karl hatte einen Rückschlag in Spanien hinnehmen müssen. Die Abwesenheit Karls in Spanien nutzten die Sachsen aus, um über ihr Gebiet hinaus zu dringen bis Deutz (Köln) und in das rechtsrheinische Gebiet bis zur Mosel. Sie überschritten aber nicht den Rhein und zogen sich wieder zurück, als die Franken erschienen. 779 unterwarf Karl der Große die Westfalen, 780 gelangte er bis an die Elbe. Der Reichstag 782 in Lippspringe ist ein Hinweis, dass Karl wohl die Sachsenkriege als beendet ansah. Aber als 782 ein Heer von Franken und Sachsen gegen die Wenden zieht, meutern die Sachsen gegen die fränkischen Feldherrn und besiegen die Franken im Süntelgebirge. Karl bricht daraufhin sofort auf, die Sachsen leisten scheinbar keinen Widerstand mehr. Karl lässt ein Exempel statuieren und veranstaltet ein Strafgericht, das als Blutgericht von Verden in die Geschichte eingeht. 4500 Sachsen, die sich weigern, sich taufen zu lassen, werden hingerichtet. »Dort sammelten sich wieder alle Sachsen und unterwarfen sich der Gewalt des obengenannten [Königs] und lieferten alle die Übeltäter aus, die diesen Aufstand vor allem durchgeführt hatten, zur Bestrafung mit dem Tode, 4500, und dies ist auch so geschehen, ausgenommen Widochind, der ins Gebiet der Nordmannen entfloh.« (Reichsannalen, 782) Eine sehr hohe Zahl, die vermutlich nicht korrekt ist, sondern ein Schreibfehler in den Annalen. Außerdem erließ Karl ein Gesetz, die sogenannte *Capitulatio de partibus Saxoniae*, mit strengen Verboten der Missachtung der christlichen Vorschriften, wie z. B. öffentliche Versammlungen am Sonntag, Fleisch essen in der Fastenzeit oder Feuerbestattung. Karl ließ Sachsen gezielt in andere Gebiete deportieren und ansiedeln. Das Blutgericht von Verden wurde schon von Zeitgenossen Karls kritisch gesehen, so von Alkuin, dem Geistlichen, Gelehrten und Freund Karls des Großen, der ihm zur Zurückhaltung riet. Auf einer Synode 796 in Bayern betonten die Bischöfe, die Bekehrung der Sachsen sei nicht Menschen-, sondern Gotteswerk. Es sollten keine Massentaufen stattfinden, sondern jeder Taufe sollte eine Unterweisung vorangehen. Im 19. Jh. und nationalsozialistischer Zeit wurde das Blutgericht von Verden im Zusammenhang mit der Rolle Karls des Großen als »Sachsenschlächter« kontrovers diskutiert. 802 ersetzte Karl die *Capitulatio de partibus Saxoniae* durch die *Lex Saxonum*, eine Gesetzessammlung in abgemilderter Form, in der das fränkische Reichsrechts mit dem sächsischen Stammesrecht verbunden wurde. Die Bischöfe sprachen sich auch gegen die Deportation der Sachsen und gegen Steuern für die Sachsen aus.

783 kann Karl die Sachsen in einer Schlacht bei Detmold und einer zweiten an der Hase besiegen. Es sind die einzigen beiden Schlachten der Sachsenkriege, in denen Karl höchstpersönlich mitkämpft. In diesen Kämpfen, so wird berichtet, sollen sächsische Frauen barbrüstig auf die Franken losgegangen sein. Unter diesen barbrüstigen Frauen war auch Fastrada, Tochter des Grafen Radulf. Sie wurde 783 die Ehefrau von Karl dem Großen. Ein Jahr später lieferte sich Karl der Jüngere, Sohn Karls des Großen, eine Schlacht mit den Sachsen an der der Lippe. An dem Widerstand der Sachsen beteiligte sich nun auch ein Teil der Friesen. Im Winter des Jahres 784 zog Karl der Große mit seinem Heer ins sächsische Gebiet und quartierte sich mit seiner Frau Fastrada und Kindern in der Eresburg ein. Ein ungewöhnlicher Akt, denn normalerweis fanden im Winter keine Kriegszüge statt und Karl überwinterte in Aachen oder auch in Attigny wie ein Jahr später. 785 findet ein Reichstag in Paderborn statt und noch im selben Jahr gibt Widukind seinen Widerstand auf. Damit waren die Sachsenkriege fast beendet.

Allerdings kam es in den Jahren 792–804 nochmals zu Aufständen der Sachsen, vor allem in Nordalbingien (Holstein), an denen wohl auch Friesen beteiligt waren. Im Jahre 804 führte Karl erfolgreiche Eroberungszüge in das Gebiet zwischen Weser und Elbe. In dieser letzten Phase der Sachsenkriege zwischen 792–804 ließ Karl in brutaler Weise das Land der Sachsen »verwüsten«. Einhard schreibt: »nachdem er [Karl] alle, die ihm Widerstand geleistet hatten, besiegt und unterjocht hatte, zehntausend Mann mit Weib und Kind aus ihren Wohnsitzen auf beiden Ufern der Elbe wegholte und sie da und dort in Germanien und Gallien in vielen Abteilungen ansiedelte. Unter der Bedingung aber, die vom König gestellt, von den Sachsen angenommen ward, nahm der Krieg, der sich so viele Jahre hingezogen hatte, dass sie dem heidnischen Götzendienst und den heimischen Religionsgebräuchen entsagten, die Sakramente des christlichen Glaubens annahmen und mit den Franken zu ei-

nem Volk sich verbanden.« (Einhard, Das Leben Karls des Gro-
ßen, 7) Einhard stellt ferner fest: »Kein Krieg, den das Volk der
Franken unternahm, ist mit solcher Ausdauer, Erbitterung und
Anstrengung geführt worden (...).« (ebd., 7)

Mit den für Karl erfolgreichen Sachsenkriegen konnte er das
Frankenreich erweitern und die Einheit seines Reiches festigen.
Die christliche Religion war die Basis für die dauerhafte Integration der Sachsen in das Frankenreich. Denn nicht zuletzt
durch die Einrichtung von Kirchen und Klöstern wurde die
Grundlage für die einheitliche Verwaltung, Wirtschaft und Politik im ganzen Frankenreich geschaffen. Zu den späteren Nachfolgern Karls des Großen auf dem Königsthron gehörten auch
Sachsen: Die sächsische Adelsdynastie der Liudolfinger (und
späteren Ottonen) stellte die Herrscher des ostfränkischen bzw.
deutschen Reiches von 919 bis 1024. Mit Heinrich I. wurde 919
der erste Liudolfinger König. Otto I. der Große wird im Jahr 962
Kaiser, von da an werden die Liudolfinger als Ottonen bezeichnet.

14. WIDUKIND – REBELL DER SACHSEN

Von Widukind haben wir nur wenige Informationen, nicht einmal die Lebensdaten. Trotzdem wurde er berühmt als Anführer der Sachsen in den sogenannten Sachsenkriegen, die Karl der Große führte. Widukind und die Sachsen leisteten Widerstand gegen die Eroberungszüge Karls und hielten als letzter westgermanischer Stamm an der germanischen Tradition und Religion fest. 785 ließ sich Widukind taufen und unterwarf sich damit Karl dem Großen. Aber nicht nur als »letzter« Germane, sondern auch als Christ erfuhr die Gestalt Widukinds Nachruhm. Denn aufgrund seiner Bekehrung zum Christentum und seiner Taufe wurde er fast wie ein Heiliger verehrt.

Widukind und der Widerstand der Sachsen

Der bedeutendste Gegner Karls des Großen in den Sachsenkriegen war Widukind. Ein Mönch aus Verden beschreibt Widukind zwischen 864 und 900 so: »Damals war Widukind Sachsenführer, wenngleich Heide, so doch mit Recht zu den besten Führern zu zählen, wegen seiner berühmten Weisheit, seiner glänzenden Beredsamkeit und gewandten Kriegführung.« (zit. bei Hartmann, S. 12) Diese sicher zutreffenden Eigenschaften der Weisheit, Beredsamkeit bzw. Überzeugungskraft und guten Kriegsführung machten Widukind zum erfolgreichen Führer der Sachsen.

Über Widukind haben wir nur sehr wenige Informationen. Weder das Geburts- noch das Todesjahr kennen wir. Die Quellen, das sind in diesem Fall die fränkischen Annalen, erwähnen nur, dass Widukind in den Jahren 777–785 der Anführer der Sachsen war. Die fränkischen Annalen sind von fränkischen Geistlichen verfasste Jahrbücher, die in lateinischer Sprache chronologisch über die Ereignisse der einzelnen Jahre berichten. Die wenigen Informationen über Widukind werfen mehr Fragen auf als sie Antworten geben. So stellt sich die erste Frage schon beim Namen. Hieß der Anführer der Sachsen wirklich Widukind? Denn der Name Widukind ist ein für die germanische Sprache typischer Kenning. Ein Kenning wird vor allem in der Dichtung verwendet als bildhafte Umschreibung für bestimmte Begriffe (wie z. B. »Himmelskerze« für Sonne oder »Bienenwolf« / Beowulf für Bär). Widukind, wörtlich übersetzt »Kind des Waldes« (möglich auch »Genosse« oder »Fürst« des Waldes), wäre dann ein Kenning bzw. eine Umschreibung für Wolf. So liegt die Annahme nahe, dass »Widukind« nur ein Beiname war und wir den eigentlichen Namen nicht wissen. In der allerersten Erwähnung Widukinds wird er Witting genannt. Und man vermutet, dass damit das Adelsgeschlecht der Widonen gemeint ist, das erstmals im 7. Jh. im Gebiet der Mosel, Saar und Nahe belegt ist. Aber nicht nur der Name Widukinds gibt Rätsel auf, sondern auch seine Stellung: Die mittelalterlichen Quellen nennen teils nur den Namen, oder bezeichnen Widukind als Widerstandskämpfer *(rebellis)*. Altfried († 849) nennt Widukind in seiner Biografie des heiligen Liudger *(Vita Liutgeri) dux Saxonum*, d. h. »Herzog der Sachsen«, was man auch mit »Heerführer« oder »Anführer« der Sachsen übersetzen kann.

Hier zunächst die wenigen Informationen, die wir von Widukind aus den Quellen, meistens den Annalen, besitzen: Widukind wird erstmals im Jahr 777 erwähnt, obwohl die Sachsenkriege bereits 772 begonnen hatten: Widukind, der Rebell (rebellis) – wie er genannt wird –, blieb der von Karl 777 einberufenen Versammlung in Paderborn fern und hielt sich bei den Dänen auf. 778 führte Widukind einen Aufstand gegen die Franken, war also aus Dänemark wieder zurückgekehrt. Auch für das Jahr 782 wird Widukinds Fehlen bei einer von Karl einberufenen Versammlung erwähnt. 783 wird Widukind nicht erwähnt, obwohl es ein wichtiges Jahr ist, in dem Karl der Große höchstpersönlich zwei Schlachten gegen die Sachsen führte. 784 schließen sich die Friesen Widukind an. Zuletzt wird von Widukind berichtet, als er 785 einem Friedensangebot von Karl folgt, diesen in Attigny trifft und sich taufen lässt. Diese Taufe bedeutet letztlich die Unterwerfung Widukinds. Danach wird Widukind in den Annalen nicht mehr erwähnt.

Und nun das ungefähre Bild der Ereignisse, das sich aus Rückschlüssen aus diesen knappen Informationen erstellen lässt: Widukind ist war sicher schon von Beginn der Sachsenkriege 772 als Anführer des Widerstandes dabei. Dies ergibt sich aus den folgenden Angaben: Bei der von Karl dem Großen einberufenen Versammlung in Paderborn 777 erschien er nicht, sondern war nach »Nordmannia« (Dänemark) geflohen: »Damals hielt König Karl einen allgemeinen Reichstag ab, in Paderborn zum ersten Mal. Dort kamen alle Franken und aus allen Teilen Sachsens die Sachsen zusammen; nur Widochind blieb im Aufstand mit ein paar andern; er sucht seine Zuflucht mit seinen Genossen bei den Nordmannen.« (Reichsannalen, 777) Auch eine andere Quelle berichtet, dass Widukind während dieser Zeit beim Dänenkönig Siegfried war. Die Einhard-Annalen nennen in diesem Zusammenhang Widukind einen der Großen von Westfalen, ein Hinweis auf seine Bedeutung und seinen großen Einfluss. Zudem heißt es, dass er sich »seiner vielen Verbrechen bewusst war«, also schon vorher aktiv Widerstand geleistet hatte.

Entsprechend war Widukind sehr wahrscheinlich bei den Kämpfen 776 als einer der Anführer der Sachsen dabei, die versuchten, Hohensyburg (auch Syburg oder Sigiburg genannt) wieder zu erobern. Danach floh Widukind zu den Dänen. Er wurde erst im Laufe der Jahre zum Anführer des gemeinsamen Widerstandes der Sachsen. Dies lässt sich aus der Aussage einer Quelle schließen, wonach Widukind nach »der Alleinherrschaft gestrebt« habe, diese also nicht von Anfang an innehatte. 778 war Widukind wieder zurück aus Dänemark und führte die Sachsen im Kampf gegen die Franken. In diesem Jahr war Karl mit Kämpfen in Spanien beschäftigt. Dies nutzten die Sachsen aus und konnten erfolgreich einen Vergeltungszug auf der rechten Rheinseite von Deutz (Köln) bis in das Gebiet der Moselmündung führen: »Und als die Sachsen hören, dass König Karl und die Franken so weit fort in Spanien seien, empörten sie sich auf Betreiben Widochinds und seiner Getreuen wieder nach ihrer üblen Gewohnheit (…) diese Aufständischen gelangten bis Deutz an den Rhein, wobei sie am Rhein Beute machten, viele Übeltaten verübten, die Kirchen Gottes in den Heiligtümern in Brand steckten und was aufzuzählen Überdruss verursacht. Und als sie plötzlich von der Rückkehr des Königs Karl hörten und von der Schar, die er ihnen entgegenschickte, da verließen die Sachsen den Rhein (…)« (Reichsannalen, 778). Widukind hatte die Sachsen wohl auch in die Schlacht von Sünteln 782 geführt. Nach dem Blutgericht in Verden 782 kam es zum ersten vereinten Widerstand der Sachsen, wahrscheinlich unter Führung von Widukind, auch wenn dies in den Quellen nicht ausdrücklich erwähnt wird.

Im Winter 785 gab Widukind seinen Widerstand auf. Er begab sich zusammen mit Abbio, ebenfalls ein Anführer der Sachsen und wahrscheinlich Widukinds Schwiegersohn oder Schwager, zu Kaiser Karl nach Attigny in den Ardennen (Nordfrankreich), wo dieser den Winter verbrachte. Karl der Große hatte den beiden als Zeichen der Sicherheit Geiseln überlassen. Bei den Verhandlungen zwischen Karl, Widukind und Abbio bot Karl den Sachsen Sicherheit und Güter an, wenn sie sich taufen ließen. Damit verlangte Karl von Widukind nicht mehr und nicht weniger als die Kapitulation, die Taufe war hierbei letztlich ein Zeichen der Unterwerfung und weniger eine religiöse Handlung. Mit der Taufe verbunden war ein Treueeid gegenüber Karl dem Großen. So heißt es denn entsprechend in den Reichsannalen: »Und dort wurden Widochind und Abi mit ihren Genossen getauft, und da war nun ganz Sachsen unterworfen.« (ebd., 785)

Es war das Weihnachtsfest 785, an dem die Taufe Widukinds stattfand. Karl der Große soll der Taufpate von Widukind gewesen sein, allerdings berichten die Reichsannalen und die Einhard-Annalen nichts darüber. Die Taufe Widukinds war nach Einschätzung von Karl der endgültige Sieg über die Sachsen. Papst Hadrian I. wollte diesen Sieg mit einem Dankesfest im Juni 786 feiern, wie er in einem seiner Briefe schreibt. Auch dieses Fest wird nicht in den anderen Quellen erwähnt. Die Taufe Widukinds war allerdings nicht ganz der endgültige Sieg über die Sachsen, sieben Jahre später musste Karl noch einmal gegen aufständische Sachsen kämpfen.

Nach Widukinds Taufe schweigen die Quellen über sein weiteres Leben. Es ist daher unklar, wie das weitere Leben von Widukind verlief, und das gab Anlass für die verschiedensten Spekulationen. So berichtet die Biografie der Königin Mathilde, einer Nachfahrin Widukinds, er sei nach der Taufe in seine Heimat zurückgekehrt. Dies dürfte aber mehr Sage als Wirklichkeit sein.

Es stellt sich nämlich die Frage, ob die Taufe von Widukind überhaupt je stattgefunden hat. Das brutale Vorgehen beim »Blutgericht« von Verden brachte Karl viel Kritik ein, auch von der Kirche. Und da war die Taufe und friedvolle Unterwerfung Widukinds ein perfektes Ende der Sachsenkriege. War also die

Geschichte von der Taufe Widukinds vielleicht nur Propaganda, um so das friedliche Ende der Sachsenkriege darzustellen und der Kritik an Karls Sachsenkriegen entgegenzuwirken? War es nicht viel wahrscheinlicher, dass Karl Widukind gefangen nehmen oder sogar töten ließ, statt dass er seinen größten Widersacher verschonte und taufen ließ? Denn Karl hatte auf der Versammlung in Paderborn Mission oder Vernichtung der Sachsen als Motto und Programm verkündet. Warum sollte er da seinen größten Feind verschont und eine Ausnahme gemacht haben? Aber andererseits, wenn Widukind hingerichtet worden wäre, wäre es dann nicht wieder zu Unruhen und Aufständen der Sachsen gekommen? War also die Unterwerfung und Taufe Widukinds letztlich doch die diplomatisch bessere Lösung, um die Sachsenkriege zu beenden? Es gibt noch eine andere Möglichkeit: Taufe und anschließende Gefangennahme Widukinds. Jedenfalls liegt ein Bericht vor, dass Karl Widukind nach seiner Taufe als Mönch in das Kloster auf der Insel Reichenau schickte, wie er es auch schon mit seinem Vetter und Gegner Tassilo von Bayern getan hatte. Dies wäre also einer Gefangennahme gleichgekommen.

Wenn aber die Taufe Widukinds stattgefunden hat, so ist zu fragen, warum Widukind sich taufen ließ? War es ein Sinneswandel, eine religiöse Erleuchtung und Wende in seinem Leben? Oder war Widukind einfach am Ende seiner Möglichkeiten und Kräfte angelangt, weiter Widerstand zu leisten? Wurde Widukind in eine Falle gelockt? Von Abbio, der vielleicht für Karl arbeitete und nur einmal im Zusammenhang mit Widukinds Taufe erwähnt wird, sonst nie? Wurde Widukind von Kaiser Karl unter Druck gesetzt, weil dieser vielleicht Familienangehörige oder Kinder von ihm als Geisel hatte und für die Freigabe die Unterwerfung verlangte? Oder war es ganz anders, und Karl der Große stand unter starkem Druck, endlich zu einem Ende der Sachsenkriege zu kommen – nicht zuletzt durch die Kritik vonseiten der Kirche? Sah Widukind darin seine Chance, im Gegenzug für Taufe und Unterwerfung Zugeständnisse von Karl zu verlangen? So könnte Widukind zum Beispiel für sich Straffreiheit oder Landbesitz und für die Sachsen den Erlass des Kirchenzehnten gefordert haben.

Diese Fragen zur Taufe Widukinds werden ungeklärt bleiben. Fest steht aber, dass die Taufe Widukinds, seine Wende von

der germanischen zur christlichen Religion, das entscheidende
Motiv der späteren Sagen um Widukind ist.

Nachleben

Als Nachkommen Widukinds werden sein Sohn Wikbert sowie
dessen Sohn Waltbert erwähnt. Waltbert hatte zwei Söhne, von
denen der eine Wikbert hieß, von dem anderen ist der Name
nicht bekannt. Dieser Wikbert, der Urenkel von Widukind, wurde Bischof von Verden.

Mathilde (896–968), die spätere Frau von Heinrich I., gilt als
bekannteste Nachfahrin von Widukind. Sie soll die Tochter von
Dietrich und dieser wiederum ein Enkel von Waltbert gewesen
sein – so berichtet es Widukind von Corvey. Und auch dieser
Widukind von Corvey (um 925–973), Mönch und Verfasser der
»Sachsengeschichte«, war wahrscheinlich ein Nachfahre bzw.
Verwandter von Widukind. Mathilde war es, die für den Nachruhm Widukinds sorgte und seine Gestalt mit Enger verband.
Und da Mathilde heiliggesprochen wurde, rückte in der Überlieferung die Taufe Widukinds in den Vordergrund. Denn man
wollte damit betonen, dass die heilige Mathilde von einem
Christen und nicht von einem Heiden abstamme.

Heinrich I. (876–936), der Mathilde heiratete, stammte aus
dem sächsischen Geschlecht der Liudolfinger, die später als
Ottonen bekannt wurden. Er war zunächst sächsischer Herzog und wurde dann im Jahr 919 König des ostfränkischen
Reiches. Durch seine Heirat im Jahr 909 mit Mathilde als einer
Nachfahrin von Widukind gewann Heinrich I. – damals noch
nicht König – erheblich an Ansehen. Die Großmutter von Mathilde, die ebenso wie ihre Enkelin hieß, war Äbtissin des Stiftes Herford, in dem auch Mathilde erzogen wurde. Nach dem
Tod Heinrichs gründete und leitete Mathilde ein Stift in
Quedlinburg. Und sie gründete auch das St.-Dionysius-Stift in
Enger, erbaut auf dem Platz, an dem Widukind angeblich eine Kirche errichtet hatte. Es ist unklar, ob schon vorher eine
Verbindung Widukinds mit dem Ort Enger bestand oder diese erst durch Mathilde entstand. Mathilde selbst starb in
Quedlinburg und fand dort, bei ihrem Mann, die letzte Ruhestätte.

Von Mathilde gibt es einmal eine ältere und zum anderen eine jüngere Biografie. Die ältere Biografie berichtet von sehr sagenhaften und historisch nicht zutreffenden Ereignissen, unter anderem, dass Karl der Große Widukind im Zweikampf besiegt hätte, ebenso, dass Widukind von Bonifatius getauft worden sei (obwohl dieser schon 754 gestorben war) oder dass Widukind die Kirche in Enger gegründet hätte.

Insgesamt kam Widukind in der mittelalterlichen und auch neuzeitlichen Geschichtsschreibung eine besondere Rolle zu. Wohl gerade weil es so wenig gesicherte Informationen über das Leben von Widukind gab, entstanden umso mehr Sagen um seine Gestalt und Ereignisse aus seinem Leben. Viele dieser Sagen beziehen sich auf Orte in Westfalen, wo die Erinnerung an Widukind bis heute präsent ist. Widukind soll adliger Herkunft gewesen sein. Sein Vater war, so heißt es, Werneken oder Warnechin, seine Mutter Gunhilde von Rügen. Widukind soll dann die Tochter des dänischen Königs Siegfried geheiratet und mit ihr Kinder gehabt haben. Es gibt verschiedene Erzählungen, die als Ort der Taufe Widukinds neben Attigny auch Hohensyburg, Paderborn oder Worms nennen. Und eine Tochter Widukinds soll eine Nebenfrau von Karl dem Großen gewesen sein.

Die Sagen berichten auch ausführlich über den Übertritt Widukinds zum Christentum: So hatte er als Bettler verkleidet an einer Messe teilgenommen und war davon sehr beeindruckt. Bei einem Ritt über das Wiehengebirge dachte er dann über den wahren Glauben nach und erwartete ein Zeichen, ob das Christentum die wahre Religion sei. Dabei blieb sein Pferd an einer Stelle stehen und scharrte am Boden einen Stein los, unter dem eine Quelle entsprang. Das war für Widukind das Zeichen, sich zum Christentum zu bekehren. An der Stelle ließ Widukind später eine Kirche erbauen, an der Stelle der heutigen Kirche von Bergkirchen, einem Ortsteil von Bad Oeynhausen An dieses Ereignis erinnert seit 1899 ein Denkmal von Widukind in Herford, geschaffen von Walter Kruse. Im Zweiten Weltkrieg wurde es eingeschmolzen und 1959 von Heinrich Wefing nach der Vorlage von Kruse neu geschaffen.

Überhaupt ist der Kreis Herford eng mit den Widukind-Sagen verbunden. Das Wappen des Kreises Herford zeigt ein schwarzes Pferd, das Pferd, das Widukind vor seiner Taufe geritten haben soll und das die Quelle entdeckte. Nach der Taufe soll Karl der Große ihm ein weißes Pferd geschenkt haben, das als Wappentier von Westfalen gilt. Dieses sogenannte Westfalenpferd oder Sachsenross ist auch Teil des Wappens des Bundeslandes Nordrhein-Westfalen. Bei den Sachsen kam dem Pferd eine besondere religiöse Bedeutung zu. Der Kreis Herford wird auch Widukindkreis, Wittekindkreis oder Wittekindland genannt. Sowohl im Niedersachsenlied als auch im Westfalenlied wird Widukind erwähnt. In der Stiftskirche von Enger soll Widukind begraben worden sein, noch heute befindet sich dort ein Sarkophag mit einer Grabplatte. Die Grabplatte stammt ungefähr aus dem Jahr 1100 und zeigt eine Darstellung Widukinds als König. An der linken Seite des Grabmals steht in lateinischer Sprache:»Grabmal Wittekinds, des Sohnes Warnechins, König der Angrivarier, des tapferen Heerführers der zwölf Häupter des Sachsenlandes.« An der rechten Seite ist übersetzt zu lesen: »Er gründete das Dionisyus-Kolleg zu Ehren des Allerhöchsten und festigte es durch Verleihung von Privilegien und Einkünften; er starb im Jahre des Herrn 807 und hinterließ das Reich seinem Sohn Wigbert.« Das Dionisyus-Stift verlegte man im 15. Jh. nach Herford. Auch die angeblichen Gebeine Widukinds überführte man dorthin, 1822 kamen sie wieder zurück nach Enger und wurden dort an der hinteren Chorwand aufbewahrt. Ende des 20. Jahrhunderts wurden die Gräber von drei Männern im Chor der Kirche von Enger untersucht: zwei Männer waren im Alter von 60 Jahren, der dritte war jünger. Man weiß allerdings bis heute nicht, ob die Männer miteinander verwandt waren und erst recht nicht, ob das mittlere Grab das von Widukind ist. Kaiser Karl IV. kam auf seiner Reise nach Westfalen auch nach Enger, um das Grab Widukinds zu besuchen und ließ die Tumba erneuern. Und bis heute singen Kinder zum Timpkenfest am 6. Januar das Lied von König Weking, von Widukind:»Kinder, kommt zum Timpkenfest! Strömt herbei, ihr Leckerschnuten. Wenn ihr Weking nicht vergesst, kriegt ihr alle Timpkenstuten.«

Mit Karl dem Großen ist Widukind für die Nachwelt durch die Sachsenkriege verbunden. So malte der Historienmaler Alfred Rehtel, der im 19. Jh. den Krönungssaal im Aachener Rathaus mit einem Bilderzyklus aus dem Leben von Karl dem Großen ausschmückte, auch eine Szene von der Taufe Widukinds. Eine Renaissance von fraglicher Art erfuhr Widukind in der

Zeit des Nationalsozialismus, als die Sachsen und Widukind als neue Germanen den Franken und Karl dem Großen als »alte« Germanen gegenübergestellt wurden. Hitler symbolisierte die Reinkarnation Widukinds. Karl der Große wurde als Sachsenschlächter gesehen, seine Bischöfe als romhörig und die Franken als nicht mehr reine, sondern überfremdete Germanen.

15. Exkurs: Wikinger –
Die Germanen des Nordens

Die Wikinger sind bis heute in Erinnerung geblieben als Seefahrer und Piraten, die vom Norden her Atlantik, Ostsee, Mittelmeer und Schwarzes Meer mit ihren Schiffen befuhren und vor allem an den Küsten Westeuropas ihre Piratenüberfälle unternahmen. Aber Wikinger waren auch Händler, die auf ihren Handelsrouten über das Gebiet des heutigen Russlands bis nach Bagdad und Konstantinopel kamen. Wikinger waren es, die Grönland und Amerika entdeckten und sich dort ansiedelten, Jahrhunderte vor Kolumbus.

»Wikinger« ist heute die allgemeine Bezeichnung für die Nordgermanen in Skandinavien. Die ursprüngliche Bedeutung des Wortes Wikinger ist unklar. Schon sehr früh wurden mit »Wikinger« Piraten bezeichnet, die auf »viking«, d. h. auf Beutezug bzw. Wikingerfahrt gehen. Statt Wikinger werden auch andere Bezeichnungen verwendet. Rus oder Waräger werden die – meist schwedischen Händler – genannt, die nach Osten zogen, in Russland zunächst Handel trieben, sich dort niederließen und auf ihren Fahrten bis Bagdad und Konstantinopel kamen. Am Hof des Kaisers von Byzanz gab es die bekannte Warägergarde, die als Leibwächter des Kaisers diente. Auch Nordmänner oder Normannen nannte man die Wikinger. Normannen waren die Wikinger, die sich in der Normandie niederließen und später England eroberten und dort sesshaft wurden. In der Anfangszeit traten die Wikinger als Piraten und Krieger auf, und ihre Überfälle waren gefürchtet – aber auch als Händler traten sie auf. Raubzüge und Handelsfahrten prägen die erste Phase der Wikingerzeit. Die zweite Phase der Wikingerzeit ist gekennzeichnet durch die Machtkämpfe der Könige in Skandinavien sowie die Bildung der Königreiche Dänemark, Norwegen und Schweden.

Die Zeit der Wikinger ist ziemlich genau eingegrenzt durch zwei kriegerische Daten: den Wikingerüberfall auf das Kloster Lindisfarne 793 in England und die Schlacht von Hastings 1066, ebenfalls in England. Die Wikingerzeit begann mit einem Paukenschlag, der für Schrecken in ganz Europa führte: Wikinger landeten an der Nordostküste Englands in der heutigen Grafschaft Northumberland und plünderten und brandschatzten das in der damaligen Christenheit bedeutende Kloster Lindisfarne. 795 erfolgt die erste Wikingerinvasion in Irland, 799 kommt es zu ersten Wikingerüberfällen auf dem Festland, an der Küste Westfrankreichs. Aber erst nachdem 878 König Alfred der Große den Angriff eines Wikingerheeres in der Schlacht von Edington (Wiltshire) erfolgreich abwehren kann, ziehen sich die Wikinger aus England zurück und konzentrieren ihre Überfälle nun auf das Festland, zunächst im Gebiet des heutigen Belgiens und der Niederlande. Auch Karl der Große rüstete sich schon um 800 gegen Wikingerangriffe. Als Karls Nachfolger und Sohn Ludwig der Fromme 833 abgesetzt wurde und durch den Erbfolgestreit seiner Söhne das Frankenreich geschwächt war, hatten es die Wikinger leicht, vorzudringen. Ihre Raubzüge begannen 835 auf der Klosterinsel Noirmoutier an der Mündung der Loire, und weitere Raubzüge folgten: 841 Rouen an der Seine, 843 Nantes, 845 Paris und Hamburg, 862/63 Köln. In den Jahren 881 und 882 überfielen Wikingerheere Lüttich, Maastricht, Tongern, Aachen, Jülich, Neuss, Köln, Zülpich, das reiche Kloster Prüm in der Eifel und Bonn. Bis Mainz und Trier gelangten die Wikinger auf ihren Zügen.

Den Wikingerüberfällen konnten die Franken meist nichts entgegensetzen, außer dass sie Lösegeld zahlten, das sogenannte Dänengeld, oder dass sie ganze Gebiete den Wikingern als Lehen überließen. So konnten die Wikinger fast ein Jahr lang Paris belagern, dann zahlte Karl III. ihnen Lösegeld und beendete so die Belagerung. Karl der Einfältige überließ dem Wikinger Rollo im Nordwesten Frankreichs 911 per Vertrag ein Gebiet als Lehen, das Kerngebiet der späteren Normandie. Rollo ließ sich mit seiner Gefolgschaft taufen, die Wikinger passten sich an die neue Heimat an, nicht zuletzt durch die Heiraten mit einheimischen Frauen. Rollo wurde in der Kathedrale von Rouen beigesetzt. Die Nachfolger Rollos erhielten die Herzogswürde. Und ein Nachkomme, Wilhelm der Eroberer, Herzog der Normandie, eroberte 1066 England.

Auch Richtung Süden unternahmen die Wikinger Raubzüge, allerdings gibt es darüber nur wenig Berichte. Bekannt sind die Raubzüge von Björn Eisenseite und Hástein in den Jahren 859 bis 862, die von ihrem Winterquartier an der Loire über Spanien bis nach Nordafrika und auf die Balearen gelangen. Sie überwinterten auf einer Insel im Rhonedelta und fuhren dann im Frühjahr nach Italien, wo sie wahrscheinlich Pisa und Luna eroberten. Wie weit sie bei dieser Fahrt kamen, ist nicht bekannt. Auf ihre Rückfahrt durch die Straße von Gibraltar wurden sie von Arabern angegriffen und verloren über die Hälfte ihrer Schiffe.

In der zweiten Phase der Wikingerzeit entstanden die Königreiche Dänemark, Norwegen und Schweden. Als einer der ersten Könige von Dänemark wird Godfred (Göttrik, † 810) genannt, der in Haithabu residierte. Er unternahm Plünderungszüge in Friesland. Zu einem Kampf mit den Franken kam es nicht mehr, da Godfred 810 ermordet wurde. Von den Nachfolgern wissen wir kaum etwas. Im 10. Jh. wurde Gorm der Alte Herrscher eines gut organisierten Reiches. Harald Blauzahn (reg. 958–987) kann Dänemark unter seiner Herrschaft einigen, er wird 770 auch König von Norwegen. Unter ihm wurde Dänemark christlich. Das führte zum Konflikt mit seinem Sohn Sven Gabelbart, der an der alten Wikingertradition festhielt. Sven besiegt seinen Vater in der Schlacht von Helgenes um 986. Harald Blauzahn muss fliehen und stirbt bald darauf. Sein Nachfolger Sven Gabelbart (reg. 987–1014) war durch Raubzüge reich geworden, sodass er nicht zuletzt darauf seine Macht aufbauen konnte. Er war der erste dänische König, der nicht nur den Süden Norwegens, sondern auch England beherrschte. Seinem Sohn und Nachfolger Knut dem Großen (reg. 1016/19–1035) gelang es, ein nordisches Großreich zu schaffen, sodass er König von Dänemark, Norwegen, Schweden und England war. Allerdings verlor Knut wohl schon zu Lebzeiten das norwegische Reich, und seine Nachfolger verloren 1042 die dänische Herrschaft über England.

Der erste Alleinherrscher in Norwegen war Harald Schönhaar (reg. ca. 870–933). Olaf Tryggvason (reg. 995–1000) führte die Einheit des norwegischen Reiches weiter voran und begann auch, das Land zu christianisieren. Im Jahr 1000 wurde er in der Schlacht von Svolder von den miteinander Verbündeten, König Sven Gabelhart von Dänemark und dem schwedischen König Olof Skötkonung (980–1021/22), besiegt. Olaf stürzte sich von seinem Schiff. Olaf Haraldsson (reg.1016–1028), Olaf der Heilige genannt, gelang es, die Gebiete des Ostlandes in sein Herrschaftsgebiet zu integrieren und die Christianisierung des Landes fortzuführen. 1030 wurde Olaf von seinen innenpolitischen Gegnern besiegt und in der Schlacht von Stiklestad getötet. Seine Nachfolger waren sein Sohn Magnus und – als dieser starb – Harald Sigurdsson (reg. 1047–1066) bzw. Harald der Harte. Als dieser Ansprüche auf den englischen Thron erhob, wurde er in der Schlacht von Stamford Bridge bei Hastings in England am 25.9.1066 besiegt und getötet. Dieses Datum gilt auch offiziell als das Ende der Wikingerzeit. Aber auch in England wird die Herrschaft von den Nachfahren der Wikinger fortgesetzt: Der Normanne Wilhelm der Eroberer, ein Nachfahre von Rollo, übernimmt den Königsthron in England.

Die Wikinger lebten in Skandinavien von Viehzucht, Ackerbau, von der Jagd und dem Fischfang. Rinder, Schafe und Schweine lieferten Fleisch, Milch, Käse und Felle. Auf den Feldern wurden Hafer, Roggen und Gerste angebaut. Die Häuser der Wikinger waren in der Regel Langhäuser, die unterteilt waren in Wohnraum, Stall und Vorratsräume. Die Häuser bestanden aus Flechtwerk mit verputztem Lehm, die Norweger und Schweden bauten daneben auch Blockhäuser aus Holz. Insgesamt waren die wirtschaftlichen Erträge karg und immer bedroht von Unwetter oder Sturmfluten. Das war auch der Grund, warum die Wikinger auf Viking, auf Beutezüge gingen.

Wie erwähnt leitet sich »Wikinger« von dem Wort »viking« ab. »Auf Viking gehen« war der Ausdruck dafür, dass man einen Plünderungs- oder Raubzug unternahm. In der Regel unternahmen die Wikinger im Sommer ihre Plünderungsfahrten an den Küsten und auf den Flüssen Europas, im Winter kehrten sie in ihre Heimat zurück. Es kam aber später auch vor, dass sie »auswärts«, dort, wo sie waren, überwinterten.

Aber nicht nur Plünderungsfahrten, sondern auch Handelsfahrten unternahmen die Wikinger, von der Ostsee bis zum Schwarzen Meer und bis nach Konstantinopel. Haithabu war nicht nur der bedeutendste Handelsplatz der Wikinger in Schleswig, sondern es war damals eine Drehscheibe des Handels für Kaufleute aus skandinavischen und slawischen Ländern sowie Norddeutschland und dem Rheinland. Haithabu war zunächst unter dänischer, dann schwedischer und deutscher Herrschaft, bis es dann schließlich von Harald dem Harten überfallen und vollständig zerstört wurde. »Verbrannt wurde von einem Ende zum anderen ganz Haithabu im Zorn«, wie es in einem Gedicht von Harald selbst heißt. Heute gehört der Ort zu Deutschland (Kreis Flensburg) und seit 1985 befindet sich dort ein Wikinger-Museum. Weitere Handelsorte und –siedlungen der Wikinger waren Birka, Helgö und Trelleborg in Schweden oder Aggersborg in Dänemark.

Den Wikingerkrieger mit Hörnerhelm hat es nie gegeben, aber das Klischee hat sich bis heute erhalten. In der Bronzezeit kannte man zwar solche Helme, aber nicht in der Wikingerzeit. Die Kleidung der Wikingermänner war ein kittelartiges Hemd und eine lange Hose, im Winter auch Pelzjacke und -mütze. Und in dieser ganz zivilen Kleidung zogen die meisten Wikinger auch in den Kampf, eventuell auch mit Lederjacke und -mütze als Schutz. Nur die Oberschicht konnte sich mit Kettenhemd und konischem Helm – ohne Hörner – ausstatten. Die Hauptwaffe des Kriegers war ein ca. ein Meter langes Schwert, daneben verwendete man auch die Streitaxt, Speer, ein kurzes Schwert, Messer, Pfeil und Bogen sowie Schutzschild. Die Überfälle der Wikinger erfolgten, nach vorheriger Sondierung der Lage, plötzlich vom Schiff aus, und sie zogen sich ebenso schnell zurück. Aber auch auf dem Lande zu Pferde erfolgten Überfälle. Die Krieger hatten in der Gesellschaft eine angesehene Position, das zeigt schon die Vorstellung von Walhall, dem Paradies der im Kampf gefallenen Krieger. Eine besondere Form der Wikingerkrieger waren die Berseker (altnord. = Bärenhäuter), die, in Bärenfell bekleidet, wie im Rausch im Kampf tollkühn alles »niedermähten«, wie es in der Ynlingsaga heißt. Man vermutet, dass diese als unverwundbar geltenden Krieger wohl – wie wir heute sagen würden – gedopt waren, z. B. durch den Genuss von Fliegenpilz, der zu einer entsprechende Ekstase führte.

Unser heutiges Bild von den Wikingern wird maßgeblich von ihren Schiffen und ihren Schiffsfahrten geprägt. Und die Schiffe waren es, die den Erfolg der Wikinger bei ihren Raubzügen sicherten. Die Wikingerschiffe waren Segelschiffe von durchschnittlich zwanzig Meter Länge und fünf Meter Breite. Der Segelmast war klappbar, bei Windstille konnte man rudern. Der Kiel war flach, die Steven (die Enden des Kiels) waren hoch und mit Drachenköpfen oder Schnecken verziert. Je nach Schmuck unterschied man Drachenschiffe *(Dreki)* oder Schneckenschiffe *(Snekka)*. Was die Wikingerschiffe von den Schiffen anderer Völker unterschied war ihre enorme Schnelligkeit, weil sie flach im Wasser lagen und leicht waren. Sie konnten auch gut über Land transportiert werden, indem man sie über Baumstämme rollte. Mit diesen Schiffen war es den Wikingern möglich, ihre Überfälle so schnell durchzuführen, dass die Gegner kaum eine Chance hatten, darauf zu reagieren. Die Wikinger kannten natürlich auch Handelsschiffe, die für den Transport gebaut wurden und daher auch größer und schwerer waren.

Die Gesellschaft war hierarchisch gegliedert: An der Spitze standen König und adlige Oberschicht, zu denen die Jarle (Fürsten) oder Häuptlinge der einzelnen Gebiete gehörten, es folgten die Krieger, Bauern, Handwerker, Händler und Sklaven. Der König musste sich oft gegen die Jarle und die Häuptlinge seines Herrschaftsgebietes durchsetzen oder sich mit ihnen einigen. Das Thing war die Ratsversammlung der waffenfähigen bzw. volljährigen Männer, auf denen Beschlüsse zu politischen oder gesellschaftlichen Belangen gefasst wurden. In Island hieß diese Versammlung Althing, bis heute heißt das isländische Parlament Althing. Eine Besonderheit in Island sind die Goden, ursprünglich Häuptlinge, die später als Regierungsmitglieder und Großgrundbesitzer die mächtigsten Männer im Land waren.

In der patriarchalischen Welt der Wikinger war die Frau dem Mann untergeordnet, aber es ergaben sich doch manche Ausnahmen. So waren die Raubzüge von Wikingern zwar prinzipiell Männersache, aber bei der Besiedlung neuer Gebiete wie Island, Grönland oder Amerika werden auch Frauen namentlich genannt. Und während die Männer auf Raubzügen unterwegs waren, übernahmen die Frauen oft die Verantwortung und die Leitung von Haus und Hof. Auch als Händlerinnen waren Wikingerinnen tätig. Als Zauberinnen und Seherinnen waren Frauen geachtet. Männer hatten zwar offiziell nur eine Ehefrau, Beziehungen zu Nebenfrauen waren aber erlaubt.

Über die Mythologie der Wikinger sind wir durch die Lieder-Edda und Snorri-Edda gut informiert (vgl. Kap. Snorri Sturluson). Die Edda prägt bis heute maßgeblich unser Bild von der germanischen Götter- und Heldenwelt. Priester und Tempel kannten die Wikinger nicht. Die Art und Weise der Bestattung war sehr unterschiedlich – zunächst war die Verbrennung der Leichname üblich, später die Körperbestattung. Den Toten wurden Lebensmittel und Getränke samt Geschirr, Hunden und

Pferden als Grabbeigaben mitgegeben, den Männern dazu Waffen und Werkzeuge, den Frauen Schmuck und Haushaltsgeräte. Eine Besonderheit der Wikinger sind die Schiffsgräber: Herrscher und Angehörige der Oberschicht wurden in einem Schiff beigesetzt, über dem man ein Hügelgrab errichtete. Bedeutende Fundorte von Schiffsgräbern sind Haithabu, Oseberg (Oslofjord, Norwegen) und Gokstad (Sandefjord, Norwegen). Neben dem Begräbnis eines Schiffes war es auch üblich, das Schiff mit dem Toten zu verbrennen. So berichtet Ahmad Ibn Fadlan, ein Araber, der das Gebiet der Wolga bereiste, in seinem Reisebericht von 971/72 von einem solchen Begräbnis, bei dem der Tote mit seinem Schiff einschließlich Waren und einer Sklavin verbrannt wurde. Die wichtigsten Wikingerfeste waren das der Sonnenwende bzw. der Tag- und Nachtgleiche im Sommer und im Winter. Das Fest der Wintersonnenwende ist bis heute bekannt als Julfest.

Wie die anderen Germanen kannten die Wikinger die Runenschrift. Bekannte Runen-Zeugnisse sind die sogenannten Jellingsteine. Dies sind zwei große Steine mit Runeninschriften, errichtet von zwei dänischen Königen: König Gnom, der Gründer der Jelling-Dynastie, ließ einen Stein für seine Frau Thyra, und Gnoms Sohn Harald ließ einen Stein für seinen Vater Gnom errichten. Ein ähnlicher Stein mit Bild und Inschrift ist der von Hunnestad (Marsvinsholm, Schweden), der aber im 18. Jh. zerstört wurde und uns heute nur von Abbildungen bekannt ist.

16. Olga von Kiew –
Der Anfang Russlands

Olga von Kiew († 11.7.969) übernahm nach dem Tod ihres Mannes Igor, Sohn von Rjurik, dem Begründer der Dynastie der Rjurikiden, 912 die Herrschaft für ihren Sohn Swjatoslaw. Olga konnte sich erfolgreich gegen die Feinde ihres Mannes, die Derevljanen, durchsetzen. Als Großfürstin von Kiew und Regentin der Rus schuf sie die Grundlagen für das spätere Russland. Und dies sowohl in politischer Hinsicht durch ihre Kontakte zum Kaiser von Konstantinopel und zu Otto I., als auch durch den Beginn der Christianisierung Russlands, die ihr Enkel Wladimir zu Ende führte. Seit 1547 ist Olga »die Heilige« Russlands. Ihre Nachkommen, die Rjurikiden, blieben bis 1598 die Herrscher- und Zarendynastie in Russland.

Die Anfänge der Rjurikiden

Nicht nur nach West- und Mitteleuropa, sondern auch nach Osteuropa bis ins ferne Arabien kamen die Wikinger. Während die dänischen und norwegischen Westwikinger sich in an den Küsten Europas als Krieger und Piraten präsentierten, traten die Ostwikinger in Osteuropa als Händler auf. Vor allem die Schweden, auch Waräger genannt, pflegten Handelsbeziehungen mit den slawischen Völkern Osteuropas. Der Handelsweg verlief bis Petersburg übers Meer, dann auf dem Fluss Wolchow bis Moskau und von dort über die Flüsse Dnjepr oder Wolga bis ins Schwarze Meer. Einerseits war die Verbindung der Ostsee und des Schwarzen Meeres dabei ein großer Vorteil für die Handelsreisen, andererseits war so eine Reise zu dieser Zeit nicht nur schwierig, sondern sogar lebensgefährlich. Die Waräger siedelten sich zuerst um 750 in Alt-Ladoga (Staraja Ladoga) an, wo sie mit Slawen und Finnen zusammenlebten. Die Nestorchronik, berichtet aber, dass um 862 die Slawen die Waräger vertrieben hätten und ihnen den Tribut verweigerten. Als die Waräger vertrieben waren, kam es zu Streit und Kampf der Slawen untereinander. In der Nestorchronik heißt es dann: »Und sie sagten untereinander: Lasset uns einen Fürsten suchen, der über uns herrsche und der anordne nach Recht! Und sie fuhren über das Meer zu den Warägern, zu den Rus. Denn so hießen diese Waräger: die Rus. Wie nämlich andere [Waräger] Schweden heißen, andere aber Normannen, Angeln und andere Goten, so auch diese. Und es sagten die Čud, die Slovenen und die Krivičen zu den Rus: Unser Land ist groß und hat Überfluss, aber es ist keine Ordnung. So kommt, Fürst zu sein und über uns zu herrschen! Und es wurden drei Brüder ausgewählt mit ihren Sippen, und sie nahmen mit sich die ganz Rus. Und sie kamen zuerst zu den Slovenen und zimmerten die Stadt Ládoga, und in Ládoga ließ sich der Älteste nieder, Rjurik; und der zweite, Sínesu, am Beloózero und der dritte, Trútor, in Izbórsk. Und von den Warägern erhielt das Russische Land seinen Namen« (Nestorchronik, 862, 5–14). Dies geschah im Jahr 862. Als seine beiden Brüder nach zwei Jahren starben, übernahm Rjurik (ca. 830–879) die Alleinherrschaft, gründete die Stadt Nowgorod und machte sie zu seiner Residenz. Bis heute wird diskutiert, ob Rjurik und seine Brüder historische Personen sind oder ob es sich bei diesem Bericht über die Gründung der Rus um eine Legende handelt. Dabei tendiert man eher dazu, Rjurik als historischen Gründer Russlands und der Rjurikiden-Dynastie zu sehen. Aus der Dynastie der Rjurikiden stammten bis 1598 alle Herrscher und Zaren Russlands.

Die Bezeichnung Rus wird heute weitgehend als die finnische Bezeichnung für Schweden bzw. Nordgermanen gedeutet (abgeleitet von *rus*, altgerm. = Ruder). Rus wurde dann nicht nur zum Namen des Volkes der Russen, sondern auch für das Land. Schon im 18. Jh. vertrat man die These, dass das frührussische Reich auf eine Gründung der Wikinger zurückgeht. Im Zuge des russischen Nationalismus widersprach man dieser These. Man vertrat dagegen den sogenannten Antinormannismus, der den Normannen und deren Fernhandel nur eine sehr geringe Rolle bei der Entstehung Russlands zugestand und in der Normannentheorie eine Deskreditierung der Slawen sah. Der Antinormannismus wurde von Stalin stark forciert und wird vereinzelt heute noch vertreten. Archäologische Funde von skandinavischer Herkunft widerlegen allerdings den Antinormannismus und beweisen den Einfluss der Normannen bzw. Waräger bei der Entstehung Russlands. Es ist davon auszugehen, dass die Rus eine Minderheit waren, die aber die

Herrschaft ausübte. Sehr schnell ist eine Slawisierung der Rus zu beobachten, d. h. eine Anpassung der Rus an die slawische Mehrheitsbevölkerung. Dies zeigt sich vor allem an den Namen der Rus: Anfänglich hatten die Rjurikiden nordische Namen, die an die slawische Sprache angepasst waren, sodass Helgi zu Oleg oder Helga zu Olga wurde. Schon der Sohn von Olga, Swjatoslaw zeigt, dass sehr schnell dann slawische statt nordische Namen verwendet wurden und dass die Dynastie Rjuriks bzw. die Rjurikiden auf dem besten Wege waren, slawisiert zu werden.

Generell sind kulturelle Spuren der Wikinger in der weiteren Geschichte nicht mehr festzustellen. Handel und Politik waren die Verdienste der Wikinger in der Geschichte der Rus, nicht Bauten, Kunsthandwerke etc.

Die Hauptquelle für die frühe Geschichte der Rjurikiden und der Rus ist die in slawischer Sprache niedergeschriebene Nestorchronik. Benannt wurde sie nach dem Mönch Nestor von Kiew, weil man meinte, dass er der Autor der Chronik sei, was aber wohl nicht zutrifft. Im Jahre 1116 stellte Silvester, der Abt des Widubizki-Klosters in Kiew, die uns heute erhaltene Textversion der Nestorchronik aus mehreren Quellen zusammen. Inhaltlich erzählt die Nestorchronik die Geschichte Russlands von den Anfängen bis zum Jahr 1116. Es ist kein historisches Annalenwerk im heutigen Sinne: Die Nestorchronik enthält neben historischen Fakten auch Legenden, und sie betont die heilsgeschichtliche Bedeutung Russlands.

Nachdem Rjurik im Jahr 879 starb, übernahm ein Verwandter von ihm namens Oleg die Herrschaft. Er führte stellvertretend die Regierung für Rjuriks Sohn Igor, der noch ein Kind war. Oleg konnte Kiew erobern und machte die Stadt zur »Mutter für die russischen Städte«. Oleg war somit der eigentliche Reichsgründer der Rus, indem er den nördlichen und südlichen Teil des Landes miteinander vereinigte. Von Olegs Tod wird in der Nestorchronik berichtet, dass ihm geweissagt wurde, dass er durch sein Pferd, das er ritt und liebte, sterben werde. Fortan ritt er nicht mehr auf dem Pferd. Dann wurde er nach einigen Jahren benachrichtigt, dass sein Pferd gestorben sei. Er schmähte die Wahrsagung und wollte sein Pferd noch einmal sehen. Als er vor dem Gerippe stand, schoss eine Schlange aus dem Schädel hervor und biss ihn. An diesem Schlangenbiss starb

Oleg. Dies als Beispiel dafür, wie sich in der Nestorchronik Geschichte und Legende vermischen

Olga, Herrscherin und Heilige der Rus

Nach dem Tod Olegs 912 übernahm Igor die Herrschaft über Kiew und Nowgorod. Er heiratete Olga. Igor führte zunächst erfolgreiche Feldzüge, so gegen die Stämme der Derevljanen und Pečenegen, besiegte sie und legte ihnen Tribut auf, wie es in der Nestorchronik heißt. Mit Konstantinopel schloss er einen Friedensvertrag. Danach erzählt die Nestorchronik: »Igor aber begann in Kiev zu herrschen, und er hatte Friede mit allen Ländern. Und der Herbst kam heran; und er begann, gegen die Derevljanen zu sinnen, indem er einen höheren Tribut ersinnen wollte.« (ebd., 945, 66 f.) Doch diese Gier sollte ihm zum Verhängnis werden. Denn bei dem Feldzug, den er 945 gegen die Derevljanen unternahm, eben um einen höheren Tribut einzutreiben, kam Igor ums Leben. Seine Frau Olga übernahm die Herrschaft für ihren Sohn Swjatoslaw.

Herkunft und Geburtsjahr von Olga sind unbekannt. Gestorben ist sie am 11.7.969. Bezüglich ihrer Herkunft gibt es verschiedene Versionen: Die Nestor-Chronik erwähnt nur kurz, dass man Igor im Jahre 903 »zur Ehe eine Frau aus Pskov mit Namen Olga« (ebd., 903, 3) gab. Oleg hatte sie wahrscheinlich aus einer adligen Familie für Igor ausgewählt. Nach anderen Quellen aus dem 13./14. Jh. stammte Olga aus Vybutin und soll die Tochter oder auch Urenkelin von Gostomysl, dem legendären Fürsten bzw. Statthalter von Nowgorod gewesen sein. Wieder andere Traditionen sehen Olga als Tochter Olegs oder von bulgarischer Herkunft. Ein Hinweis auf die slawische Herkunft Olgas oder auch von Igors Mutter könnte der slawische Name ihres Sohnes Swjatoslaw sein.

Als Igor gestorben war, musste sich Olga als Frau ganz alleine mit den feindlichen Derevljanen auseinandersetzen. Und dies gelang ihr mit Bravour. Der Bericht darüber in der Nestorchronik beschreibt sie als Powerfrau, die sich an der Ermordung ihrs Mannes rächte. Die Derevljanen waren ein ostslawischer Stamm in Polesien, zu dem Gebiete des heutigen Weißrusslands, der Ukraine, Russlands und Polens gehören. Die Nestorchronik berichtet, wie die Derevjlanen eine Gesandtschaft an Olga schickten, damit sie ihren Fürsten heiraten sollte: »Es sagten aber die Derevljanen: Siehe, den russischen Fürsten haben wir erschlagen. Lasst uns sein Weib Olga für unseren Fürsten Mal zur Frau nehmen (…) Und man berichtete Olga: Derevljanen sind gekommen. Und Olga lud sie zu sich ein (…) Und Olga sagte zu ihnen: So sprecht: Weswegen seid ihr hierhergekommen? Die Derevljanen sagten: Deinen Mann haben wir erschlagen; denn dein Mann war wie ein Wolf: raubend und plündernd; unsere Fürsten aber sind gut, die das Derevljanen-Land geweidet haben. Und nun heirate unseren Fürsten, den Mal. Olga aber sagte zu ihnen: Lieb ist mir eure Rede. Meinen Mann kann ich ja nicht mehr auferwecken. Aber ich will euch morgen Ehre erweisen vor meinen Leuten. Nun aber geht in euer Boot und legt euch hochgemut nieder in dem Boote. Morgen werde ich nach euch senden; ihr aber sagt dann: Wir reiten nicht auf Pferden, noch gehen wir zu Fuß; sondern tragt uns im Boote! Und sie werden euch im Boot hinauftragen. Und sie entließ sie in ihr Boot. Olga aber befahl, auf dem Hof des Palastes außerhalb der Stadt eine große und tiefe Grube zu graben. Und am anderen Morgen saß Olga im Palast und sandte nach den Gästen. Und sie [die Boten] kamen zu ihnen und sprachen: Olga lädt euch zu großer Ehre. Sie aber sagten: Wir reiten nicht auf Pferden, noch fahren wir auf Wagen, noch gehen wir zu Fuß; tragt uns vielmehr im Boot! Die Kiever aber sagten: Uns bleibt nichts übrig: unser Fürst ist erschlagen und unsere Fürstin will euren Fürsten heiraten. Und sie trugen sie im Boot; die aber saßen stolz, sich brüstend in ihrem großen Brustspangen. Und man trug sie auf den Hof zu Olga. Und als man sie dorthin gebracht hatte, warf man sie in die Grube, mit dem Boot. Und Olga beugte sich hinab und sagte zu ihnen: Ist sie gut, die Ehre, die ich euch erweise? Die aber sagten: Sie ist uns schlimmer als der Tod Igors. Und sie befahl, sie lebendig zuzuschütten, und man schüttete sie ein.

Und Olga sandte hin zu den Derevljanen und ließ ihnen sagen: Wenn ihr in Wahrheit um mich freit, dann sendet zu mir edle Männer, damit ich mit großem Ehrengeleit komme, euren Fürsten zu heiraten; sonst lassen mich die Leute von Kiev nicht ziehen. Als die Derevljanen dies hörten, wählten sie vornehme Männer, die das Derevljanen-Land innehatten, aus und sandten sie, sie zu holen. Als die Derevljanen aber angekommen waren, befahl Olga ihnen, eine Waschung zu vollziehen, indem sie so sagen ließ: Wenn ihr euch gewaschen habt, kommt zu mir! Und man überheizte das Badehaus, und die Derevljanen gingen hinein und begannen sich zu waschen; und man verschloss hinter ihnen das Badehaus, und sie befahl, sie von der Tür her anzuzünden, und da verbrannten sie alle. Und sie sandte zu den Derevljanen und ließ also sagen: Siehe, jetzt komme ich zu euch. So bereitet viel Met in der Stadt, wo ihr meinen Mann erschlagen habt, dass ich Totenklage halte über seinem Grab und meinem Mann eine Totenklage veranstalte. Jene aber, da sie das hörten, fuhren sehr viel Honig zusammen und kochten ihn. Olga aber nahm eine kleine Gefolgschaft und zog im Eilmarsch und kam zu seinem Grab und hielt Totenklage über ihren Mann. Und sie befahl ihren Leuten, einen großen Grabhügel aufzuschütten; und als sie ihn aufgeschüttet hatten, befahl sie, eine Totenfeier zu veranstalten. (...) Und als die Derevljanen schon angetrunken waren, befahl sie ihren Jungmannen, gegen sie zu trinken. Sie selbst ging aber beiseite und befahl ihren Jungmannen, die Derevljanen niederzuhauen. Und sie schlugen ihrer 5.000 nieder. Olga aber kehrte zurück nach Kiev und stellte Krieger gegen die auf, die übrig geblieben waren.« (ebd., 945, 96-141) Olga ließ die Stadt Iskorosten niederbrennen, ein Teil der Derevljanen wurde getötet oder versklavt, dem Rest wurde ein hoher Tribut auferlegt. Ein Drittel des Tributs nahm Olga für ihren Lebensunterhalt, die anderen zwei Drittel für die Stadt Kiew. Olga selbst residierte fortan in Nowgorod.

Diese Erzählung ist zwar mehr Sage als dass sie historisch genaue Fakten wiedergibt. Aber sie hat einen durchaus historischen Hintergrund: Olga wird als tatkräftige Powerfrau dargestellt, die sich gegen die Derevljanen durchsetzt und die sich ebenso als fähige Regentin erweist. Auch ihre Schönheit und Klugheit wird an anderer Stelle in der Nestorchronik hervorgehoben.

Olga regierte bis in die 960er Jahre für ihren Sohn Swjatoslaw. Auch danach übernahm sie noch oft die Regierungsgeschäfte, da ihr Sohn häufig auswärts Kriegszüge unternahm. Olga baute ein Verwaltungssystem mit Steuern und Tributen auf und schuf so die Basis für das spätere Russland. Aber nicht nur das, Olga war es auch, die die Christianisierung Russlands begann und dafür heiliggesprochen wurde.

So war ein weiteres entscheidendes Ereignis im Leben der Olga mit weltgeschichtlicher Auswirkung ihre Taufe, die wahrscheinlich in Konstantinopel im Jahr 955 stattfand. Zu dieser Zeit war Konstantin VII. Kaiser in Konstantinopel. Die Nestorchronik berichtet wie folgt über die Begegnung zwischen Olga und dem Kaiser bzw. »Zaren«, der ihr zunächst ein Heiratsangebot macht: »Und da der Zar sah, dass sie [Olga] sehr schön war von Angesicht und sehr klug, wunderte er sich ihres Verstandes und sprach zu ihr und sagte: Du bist geeignet, in dieser Stadt mit uns zu herrschen. Sie aber verstand [seine Absicht] und sagte zum Zaren: Ich bin Heidin; aber wenn du mich taufen willst, so taufe mich selbst; sonst lasse ich mich nicht taufen. Und der Zar taufte sie mit dem Patriarchen. Da sie aber erleuchtet war, freute sie sich an Seele und Leib. Und der Patriarch belehrte sie über den Glauben und sagte zu ihr: Du bist gesegnet unter den russischen Frauen, denn du hast das Licht lieb gewonnen und die Finsternis verlassen. Segnen werden dich die Russensöhne noch bis in das letzte Geschlecht deiner Enkel. (…) Und nach der Taufe rief sie der Zar und sagte zu ihr: Ich will dich mir zur Frau nehmen. Sie aber sagte: Wie willst du mich [zur Frau] nehmen, nachdem du mich selbst getauft und mich Tochter genannt hast? Unter Christen gibt es doch dieses Gesetz nicht, und du selbst weißt [das]. Und der Zar sagte: Du hast mich überlistet, Olga! Und er gab ihr viele Gaben, Gold und Silber und edle Tuche und verschiedenartige Gefäße. Und er entließ sie, nachdem er sie seine Tochter genannt hatte.« (ebd., 955, 5–23) Olga wurde auf den Namen Elena (Helena), nach der Mutter von Konstantin dem Großen, getauft. Zurück in Kiew, schickte ihr der Kaiser nochmals eine Gesandtschaft und fragte nach Gegengeschenken von Sklaven, Wachs, Pelzsachen und Kriegern nach. Olga aber gab ihm eine ablehnende Antwort.

Es stellt sich die Frage, warum Olga überhaupt nach Konstantinopel gereist war. Sehr wahrscheinlich ging es bei dem Treffen mit Kaiser Konstantin VII. vorrangig um Handelsbeziehungen zwischen Kiew und Konstantinopel. Ob Konstantinopel wirklich der Ort der Taufe Olgas war, ist nicht sicher. Mit der Taufe erzielte Olga aber auf jeden Fall auch wichtige politische Vorteile: Die internationalen Kontakte und Beziehungen bedeuteten mehr Macht und Autorität für Olga und auch für ihr Land. In diesem Zusammenhang ist auch die Erwähnung zu sehen, dass

Kaiser Konstantin VII. Olga heiraten wollte. Dies ist historisch zwar unwahrscheinlich, möglich ist aber stattdessen, dass Olga bei ihrem Auslandsbesuch eine Frau für ihren Sohn Swjatoslaw und somit eine engere Verbindung zum Kaiserhaus von Konstantinopel suchte.

Olga versuchte vergeblich, auch ihren Sohn Swjatoslaw zum Christentum zu bekehren. Wie ihr Sohn, so stand auch die Mehrheit der Bevölkerung dem Christentum ablehnend gegenüber:»Wenn aber einer sich taufen lassen wollte, so hinderte man ihn nicht, aber man schmähte ihn.« (ebd., 955, 48) Aber Olga ließ sich nicht von ihrer Mission abbringen, ließ heidnische Kultstätten zerstören und an deren Stelle christliche Kreuze errichten. Sie veranlasste eine Reihe von Kirchenbauten und hielt Ansprachen sowie Predigten, um das Volk höchstpersönlich zum Christentum zu bekehren.

Ein anderes Problem der Christianisierung durch Olga war, dass es keine Einigung mit dem Kaiser und dem Patriarchen von Konstantinopel gab, wie die Kirche von Kiew einzuordnen sei: Ob sie sich der byzantinischen Kirche unterzuordnen habe oder nicht? Damit verbunden war gleichzeitig die Frage, ob Kiew sich politisch Konstantinopel unterordnen solle – was natürlich nicht im Interesse von Olga lag. Diese Unstimmigkeit und der Wunsch nach Unabhängigkeit von Konstantinopel waren wohl die Hauptgründe, warum Olga Kontakt mit König Otto I. aufnahm, wovon die Nestorchronik nichts berichtet. 959 schickte Olga eine Gesandtschaft an König Otto I. in Frankfurt a. M. mit der Bitte, einen Bischof nach Kiew zu senden. Olga ging es dabei aber nicht nur um die Christianisierung ihres Landes, sondern sie wollte auch politische und wirtschaftliche Beziehungen zu Otto I. aufnehmen. Ob und inwiefern Olga dabei auch eine Offenheit bzw. Anpassung an den römisch-katholisch geprägten Westen anstrebte, ist unklar. Aber auch Otto I. war ebenso wenig wie Konstantinopel daran interessiert, dass in Kiew ein selbstständiges Bistum entstand. Er sandte Olga daher keinen Bischof, sondern den Mönch Adalbert. Die Mission Adalberts blieb nur ein Versuch –ohne nennenswerten Erfolg. Deshalb verließ Adalbert 962 Kiew wieder und wurde später Erzbischof von Magdeburg. Noch hatte das Christentum gegenüber der heidnischen Religion, die von Olgas Sohn Swjatoslaw gefördert wurde, keine Chance. Erst zwischen 984 und 988 unter Olgas Enkel Wladimir sollte das byzantinisch-orthodoxe Christentum zur Staatsreligion Russlands werden.

Ein Jahr vor ihrem Tod und im hohen Alter, im Jahr 968, musste Olga die Belagerung von Kiew durch die Pečenegen erleben. Die Nestorchronik berichtet, dass sich Olga mit ihren drei Enkelsöhnen in Kiew befand und die Stadt von den Pečenegen belagert wurde, während sich ihr Sohn Swjatoslaw nach einem Feldzug gegen die Bulgaren in Perejaslavec aufhielt. Es war wegen der Belagerung nicht möglich, Boten zu Swjatoslaw zu schicken. Dann kamen die Kiewer auf die Idee, vorzutäuschen, Swjatoslaw sei im Anmarsch. So konnten sie die Pečenegen schließlich zum Abzug bewegen und endlich Boten an Swjatoslaw senden. In der Nestorchronik heißt es dann: »Und die Kiewer sandten zu Svjatosláv und ließen sagen: Du, o Fürst, suchst und hütest ein fremdes Land, aber um dein eigenes kümmerst du dich nicht; denn beinahe hätten die Pečenegen uns hinweg genommen und deine Mutter und deine Kinder. Wenn du nicht kommst und uns nicht verteidigst, so werden sie uns ein andermal hinweg nehmen. Ist es dir nicht leid um dein Vatererbe noch um deine Mutter, die doch alt ist, und um deine Kinder? Da Svjatoslav dies hörte, setzte er sich schnell aufs Pferd zusammen mit seiner Gefolgschaft und kam nach Kiev und küsste seine Mutter und seine Kinder, und es war ihm leid um das, was von den Pečenegen geschehen war. Und er sammelte Krieger und verjagte die Pečenegen in die Steppe, und es war Friede.« (ebd., 968, 31-36) Olga starb ein Jahr nach diesem Ereignis am 11.7.969. Ihr Enkel Wladimir überführte später ihre Überreste in die Zehntkirche von Kiew.

Nachleben

Die Nestorchronik würdigt die Verdienste Olgas um die Christianisierung des Landes mit den Worten: »Diese war die Vorläuferin des christlichen Landes, wie der Morgenstern vor der Sonne und wie die Morgenröte vor dem Licht. Denn diese glänzte wie der Mond in der Nacht.« (ebd., 969, 15 ff.) Schon im 13. Jh. wie eine Heilige verehrt, wurde Olga 1547 von der russisch-orthodoxen Kirche heiliggesprochen. Ihr Heiligentag ist der 24.7. In Kiew wurde ihr 1911 ein Denkmal errichtet, das die Bolschewiken aber schon 1919 wieder zerstörten. 1996 wurde das Denkmal neu errichtet.

Olgas Sohn Swjatoslaw sollte seine Mutter nur um drei Jahre überleben. Während seiner ganzen Regierungszeit führte Swjatoslaw Kriege und Eroberungsfeldzüge. Zunächst gegen die ostslawischen Wjatitschen an der Oka und Moskva, 965–969 gegen die Chasaren und gegen die Bulgaren an der Donau. Gegen die Chasaren führte Swjatoslaw in den Jahren 965–969 erfolgreich Kriege. Die Chasaren waren ursprünglich ein Turkvolk in Zentralasien, das aber später weite Teile Südrusslands, des heutigen Kasachstans, der Ostukraine, der Krim und des Kaukasus beherrschte. Mit dem Sieg über die Chasaren konnte Swjatoslaw sein Herrschaftsgebiet bis an den Don erweitern. 967 eroberte Swjatoslaw Preslaw, die Hauptstadt der Bulgaren an der Donau. Swjatoslaw nahm nun den Titel des bulgarischen Zaren an und wollte seine Residenz nach Preslaw verlegen, sah aber auf Bitten seiner Mutter davon ab. Wie oben bereits erwähnt, gelang es den Pečenegen, einem Turkvolk, das aus Ostsibirien stammte, in die Rus einzudringen und die Stadt Kiew zu belagern. Der Kaiser von Konstantinopel, Johannes I. Tzimiskes, sah sich durch die Eroberungen Swjatoslaws an der Donau bedroht. Er sandte Heerestruppen an die Donau, die erfolgreich gegen die Rus vorgingen. So musste Swjatoslaw 971 einem Friedensvertrag mit Konstantinopel zustimmen. Er verlor durch diesen Vertrag die bulgarischen Gebiete und musste auf weitere Eroberungen verzichten. Als er Preslaw verließ, wurde er 972 auf seinem Rückzug von den Pečenegen überfallen: »Und sie erschlugen den Svjatoslav, und sie nahmen seinen Kopf, und aus seinem Schädel machten sie einen Pokal, in dem sie den Schädel umschmiedeten, und sie tranken aus ihm« – so die Nestorchronik (ebd., 972, 3).

Swjatoslaw hatte drei Söhne: Oleg und Jaropolk sowie Wladimir aus der außerehelichen Beziehung mit Maluscha, der Haushälterin seiner Mutter. Oleg († 977) war Fürst im Gebiet der Derevljanen, Jaropolk (ca. 952–980), Fürst der Kiewer Rus, und Wladimir (960–1015), Fürst von Nowgorod. Zwischen Oleg und Jaropolk kam es einige Jahre nach dem Tod Swjatoslaws zum Streit um die Herrschaft, der mit der Ermordung von Oleg im Jahr 977 endete. Wladimir floh nach Schweden zu einem Onkel, weil er sich vor seinem Halbbruder Jaropolk nicht mehr sicher fühlte. In Schweden konnte er ein Söldnerheer von Warägern aufbauen und kehrte 980 zurück. Er eroberte Nowgorod und überfiel dann Polozk (in Polen). Nachdem er Rogwolod, den Fürsten von Polozk und dessen Söhne getötet hatte, heiratete er dessen Tochter Rogned. Wladimir konnte Kiew ohne Probleme einnehmen. Mit seinem Bruder Jaropolk schloss er zum Schein Frieden, um ihn dann zu töten und seine Witwe zu heiraten. So wurde Wladimir Alleinherrscher über Russland, von der Ukraine bis zur Ostsee. Die Warägersöldner erhoben allerdings Ansprüche an Wladimir. Um sie los zu werden, schickte er die Waräger dem Kaiser von Konstantinopel.

Wladimir unterstützte 987 den byzantinischen Kaiser Basileos II. in seinem Kampf gegen die Bulgaren und erhielt dafür dessen Schwester Anna zur Frau. Für diese Ehe bekehrte sich Wladimir zum Christentum. Bis dahin war er noch Heide und Anhänger des Perun-Kultes. Perun war die höchste Gottheit der Slawen, der Gott des Gewitters und der Blitze, dem Menschenopfer dargebracht wurden. In den Legenden heißt es, dass jeweils ein Vertreter des Judentums, des Islam und der römischkatholischen Kirche versuchten, ihn zu ihrer Religion zu bekehren. Wladimir aber lehnte Judentum und Islam wegen der Beschneidung, dem Verbot von Alkohol und Schweinefleisch ab. Das römisch-katholische Christentum lehnte er wegen der Fastenzeit ab und entschied sich so für die orthodoxe Kirche. Für die Ehe mit Anna entließ Wladimir seine sieben anderen Ehefrauen. Seine Taufe 988 war ein historischer Wendepunkt in der Geschichte Russlands, denn mit Wladimirs Taufe wurde nun auch die Mehrheit der Bevölkerung zum orthodoxen Christentum bekehrt. Auch wenn sich das Heidentum noch in abgelegenen Gebieten halten konnte, der Weg des orthodoxen Christentums zur Staatsreligion Russlands war nicht mehr aufzuhalten. Die heidnischen Kultstätten wurden zerstört und wichen christlichen Kirchen. Die Taufe Wladimirs war aber mehr als ein religiöser Akt, denn die Taufe und die Eheverbindung mit dem byzantinischen Kaiserhaus bedeutete für ihn auch einen gesellschaftlich-politischer Aufstieg.

Noch zu Lebzeiten Wladimirs verstarb sein Sohn und designierter Nachfolger Wyscheslaw. Deshalb wurde Jaroslaw (979/986–1054), der Sohn von Wladimir und seiner ersten Frau Rogned, Fürst von Nowgorod. Dieser weigerte sich, dafür seinem Vater Tribut zu zahlen. Aber bevor es zum Kampf zwischen Vater und Sohn kam, starb Wladimir am 15.7.1015.

Unter Wladimir erlebte Russland eine Blütezeit, er konnte das russische Herrschaftsgebiet nach allen Richtungen erheblich ausdehnen. Die endgültige Christianisierung Russlands ist sein Verdienst, weil er sich und die ganze Rus taufen ließ. Dafür wurde er heiliggesprochen und ihm der Beiname »der Apostelgleiche« verliehen. Wladimir ist bis heute in Russland präsent: Angefangen von dem bis heute weitverbreiteten Vornamen Wladimir über die literarische Tradition bis hin zu dem mit dem Bundesverdienstkreuz vergleichbaren Wladimir-Orden und dem 1853 erbauten Denkmal Wladimirs in Kiew.

Wladmir hatte insgesamt vierzehn Söhne, drei starben noch zu seinen Lebzeiten. Alle seine Söhne hatte Wladimir als Fürsten oder Statthalter in ganz Russland eingesetzt. Nach seinem Tod kämpften alle elf Söhne erbittert gegeneinander um die Herrschaft. Jaroslaw ging aus diesen Kämpfen als Sieger hervor. Wie sein Vater hatte auch er sich zu seiner Unterstützung Warägersöldner geholt. 1019 erließ er die erste russische Gesetzessammlung (Russkaja Prawda) und erhielt dafür den Beinamen »der Weise«. Unter seiner Herrschaft wurde das Christentum gefördert, Kirchen erbaut und Klöster gegründet. In Kiew begann Jaroslaw mit dem Bau der Sophienkathedrale. Nach byzantinischem Vorbild erbaut, wurde diese Kirche ihrerseits jahrhundertelang zum Vorbild der russischen Kirchen. In der Sophienkathedrale wurde Jaroslaw 1054 beigesetzt.

Aus der Dynastie der Rjurikiden gingen bis 1598 die Herrscher und Zaren sowie die Großfürsten der Teilreiche Russlands hervor. Bis heute leiten eine Reihe russischer Adelsfamilien ihre Herkunft von den Rjurikiden ab. Die Städte Kiew und Nowgorod waren Residenzen der Rjurikiden. Der Rjurikide Juri Dolgoruki erbaute Moskau, das dann zur Hauptstadt Russlands wurde. Wie erwähnt, wiederholten sich in der Dynastie der Rjurikiden von Generation zu Genration die Bruderzwiste um die Herrschaft. Iwan IV., genannt Iwan der Schreckliche, erschlug sogar eigenhändig seinen Sohn Iwan. Fjodor, Sohn und unfähiger Nachfolger von Iwan IV., war der letzte Zar aus der Dynastie der Rjurikiden. Danach übernahmen andere Dynastien die Herrschaft in Russland.

17. Erik der Rote und Leif Eriksson – Die Entdeckung Grönlands und Amerikas

Erik der Rote (ca. 950–1003), ein Wikinger aus Norwegen, der nach Island auswanderte und dann Grönland entdeckte, und sein Sohn Leif Eriksson (ca. 970–1020), der Amerika 500 Jahre vor Kolumbus entdeckte, sind Beispiele dafür, dass die Wikinger nicht nur hervorragende Seefahrer waren, sondern auch Entdecker und Siedler. Zu Lebzeiten sollten beide die Bedeutung und den Ruhm ihrer Entdeckung nie erfahren. Erst seit dem 19. Jh. wurden Erik der Rote und Leif Eriksson »wiederentdeckt« und die Berichte ihrer Abenteuer und Entdeckungen faszinieren auch den heutigen Leser noch.

Über das Leben und die Entdeckungen von Erik dem Roten und seines Sohnes Leif Eriksson berichten die sogenannten Vinlandsagas, zu denen die »Saga von den Grönländern« und die »Saga von Erik dem Roten« gehören. Die Vinlandsagas wiederum sind den Isländersagas zuzuordnen, unterscheiden sich aber von diesen nicht zuletzt durch den Schauplatz der Handlung. Die Isländersagas wiederum sind der bedeutendste Teil der altnordischen Literatur, die die Gattung der germanischen Heldensagen wie der Edda fortführt. Die zunächst mündlich überlieferten Vindlandsagas sind zu Beginn des 13. Jahrhunderts auf Island unabhängig voneinander niedergeschrieben worden. Trotz Widersprüche im Detail ergänzen sich die beiden Sagas. Die Vinlandsagas sind keine historischen Reise- und Entdeckungsberichte, sondern sie erzählen in sagenhafter Form von realen Ereignissen und Personen.

Inhaltlich berichten die Vinlandsagas über die Entdeckung Grönlands und der Nordostküste Nordamerikas durch die Wikinger. Die Eriksaga (Eiríks saga rauða) erzählt, wie Erik der Rote wegen Totschlags von Norwegen nach Island verbannt wird, dann auch dort des Landes verwiesen wird, auf einer Fahrt Grönland entdeckt und sich dort ansiedelt. Hauptsächlich berichtet die Eriksaga dann aber von Eriks Sohn Leif Eriksson und seiner Entdeckungsfahrt nach Amerika sowie der Fahrt seines

Schwagers Karlsefnis nach Vinland. Die Grönlandsaga *(Grœn-lendinga saga)* erzählt, wie Leif Eriksson Amerika entdeckt und dort in Vinland, wie er es nennt, eine Siedlung errichtet, und wie nach seiner Rückkehr sein Bruder Thorvald, dann sein Schwager Karlsefni und schließlich Leifs Schwester Freydis mit ihrem Mann Fahrten nach Vinland unternehmen.

Erik der Rote

Erik der Rote (ca. 950–1003) war der Sohn von Thorvald Ås-valdsson, eines Großbauern aus Jæren in Norwegen. Erik Thor-valdsson, wie er eigentlich hieß, erhielt seinen Namen »der Ro-te« wegen seines roten Haares und »weil Blut an seinen Händen klebte«. Erik und sein Vater Thorvald mussten 970 Norwegen verlassen, weil ihnen Totschlag vorgeworfen wurde. Sie fuhren nach Island und ließen sich dort nieder. Erik führte zunächst ein ruhiges Leben. Er hatte einen Hof und Land, er heiratete die Is-länderin Thjodhild, die Tochter von Jörund Atlason, und hatte mit ihr zwei Söhne: Leif Eriksson und Thorvald Eiriksson.

Doch dann kam es zu einem Vorfall, der den Lauf der Geschichte änderte: Eriks Knechte verursachten einen Erdrutsch, der auf den Hof des Nachbars niederging. Ein Verwandter des Nachbarn tötete daraufhin die Knechte Eriks. Erik rächte sich und erschlug diesen Verwandten und einige andere Männer. Auf der Thingsversammlung wurde beschlossen, dass Erik sein Land verlassen und woanders hinziehen sollte. Doch auch am neuen Wohnort geriet Erik in Streit mit anderen und tötete Männer. Nun wurde Erik 982 für drei Jahre ganz von Island verbannt. Nach Norwegen konnte er aber auch nicht zurückkehren. Es blieb ihm gar nichts anderes übrig, als buchstäblich zu neuen Ufern aufzubrechen. Er ließ Frau und Kinder auf Island zurück und begann mit einer Gefolgschaft eine Seefahrt Richtung Westen. Dort, im Westen, sollte es ein unbekanntes, mythisches Land geben – so erzählte man sich. Und tatsächlich sollte es Erik sein, der dieses Land entdeckte und es Grönland nannte.

Mit Schiff und Mannschaft umfuhr Erik drei Jahre lang die Fjorde Ostgrönlands und erkundete sie. Südlich von Nuuk, der heutigen Hauptstadt Grönlands, fand Erik Land mit vielen grünen Wiesen. Deshalb nannte er es »grünes Land« (= Grönland).

Zu dieser Zeit war das Klima auf Grönland noch milder, sodass der Name sicher zutraf. Zum anderen war es aber auch Propaganda, warum Erik das Land so nannte. Denn als Erik endlich nach Island zurückkehrte, versuchte er, Siedler für das neu entdeckte Land zu finden und pries es entsprechend als fruchtbares, »grünes« Siedlungsland an. Und er fand Anhänger seiner Idee, denn schon 985 brach Erik mit einem Gefolge von 25 Schiffen wieder nach Grönland auf. Aber nur 14 Schiffe erreichten Grönland. In Grönland angekommen, gründete Erik dort die ersten skandinavischen Siedlungen: Eystribygd im Süden und Vestribyggð in der Nähe von Nuuk. In Eystribygd ließ sich Erik nieder und gründete dort seinen Häuptlingssitz Brattahlid (= Steilhang). Aus Island kamen dann nach und nach weitere Siedler, und die Einwohnerzahl wuchs auf 3000. Die Wikinger betrieben auf Grönland Viehzucht, sie hielten Kühe, Ziegen und Schafe. Sie jagten Robben, Wale, Karibu oder Eisbären und lebten nicht zuletzt vom Fischfang. Die Felle der Robben und Eisbären sowie das Elfenbein der Walrosszähne verkauften sie in Island. Aber auch mit den Einheimischen, den Inuit (»Eskimo«), trieben sie Handel: Die Wikinger erhielten die Jagdbeute der Inuit und diese dafür Handwerkszeug aus Eisen. Nicht nur in Skandinavien und Island, auch in Grönland bekehrten sich die Einwohner zum Christentum. Erik der Rote lehnte das Christentum zunächst ab, soll sich aber auf dem Totenbett dazu bekannt haben. Seine Frau Thjodhild und sein Sohn Leif Eriksson aber waren es, die für die Verbreitung des Christentums auf Grönland sorgten und auch Erik davon überzeugen konnten. Eine Kirche markierte den Anfang, später kamen Klöster hinzu, und in Grönland entstand sogar ein Bischofssitz. 1261 gerieten die Wikingersiedlungen in Grönland unter norwegische Herrschaft. Bis ins 15. Jh. bestanden die Siedlungen. Warum sie dann aufgegeben wurden, ist bis heute nicht geklärt.

Leif Eriksson

Erik hatte insgesamt vier Kinder: Leif Eriksson, Thorvald Eriksson, Thorstein Eriksson und Freydis Eriksdóttir. Leif Eriksson entdeckte Amerika, die anderen drei unternahmen ebenfalls Schiffsfahrten nach Amerika. Davon berichtet die Grönlandsaga. Sie erzählt, wie Leif Eriksson um die erste Jahrtausendwende eine Schiffsfahrt von Grönland nach Amerika unternahm. Es wird auch erwähnt, dass vor Leif schon ein Mann namens Bjarni Herjulfsson die Küste Amerikas gesichtet habe, als er auf einer Fahrt von Island nach Grönland vom Kurs abkam. Die Eriksaga berichtet ebenfalls, wie Leif Eriksson Amerika entdeckte, als er auf einer Schiffsfahrt von Norwegen nach Grönland vom Kurs abkam. In beiden Fällen sind Leif und seine Leute die ersten Europäer, die in Amerika landeten.

Kolumbus war also nicht der Erste, der Amerika entdeckte. Es waren die Wikinger, die 500 Jahre vor Christoph Kolumbus Amerika entdeckten und besiedelten, allerdings nicht sehr lange bzw. ohne nachhaltigen Erfolg. Ob und wie es vorher Kontakte gab zwischen der Alten und der Neuen Welt, wird immer noch kontrovers diskutiert. Ägypter, Polynesier oder Chinesen sollen schon vor Kolumbus in Amerika gewesen sein und dort auch die Hochkulturen des alten Mexikos oder Perus beeinflusst haben. Unmöglich ist dies nicht, aber sehr unwahrscheinlich. Und bis jetzt gibt es keine archäologischen Funde, die diesen Kontakt zwischen Alter und Neuer Welt beweisen. Keine Spekulation aber ist die Tatsache, dass die Wikinger mit ihren Schiffen an der Küste Amerikas landeten und im südöstlichen Kanada und im nordöstlichen Gebiet der USA Siedlungen anlegten.

Nach der Grönlandsaga war es wie erwähnt Bjarni Herjulfsson, der von Island nach Grönland segeln wollte, vom Kurs abkam und statt nach Grönland an die Nordostküste Amerikas gelangte. Er segelte die Küste zwar entlang, aber landete nicht und sollte auch nie erfahren, dass er einen neuen Kontinent gesichtet hatte. Herjulfsson erreichte dann doch noch sein eigentliches Ziel Grönland und erzählte dort den Leuten von seiner Irrfahrt. Leif Eriksson hörte auch davon und entschloss sich, eine Schiffsfahrt in Richtung dieses unbekannten Landes zu machen.

Über die heutige Davis-Straße gelangte Leif Eriksson nach Baffin Island, wo er landete. »Vom Meer bis zu den Gletschern war das Land wie ein einziger flacher Stein und erschien ihnen unfruchtbar.« (Grönlandsaga 3) Deshalb nannte er diese erste Station seiner Reise *Helluland* (= Flachsteinland) und setzte die Fahrt fort. Er gelangte nach Labrador, wo er ebenfalls landete. »Dieses Land war flach und bewaldet, hatte viele weiße Strände und fiel sanft zum Meer ab.« (ebd.) Leif nannte diese zweite Station seiner Fahrt daher *Markland* (= Waldland). Als sie das dritte Mal landen, beschließen sie zu bleiben. Sie nannten das Land, das sich im Gebiet zwischen dem Südosten Kanadas und Nordosten der heutigen USA befindet, *Vinland*. »Das Land erschien ihnen so gut, dass sie meinten, kein Viehfutter für den Winter zu brauchen. Es gab im Winter keinen Frost, und das Gras welkte kaum. Die Tage und Nächte waren nicht so unterschiedlich lang wie in Grönland oder Island. Im tiefsten Winter ging die Sonne zur Mitte des Morgens auf und war zur Mitte des Nachmittags noch zu sehen.« (ebd.) Im Fluss und im See gab es Lachs im Überfluss, in den Wäldern gab es genügend Holz und die Schiffe lagen geschützt in der Meeresbucht. Kurz, es war ideales Siedlungsland. Warum sie das Land Vinland nannten, erklärt die Grönlandsaga so: In der Mannschaft von Leif Eriksson war ein Deutscher namens Tykir, der Ziehvater von Leif. Eines Tages war er verschwunden. Als er dann wieder auftauchte, »da fragte ihn Leif: ›Warum kommst du so spät und hast dich von deinen Gefährten getrennt, Ziehvater?‹ Zunächst sprach Tykir eine ganze Weile nur Deutsch, verdrehte die Augen und verzog das Gesicht, aber sie verstanden nicht, was er sagte. Nach einer Weile sagte er in nordischer Sprache: ›Ich bin nur ein kleines Stück weiter gegangen als ihr und habe Neuigkeiten: Ich habe Weinreben und Weintrauben entdeckt.‹ ›Ist das wahr, Ziehvater?‹ fragte Leif. ›Natürlich ist das wahr‹, entgegnete er, ›denn dort, wo ich geboren bin gibt es reichlich Weinreben und Weintrauben.‹« (ebd.) Und deshalb nannten sie das Land Vinland, d. h. »Weinland«.

Woher der Name Vinland wirklich kommt und was er bedeutet, darüber wurde lange in der Forschung diskutiert. So übersetzte man *vin* zum Beispiel mit »Wiese« oder »Weide«. Heute hat sich die Ansicht durchgesetzt, dass es die Weinreben oder weinähnliche Beeren, von denen die Sagas erzählen, wirklich gegeben hat. Entsprechend wird dann »vin« mit »Wein« und *Vinland* als »Weinrebenland« übersetzt. Dafür sprechen auch die geografischen Tatsachen: Wein wuchs zur Zeit der Wikinger im südöstlichen Kanada und im nordöstlichen Gebiet der USA. Und bis dorthin kamen auch die Wikinger bei ihren Entdeckungsfahrten. Der Wein beeindruckte die Wikinger wohl so sehr, dass sie das Land danach benannten. In Neufundland wächst heute kein Wein mehr, aber das schließt nicht aus, dass es zur Zeit der Skandinavier dort Wein gab und erst nach einer Klimaveränderung dann nicht mehr.

Menschen hatten die Wikinger auf dieser, ihrer ersten Fahrt nicht getroffen. Leif Eriksson kehrte im Frühjahr nach Grönland zurück. Offensichtlich hatte er keine Lust, sich in Vinland dauerhaft anzusiedeln. Denn er unternahm keine weitere Fahrt mehr nach Amerika. Stattdessen brach sein Bruder Thorwald zu einer Fahrt ins neuentdeckte Land auf und verbrachte den Winter dort, wo Leif seine Hütten, die »Leifsbuden« errichtet hatte. Im Frühjahr traf Thorwald während einer Schiffsfahrt erstmals auf die Eingeborenen des neuen Landes, entweder auf Inuit oder Indianer. »Es waren schwarze, grimmige Männer mit struppigem Haar, großen Augen und breiten Wangen« heißt es in der Eriksaga (10). Und es kommt zum Kampf zwischen Wikingern und Eingeborenen. Thorwald wurde von einem Pfeil tödlich verletzt. Kurz vor seinem Tod bat er seine Leute, ihn an diesem Ort zu bestatten. Er wünschte sich ausdrücklich ein christliches Begräbnis und ein Grab mit jeweils einem Kreuz an Kopf- und Fußende. Thorwalds Gefährten erfüllten ihm diesen Wunsch und kehrten zurück zu den Leifsbuden. Sie verbrachten den Winter dort und fuhren dann im Frühjahr nach Grönland zurück.

In Grönland tauchte dann eines Tages Thorfinn Karlsefni aus Norwegen auf. Er heiratete Gudrid, die Schwester von Leif Eriksson. Angeregt durch die Geschichten über das neue Land, entschließt er sich zu einer Schiffsfahrt nach Vinland »und stellte eine Schiffsbesatzung aus sechzig Männern und fünf Frauen zusammen« (Grönlandsaga 7), darunter seine Frau Gudrid. Nachdem er und seine Leute den Winter in Vinland verbracht hatten, trafen sie im Sommer darauf Einheimische, die sie überheblich *Skraelinger*, »Schwächlinge«, nannten. Diese erste Begegnung mit den Einheimischen (wahrscheinlich Indianer) verlief ohne besondere Vorkommnisse, denn die Skraelinger zogen wieder ab. Beim zweiten Zusammentreffen gerieten die Skraelinger in Panik, als ein Stier der Wikinger unruhig wurde und brüllte. Nach diesem Vorfall kam man ins Geschäft: Die Skraelinger wollten ihre Felle gegen die Waffen der Wikinger eintauschen. Karlsefni verbot das aber aus gutem Grund und gab den Skraelingern stattdessen Milchspeisen. Anscheinend waren sie damit zufrieden, denn sie kamen sogar nochmals, um ihre Felle gegen Milchspeisen einzutauschen. Die Eriksaga bringt eine etwas leicht veränderte Version: »Als es Frühling wurde, sahen sie früh eines Morgens, dass eine große Anzahl Fellboote von Süden her um die Landzunge ruderten, Es waren so viele, dass es aussah, als trieben Kohlenstücke in der Bucht, und auch diesmal wurden auf allen Booten Stangen geschwenkt. Da schwangen Karlsefni und seine Männer ihre Schilde, und als die Gruppen aufeinandertrafen, begannen sie miteinander zu handeln. Die Fremden wollten am liebsten rotes Tuch haben. Dafür gaben sie Pelzwerk und graue Felle. Sie wollten auch Schwerter und Speere kaufen, aber Karlsefni und Snorri waren dagegen. Die Skraelinger bekamen für ein ungegerbtes Fell eine Spanne rotes Tuch und banden es sich um den Kopf. So verlief der Handel eine Zeitlang. Als Karlsefni und seinen Leuten das Tuch langsam ausging, schnitten sie es in Streifen, die kaum breiter als ein Finger waren, doch die Skraelinger gaben dafür genauso viele wie vorher oder sogar noch mehr.

Dann rannte plötzlich ein Stier, der Karlsefni und seinen Leuten gehörte, laut brüllend aus dem Wald. Das erschreckt die Skraelinger, sie laufen zu ihren Booten und rudern am Ufer entlang nach Süden. Daraufhin bleiben sie drei Wochen lang verschwunden.« (Eriksaga 11) Aber die Skraelinger kamen wieder: »Die Skraelinger kamen von den Schiffen gelaufen, und dann trafen sie aufeinander und kämpften. Ein harter Geschosshagel ging nieder, denn die Skraelinger hatten Schleudern. Karlsefni und seine Männer sahen, wie sie eine große Kugel, ungefähr so groß wie ein Schafbauch und von blauer Farbe, auf eine Stange hoben. Sie schleuderten die Kugel von der Stange über Karlsefnis Leute hinweg aufs Land, und dort, wo sie herunterkam, lärmte es bedrohlich.« (ebd.) Karlsefni und seine Leute ergriffen daraufhin die Flucht. Freydis warf den Männern Feigheit vor. Ihr blieb aber letztlich nichts anderes übrig, als den Männern zu folgen. Sie »kam aber nur langsam voran, weil sie schwanger war. Dennoch folgte sie ihnen in den Wald, aber die Skraelinger setzten ihr nach. Da stieß Freydis auf einen Toten; es war Torbrand Snorrason. In seinen Kopf steckte ein flacher Stein, und sein gezogenes Schwert lag neben ihm. Freydis hob es auf und rüstet sich zur Gegenwehr. Als die Skraelinger sie einholen, reißt sie ihre Brust aus ihren Kleidern und schlägt mit dem bloßen Schwert darauf. Da erschraken die Skraelinger, rannten zurück zu ihren Booten und ruderten davon.« (ebd.) Die Eriksaga berichtet weiter »Nun wurde Karlsefni und seinen Leuten klar, dass das Land zwar viel zu bieten hatte, sie aber dort in ständiger Angst vor den Angriffen seiner Bewohner leben müssten.« (ebd.) Die Gröndlandsaga berichtet folgendermaßen über diesen Vorfall: Beim Tauschhandel »war auch einer der Skraelinger von einem Knecht Karlsefnis erschlagen worden, weil er versucht hatte, Waffen zu nehmen. (…) Es kam zum Kampf, und viele Skraelinger wurden getötet. (…) Anschließend flüchteten die Skraelinger eilends in den Wald, und damit endete der Kampf.« (Grönlandsaga 7) Daher beschloss Karlsefni, nach Grönland zurückzukehren. »Sie bereiteten ihre Fahrt vor und nahmen viele wertvolle Dinge aus dem Land mit: Weinreben, Beeren und Pelz.« (ebd.)

Karlsefni war gerade nach Grönland zurückgekehrt, als dort per Schiff zwei Brüder aus Norwegen eintrafen. Freydis Eriksdóttir, eine uneheliche Tochter von Erik dem Roten und Halbschwester von Leif Eriksson, überredete diese beiden Brüder, zusammen mit ihr und ihrem Mann und natürlich mit entsprechender Mannschaft nach Vinland zu fahren. Die beiden Norweger willigten ein. Mit fünfundsechzig Mann und einigen Frauen brachen sie nach Vinland auf und lebten dort in den Leifsbuden. Aber im Laufe des Winters gerieten die Gruppe der beiden norwegischen Brüder und die Gruppe von Freydis und ihrem Mann in Streit. Man besucht sich nicht mehr gegenseitig. Es kommt sogar zu einer handfesten Auseinandersetzung. Schuld daran ist eine Intrige von Freydis: Sie beschuldigt die beiden Brüder, sie misshandelt zu haben und fordert ihren Mann auf, sie zu rächen. Ihr Mann nimmt daraufhin alle Männer vom Hof der Brüder gefangen und lässt sie auf Freydis Befehl töten. »Nun waren alle Männer tot, nur die Frauen waren noch übrig und die wollte keiner töten. Da sagte Freydis: ›Gebt mir eine Axt!‹ Dies wurde gemacht, dann erschlug sie die fünf anwesenden Frauen und trat einen Schritt zurück, als sie tot waren.« (Grönlandsaga 8). Dann reiste Freydis Gruppe zurück nach Grönland. Freydis bestach die Leute ihrer Mannschaft mit Geschenken, dass sie nichts über ihre Übeltaten erzählten. Aber nicht alle schwiegen, und so erfuhr Leif Eriksson von den Taten seiner Schwester, bestrafte sie aber letztlich nicht.

Auch in der vorherigen Siedlungsgemeinschaft von Karlsefni gab es Streit und Auseinandersetzungen, wie die Eriksaga berichtet: Im dritten Winter »kam es zum Bruch zwischen den Männern, es ging dabei um die Frauen. Diejenigen, die unverheiratet waren, trachteten nach den Frauen der Verheirateten, wodurch große Unruhe entstand. In ihrem ersten Herbst wurde dort Karlsefnis Sohn Snorri geboren, und er war drei Jahre alt, als sie wegfuhren.« (Eriksaga 12) Somit war Snorri der erste gebürtige Amerikaner europäischer Herkunft, der schriftlich und namentlich Erwähnung findet. Karlsefni fuhr mit seiner Frau Gudrid nach Grönland zurück, überwinterte dort und kehrte dann zurück nach Island auf seinen Hof. Die Grönlandsaga erwähnt noch, dass Karlsefni viele Kinder und Nachkommen hatte. Nach seinem Tod bewirtschaftete Gudrid zunächst den Hof, machte dann eine Pilgerfahrt und verbrachte den Rest ihres Lebens als Nonne und Einsiedlerin. Von weiteren Fahrten nach Vinland erzählen die Vinlandsagas nichts mehr.

Die Wikinger in Amerika, das ist nur eine kurze Episode von ein paar Jahrzehnten in der Weltgeschichte ohne nachhaltige Folgen. Warum die Wikinger nicht dauerhaft in Amerika siedelten, das wird in der Grönlandsaga und der Eriksaga erwähnt: Vor allem das Risiko der Angriffe durch die Indianer oder Inuit war ihnen wohl zu hoch. Hinzu kamen dann auch Auseinandersetzungen unter den Siedlern selbst, wie die Erzählung von der intriganten Freydis zeigt. Für einige Zeit unternahmen die Grönländer noch Fahrten nach Vinland, um sich Holz zu besorgen, das in Grönland nicht so reichlich vorkam.

Nachleben

Die Berichte der Grönlandsaga und der Eriksaga über die Entdeckung Amerikas – sind sie historisch wahr oder doch nur Sage? Für den Wahrheitsgehalt der Sagas gibt es einen archäologischen Beweis: 1961 wurde L'Anse aux Meadows auf Neufundland entdeckt, Überreste einer Siedlung der Wikinger um 1000. Der bedeutendste Fund ist dabei eine Schmiede mit wenigen Resten von Schlacken. Das ist zum einen ein Nachweis, dass die Siedlung nicht von Indianern oder Inuit stammt. Denn diese kannten keine Eisenverarbeitung vor dem Kontakt mit Europäern, sondern lebten sozusagen in der »Steinzeit«. Zum anderen stimmt die Tatsache, dass man nur wenig Schlacke gefunden hat, also wenig in der Schmiede gearbeitet und die Siedlung dementsprechend nur wenige Jahre bewohnt wurde, mit dem Bericht der Isländersagas überein, dass die Wikinger sich nach Kämpfen mit den Eingeborenen zurückzogen und nicht mehr in Amerika siedelten. Es fanden sich auch keine Waffen oder Wertgegenstände. Aber ob L'Anse aux Meadows der Ort ist, wo Leif Eriksson und seine Leute siedelten und die Leifsbuden standen, ist unklar.

Wohin und wieweit die Wikinger in Amerika kamen, wissen wir nicht. Immer wieder kommen Spekulationen über weitere Expeditionen und Entdeckungen der Wikinger in Amerika auf. Bis nach Mexiko sollen sie gekommen sein.

Eine Sensation war zunächst der Fund des nach seinem Fundort genannten Kensington-Steines in Minnesota 1898. Auf dem Stein befindet sich eine Runeninschrift, die von einer Expedition von 30 Nordmännern bzw. Wikingern im Jahr 1362 berichtet. Dabei werden zehn Männer von ihren Gefährten ermordet aufgefunden, als sie vom Fischen zurückkehren. Gefunden hatte den Kensington-Stein Olof Öhman, ein gebürtiger Schwede, der als Farmer in Kensington lebte. Von Experten schnell als Fälschung abgetan, vergaß man den Fund zunächst. Bis 1907 Hjalmar Rued Holand, ein Amerikaner norwegischer Herkunft aus Minnesota, den Stein »wiederentdeckte«, der Öffentlichkeit präsentierte und versuchte, die Echtheit nachzuweisen. Mehrmals, zuletzt Ende des 20. Jahrhunderts, wurde der Stein wissenschaftlich untersucht. Das Ergebnis: Der Kensington-Stein ist eine Fälschung! Der Berühmtheit des Kensington-Steines tat dies aber keinen Abbruch, und heute ist er das bekannteste Exponat des Museums der Stadt Alexandria in Minnesota.

Ein weiteres bekanntes Beispiel ist die sogenannte Vinland-Karte. Eine Weltkarte, die 1957 erstmals auftauchte, als ein Buchhändler in Barcelona sie zum Verkauf anbot. Heute befindet sie sich in der Yale University in New Haven (Connecitut, USA). Die Echtheit der Karte wird bis heute angezweifelt und diskutiert. Zumindest das Pergament, auf dem sie aufgezeichnet ist, stammt aus dem Mittelalter. Ungewöhnlich und abweichend von anderen vergleichbaren Karten sind Schrift, Tinte, Sprache sowie die Art und Weise, wie die Länder geografisch darstellt werden. Der Text der Karte nennt Leif Eriksson und seinen Gefährten Bjarni als Entdecker von Vinland. Wenn die Karte echt ist, wäre sie die erste bzw. älteste Karte, auf der die nordamerikanische Küste verzeichnet ist.

Erik der Rote und Leif Eriksson sind bis heute in Erinnerung geblieben. So ist die Gestalt Eriks des Roten heute bei verschiedenen Metal-Bands der neuheidnischen Szene beliebt: Die Band Týr benannte eines ihrer Alben »Eric the Red«, die Bands Black Messiah und Rebellion erinnern in ihren Songs an Erik den Roten, und die Band Thrudvangar hat ihr Album »Durch Blut und Eis« Erik dem Roten gewidmet.

In Skandinavien wird der 9. Oktober, der letzte Schultag vor den Ferien, als Leif-Eriksson-Tag gefeiert. Dort, wo Erik die erste Wikingersiedlung in Grönland gründete, in Brattahlid, ist Leif Eriksson durch eine Bronzestatue verewigt. Und der Internationale Flughafen von Island in Keflavík heißt »Leifur Eiríksson«.

Erik der Rote und Leif Eriksson hatten Grönland und Amerika nicht nur entdeckt, sondern auch besiedelt und die ersten Handelsverbindungen zwischen Grönland, Island und Norwegen einerseits und Amerika und Grönland andererseits geschaffen. Entdeckung und Besiedlung eines neuen Kontinents ein halbes Jahrtausend vor Kolumbus war eine Meisterleistung in jeder Hinsicht: Sie verlangte nicht nur Mut und den Einsatz des Lebens, sondern auch technisches Know-how in der Schifffahrt und Nautik. Diese Anforderungen haben Erik der Rote und Leif Eriksson mit ihrer Mannschaft erfüllt.

18. Olaf Haraldsson –
Der heilige Wikinger

Olaf Haraldsson, auch Olaf II. oder Olaf der Heilige genannt (995–29.7.1030), war von 1016–1028 König von Norwegen. Olaf war der bedeutendste Wikingerkönig Norwegens. Berühmt wurde er aber erst nach seinem Tod als norwegischer Nationalheiliger und Nationalheld. Die Verehrung Olafs als Heiliger entwickelte sich schon bald nach seinem Tod zum Olafskult. Olaf gilt als »Ewiger König Norwegens«, sein Königtum von Gottes Gnaden wird seinen Nachfolgern auf dem norwegischen Königsthron als Lehen verliehen. Olaf schuf nicht nur die Basis für die politische Einheit Norwegens, sondern er vollendete auch die Christianisierung Norwegens.

Olaf – König von Norwegen

Über Olafs Leben berichten die norwegisch-isländischen Königssagas, die ihn entweder mehr als historischen König oder mehr als Heiligen beschreiben. Eine der wichtigsten Quellen ist die Königssaga von Snorri Sturluson. Snorri stellt Olaf als König dar, erst zum Schluss präsentiert er Olaf auch als Heiligen. Ferner ist die *Ágrip* (= Abriss, Übersicht) zu nennen, eine Darstellung der norwegischen Königsgeschichte von Harald dem Harten bis zur Mitte des 12. Jahrhunderts. Der korrekte Titel lautet daher auch »Abriss der Geschichte der Könige Norwegens« (*Ágrip af Nóregs konunga sögum*). Sigvat Tordsson und Ottar Svarte waren Skalden (Dichter) am Hofe Olafs und ihre Dichtungen sind ebenfalls wichtige Quellen, vor allem die Erfidrápa von Sigvat, der mit Olaf befreundet war. Von diesen historischen Quellen sind die Heiligenlegenden und liturgischen Texte zu Olaf dem Heiligen zu unterscheiden.

Olaf war der Sohn von Harald Grenske, einem dänischen Kleinkönig im Osten Norwegens. Olafs Vater starb noch vor oder zumindest kurz nach der Geburt Olafs. Seine Mutter Åsta heiratete dann Sigurd Syr, König von Ringerike, einem Gebiet im südlichen Norwegen. Aus dieser, ihrer zweiten Ehe stammte Harald der Harte, der somit ein Halbbruder von Olaf ist.

Snorri beschreibt Olaf wie folgt: »Als Olaf herangewachsen war, war er kein hochgewachsener Mann. Er war nur von Mittelgröße, doch von stämmigem Aussehen und voll Leibeskraft. Er hatte lichtbraunes Haar und ein breites Gesicht. Sein Antlitz war frisch und von gesunder Farbe. Er hatte wundersame Augen. Seine Augen waren glänzend und durchdringend, sodass es ein Schrecken war, ihm ins Gesicht zu schauen, wenn er in Wut war. Olaf war ein Mann, der sich auf viele Fertigkeiten verstand. Er wusste wohl mit dem Bogen umzugehen und war ein guter Schwimmer. Es gab keinen besseren Handschützen als ihn, dazu war er geschickt und umsichtig bei jedem Handwerk, ob er es selbst ausübte oder durch andere. Man nannte ihn ›Olaf der Dicke‹. Er wusste klug und klar zu reden, frühzeitig war er in allem gereift, an Kraft wie an Weisheit. Alle seine Bekannten und Verwandten liebten ihn.« (Heimskringla III, 3)

Schon als Zwölfjähriger soll Olaf an Wikingerfahrten teilgenommen haben. Der dänische König Sven I. Gabelhart und sein Sohn Knut der Große starteten mit einem großen Wikingerheer ab 1009 mehrere Angriffe gegen England. Olaf hatte zuerst in diesem Wikingerheer mitgekämpft und war wohl auch beim Angriff auf Canterbury 1011 dabei. Danach unternahm Olaf Feldzüge in Frankreich und Spanien. Unterdessen konnte der Dänenkönig Sven 1013 England erobern und wurde König von England. Der bisherige englische König Aethelred musste mit seiner Familie ins Exil zu seinem Schwager Richard II. in die Normandie gehen. Olaf und Aethelred trafen sich – wie, wann und warum ist nicht genau geklärt. Wahrscheinlich lernte Olaf Aethelred in der Normandie kennen, als er von seinen Feldzügen im Süden zurückkam, und trat in seine Dienste. In diesem Zusammenhang bekehrte er sich zum Christentum und ließ sich taufen. Nach dem Tod von Sven kehrte Aethelred 1015 zurück auf den englischen Thron, weil Knut der Große nicht als König anerkannt wurde. Olaf war im Heer von Aethelred dabei, als dieser vom Exil nach England zurückkehrte.

1015 verließ Olaf England in Richtung Norwegen. Dort erhob er Ansprüche auf den Königsthron. Es ist unklar, ob mit der Unterstützung von Aethelred oder von Knut dem Großen. Auf jeden Fall verbündete sich Olaf in Norwegen mit Jarl Hákon Eiriksson, dem Neffen von Knut dem Großen – nachdem er diesen gefangen genommen und dann freigelassen hatte. Sein Widersacher im Kampf um den Thron war Jarl (Fürst) Sveinn. Am Palmsonntag 1016 besiegte Olaf in der Seeschlacht von Vestfolg den Jarl Sveinn. Mit Zustimmung der meisten norwegischen Fürsten wurde Olaf König von Norwegen und konnte weite Teile des Landes unter seiner Herrschaft vereinen. Olaf heiratete Astrid, die Tochter des Schwedenkönigs Olof.

Dann tritt ein Konkurrent auf, der Olaf die Herrschaft streitig macht: Um 1025 erhob Knut der Große den Anspruch auf den norwegischen Königsthron – zunächst erfolglos. Olaf kann Knut den Großen in einer Schlacht 1025/26 besiegen, obwohl sich Knut mit dem Schwedenkönig Anund Jakob, Olafs Schwager, verbündet hat. Dann verbündete sich Knut mit einigen Jarls in Norwegen, so mit Erling Skjálgsson und mit Hákon Eiriksson, beides Gegner von Olaf. In der Schlacht von Boknfjord 1027 bot Olaf Erling an, nachdem er ihn so gut wie besiegt hatte, in seine Dienste zu treten. Erling war einverstanden, aber einer von Olafs Leuten erschlug ihn mit der Axt. Nach der Ermordung Erlings wuchs der Widerstand gegen Olaf in Norwegen, und er verlor immer mehr an Macht.

Im Jahr 1028 erreicht Knut der Große endlich sein Ziel: Olaf muss die Flucht aus Norwegen ergreifen angesichts der Übermacht des Heeres von Knut dem Großen und seinem Neffen Jarl Hákon Eiriksson. Olaf floh zuerst nach Schweden und dann nach Russland. Er fand Aufnahme bei seinem Schwager Jaroslaw, dem Fürsten von Nowgorod. Knut wurde König von Norwegen, ging dann aber wieder nach England. Hákon Eiriksson übernahm an seiner Stelle die Regierung. Aber nicht lange, denn Hákon Eiriksson kam bald bei einer Schiffsfahrt von England nach Norwegen ums Leben. Norwegen war nun ohne Regent und Olaf sah seine Chance, nach Norwegen zurückzukehren und dort wieder König zu werden. Seinen Sohn Magnus ließ er in Nowgorod zurück.

In Schweden erhielt Olaf von seinem Schwager König Anund Jakob Unterstützung und ein Heer von 400 Mann. In Oppland schloss sich ihm sein Halbbruder Harald an. Olaf zog weiter nach Trondheim (Trøndelag). Seine Gegner, Parteigänger von Knut dem Großen und heidnische Stammesfürsten, hatten inzwischen ein Heer aus Bauern gesammelt, angeblich doppelt so stark wie Olafs Heer. Am 29.7.1030 kam es zur berühmten Schlacht von Stiklestad nördlich von Trondheim. Für Olaf und sein Heer endete die Schlacht in einer Katastrophe: Olaf wurde in der Schlacht getötet, sein Halbbruder Harald musste fliehen. Snorri berichtet darüber: »Thorstein Schiffsbauer schlug auf König Olaf mit einer Axt und der Schlag traf das linke Bein nahe dem Knie und weiter oben von diesem. Finn Arnisohn streckte Thorstein sofort nieder. Der König aber lehnte sich nach dieser Verwundung an einen Stein und warf das Schwert fort. Er bat Gott, ihm zu helfen. Nun stieß Thorir Hund mit seinem Speere nach ihm. Der Stoß drang ihm unter die Brünne durch und drang ihm nach oben in den Bauch. Dann hieb Ralf auf ihn, und der Hieb traf ihn an der linken Seite des Halses. (…) Durch diese drei Wunden verlor der König sein Leben. Aber nach seinem Fall fiel auch fast die ganze Schar, die mit dem Könige vorgegangen war.« (ebd., 3, 228)

Soweit der »historische« Bericht von Snorri. Im Anschluss daran erzählt Snorri dann von Olaf dem Heiligen. So berichtet er von einem Wunder an einem blinden Mann kurz nach Olafs Tod: »Sie nahmen die Leiche König Olafs auf und trugen sie fort zu einem Platze, wo eine Hütte stand, klein und verlassen, außerhalb des Ortes. Sie hatten Licht und Wasser bei sich. So zogen sie der Leiche die Kleider vom Leib, wuschen sie und wickelten sie dann in leinene Gewänder. Darauf legten sie sie in der Hütte nieder und bedeckten sie mit Holz, sodass sie niemand sehen konnte, wenn Männer in die Hütte kämen.« (ebd., 3, 236) Ein blinder Bettler übernachtet in dieser Hütte ohne zu wissen, dass darin Olafs Leiche liegt, und kann danach wieder sehen. Der Bettler »sagte, er habe zuerst wieder sehen können, als er aus einer kleinen und ärmlichen Hütte getreten sei. ›Alles darin aber war nass‹, fügte er hinzu, ›und ich tastete darin herum mit meinen Händen und rieb meine Augen dann mit den nassen Händen.‹« (ebd., 3, 236)

Bis heute ist ungeklärt, warum Olafs Gegner ein so großes Heer aus Bauern aufstellen konnten: War es eine Art Bauernaufstand gegen Olaf? Oder war es ein Kampf zwischen Heiden und Christen? Olafs Gegner hatten zwar gesiegt, Norwegen geriet zunächst unter dänische Herrschaft, aber auf lange Sicht hin wurden die Ziele Olafs doch noch erfüllt: die Bewahrung des Königtums und der Einheit eines christlichen Norwegens.

Olaf hatte drei Kinder. Seine Tochter Wulfhild (Ulfhilde) heiratete später Otto, den Sohn von Bernhard II. von Sachsen. Nachfolger Olafs auf dem Thron Norwegens wurde Sveinn Álfifuson, der Sohn von Knut dem Großen. Gegen diese dänische Herrschaft formierte sich Widerstand, die norwegischen Gegner Olafs und Parteigänger der Dänen verloren an Einfluss. Die Norweger vertrieben Sven und holten Magnus, den unehelichen Sohn von Olaf 1035 aus dem Exil in Russland zurück. Magnus wurde neuer König Norwegens, später auch König von Dänemark.

Nachleben als Heiliger

Olafs Leben hatte mit einer Niederlage geendet. Aber schon sehr bald nach seinem Tod erfuhr Olaf Nachruhm als Märtyrer und Nationalheiliger. Gefördert wurde die frühe Heiligenverehrung Olafs nicht nur durch die Kirche, sondern auch dadurch, dass die Bevölkerung mit der dänischen Herrschaft unter Sven unzufrieden war. Es entstand ein regelrechter Olafskult. Schon kurz nach seinem Tod verbreiteten sich immer mehr die Leidens- und Wundergeschichten von Olaf. Älteste Quellen über den Olafskult sind liturgische Texte aus der zweiten Hälfte des 11. Jahrhunderts, dann eine Reihe von Sagas und Legenden. Sie alle berichten vom Leben Olafs, von seinem Leiden in der Schlacht von Stiklestad und von den acht Wundern, die bei der Bestattung Olafs und an seinem Grab in Nidaros geschahen. Bereits einige Jahre nach Olafs Tod berichten Quellen wie die Glaelognskvitha von der Olafsmesse. Auch die Erfidrápa von Sigvat Tordsson von 1040 erzählt von der Olafsmesse und den Wundern bei der Bestattung Olafs. Über die Kämpfe und Mission Olafs wird dagegen kaum etwas berichtet. Der Olafskult breitete sich von Norwegen auch nach Dänemark, Island und Finnland aus. Olafs Leichnam wurde nach Nidaros, heute Trondheim, überführt und zunächst in der Clemenzkirche beigesetzt, dann in die Christkirche, den heutigen Nidarosdom, überführt. Der Nidarosdom wurde zu einer Wallfahrtsstätte. Früh gab es schon den Pilgerweg vom Oslofjord (Oslo) zum Nidarosdom in Trondheim – zu Schiff und zu Land, wie schon Adam von Bremen schreibt. Dieser »Olafsweg« wurde 2010 als Kulturweg des Europarats ausgezeichnet. Neben dem Nidarosdom wurden ca. 400 Kirchen Olaf geweiht, nicht nur in Norwegen, sondern auch in Dänemark, Schweden und Finnland. Der Todestag Olafs am 29.7. wurde zum Olafsfest, das im 19. Jh. eine Renaissance erlebte.

Die Heiligenbilder zeigen Olaf als König mit Königskrone und Königsmantel oder als Ritter in Ritterrüstung. Meistens wird Olaf dabei mit Streitaxt und einem Krug oder auch mit Reichsapfel als Herrscherinsignie oder Ziborium als Symbol kirchlicher Gerichtsbarkeit und Hellebarde dargestellt. Die Axt ist Zeichen der Herrschaft und des Märtyrertodes. Denn durch einen Axthieb im Knie erhielt Olaf seine tödliche Wunde. Was es mit dem Krug auf sich hat, erklärt eine Legende wie folgt: Vor der Schlacht von Stiklestad wollte Olaf Wasser trinken. Die Bitte wurde erfüllt und der Bischof segnete den Krug mit Wasser, das sich daraufhin in Bier verwandelte. Da aber Fasttag war, lehnte Olaf es ab, das Bier zu trinken. Der zweite Trunk, den man Olaf reichte, verwandelte sich in Honigmet, den Olaf ebenfalls ablehnte. Beim dritten Mal verwandelte sich das Wasser in Wein, und Olaf trank diesen nun auf ausdrücklichen Befehl des Bischofs.

Die Einheit und Christianisierung Norwegens sind die Verdienste Olafs. Denn er vollendete und sicherte dauerhaft die bereits vor ihm begonnene Christianisierung in Norwegen und erließ eine neue Kirchenordnung. Aber als König festigte er auch die Einheit des Königtums Norwegens, nicht zuletzt durch Grenzsicherung zu Dänemark und Schweden. Er konnte darüber hinaus die außerhalb Norwegens liegenden Inseln wie Island, Färöer Inseln oder die schottischen Inseln unter seinen Einfluss bringen. Er erneuerte die Verwaltungsorganisation. Und – was für das Königtum in Norwegen bis heute entscheidend ist: Olaf gilt als »Ewiger König Norwegens« *(Rex Perpetuus Norvegiae)*. Dahinter steht die Vorstellung von Olaf als idealem König von Gottes Gnaden. Dieses Königtum von Gottes Gnaden wird Olafs Nachfolgern, den Königen von Norwegen, jeweils quasi wie ein Lehen verliehen. Olaf gilt als großer Gesetzgeber, von dem das norwegische Gesetz und Recht stammt. Diese Königsideologie von Olaf als »ewigem König Norwegens« wurde entscheidend von der Kirche gefördert, vor allem von Erzbischof Øystein, dem zweiten Erzbischof von Norwegen. 1847 stiftete König Oskar I. den St.-Olaf-Orden zur »Auszeichnung für hervorragende Verdienste um das Vaterland und die Menschheit«. Nicht zuletzt dieser Orden ist Ausdruck für Olaf als Nationalheiliger und Nationalheld, der am Anfang der Einheit und Christianisierung Norwegens steht.

19. HARALD SIGURDSSON – DER LETZTE WIKINGER

Harald Sigurdsson (1015–1066), auch Harald der Harte genannt und später auch Harald III. von Norwegen, ist einer der bekanntesten Wikinger, nicht zuletzt weil er der »letzte« Wikinger war. Denn Haralds Tod in der Schlacht von Stamford Bridge im Jahr 1066 gilt offiziell als Ende der Wikingerzeit. Harald kämpfte zunächst für Olaf den Heiligen, dann für Jaroslaw, dem Fürsten von Nowgorod, und für den Kaiser von Byzanz, ehe er König von Norwegen wurde. Als Harald auch König von England werden wollte, bedeutete das nicht nur sein, sondern auch das Ende einer ganzen Epoche.

Die wichtigste Quelle zu Haralds Leben verfasste Snorri Sturluson (1179–1241), nämlich die *Heimskringla* (Königsbücher). Von Harald erzählen auch die isländischen Sagas, genauer die Königssagas *Agrip, Fagrskinna* und *Morkinskinna*. Und schließlich ist die Skaldenliteratur zu nennen, in der von den Ruhmestaten von Harald erzählt wird. Harald selbst soll gedichtet haben und hatte in seinem Gefolge bekannte Skalden (Dichter), wie z. B. Þjóðolfr Arnórsson oder Arnórr Þórðarson.

Haralds Vater war Sigurd Syr, der König von Ringerike im Süden von Norwegen, seine Mutter Ásta Gudbrandsdótter. Aus der ersten Ehe von Haralds Mutter stammte Olaf Haraldsson bzw. Olaf der Heilige, der somit ein Halbbruder von Harald war. Fünfzehn Jahre alt war Harald, als er an der Seite seines Halbbruders Olaf in der Schlacht von Stiklestad 1030 mitkämpfte (s. Kap. Olaf Haraldsson). Olaf wurde in dieser Schlacht getötet, Harald verwundet. Er konnte sich bei einem Bauern verstecken, der ihn gesund pflegte. Sein weiterer Fluchtweg führte ihn zunächst nach Schweden, wo er auf andere Überlebende der Schlacht von Stiklestad traf. Mit ihnen zusammen machte er sich auf den Weg über die Ostsee Richtung Rus – nach Nowgorod. Der Herrscher dort, Jaroslaw der Weise, gewährte den Norwegern Exil. Harald trat in seine Dienste und wurde Anführer eines Heeres.

Mit seinem Gefolge wechselte Harald einige Jahre später in die Dienste des oströmischen Kaisers Michael IV. nach Konstan-

tinopel. Dort machte er in der Warägergarde, der Wikingerleib-
garde des Kaisers, Karriere und wurde deren Offizier. Harald
kämpfte im Folgenden in vielen Schlachten des Oströmischen
Reiches mit: in Griechenland, Nordafrika, auf Sizilien, im Heiligen Land und auf dem Balkan. In Nordafrika eroberte Harald
achtzig Burgen und machte überreiche Beute. So viel, dass er
von den Gold- und Wertsachen einen Teil an Jaroslaw in Nowgorod schickte zur Aufbewahrung. Auf dem Balkan schlug er
erfolgreich einen Aufstand der Bulgaren nieder. Angeblich soll
Harald auch Jerusalem erobert haben, aber das ist wohl mehr
Sage als Realität. Wahrscheinlicher ist wohl ein Besuch in Jerusalem, nicht mehr.

Als Harald nach seinen letzten Kämpfen nach Konstantinopel zurückkehrte, geriet er dort in die Intrigen um den Thron.
Denn auf dem Kaiserthron war es inzwischen zum Wechsel gekommen: Michael V. und danach Kaiserin Zoe folgten Michael
IV. auf dem Thron. Harald entschied sich für die Rückkehr nach
Norwegen, aber sein Wunsch wurde abgelehnt. Stattdessen
wurde er gefangen genommen, aber auf wunderbare Weise
konnte er sich befreien. Dann gelang es ihm, mit zwei Galeeren
und seiner Wäringermannschaft nach Nowgorod zu fahren und
dabei – wieder auf wundersame Weise – Absperrungen durch
Eisenketten im Meer am Goldenen Horn mit seinen Schiffen zu
überwinden.

Es war im Jahr 1042, als Harald am Hof von Jaroslaw eintraf.
Dieser nahm ihn gerne auf. Jaroslaw übergab Harald nicht nur
die ihm in Verwahrung gegebene Beute, sondern auch seine
Tochter Elisabeth von Kiew als Frau. 1045 kehrte Harald nach
Norwegen zurück, mit seiner Frau und als reicher Mann. Dort
war inzwischen Magnus der Gute (1024–1047), der Sohn von
Olaf, König geworden. Harald stellte – nach damaligem Thron-
folgerecht durchaus berechtigt – Ansprüche auf den norwegischen Thron. Gleichzeitig musste Magnus sich mit Thronan-
sprüchen von Sven Estridsson, dem dänischen Jarl (Fürst) und
späteren König von Dänemark, auseinandersetzen. Magnus
blieb letztlich nichts anderes übrig, als sich mit Harald zu einigen und damit eine Bedrohung durch ein Bündnis von Harald
und Sven Estridsson zusammen mit dem schwedischen König
zu verhindern. Magnus einigte sich mit Harald darauf, dass beide zusammen regierten. Liest man die Sagas, so hat man den

Eindruck, dass es nie zum Konflikt zwischen Harald und Magnus gekommen war. So erzählt z. B. Snorri von der Einigung beider:

»König Magnus lag am Lande und hatte sein Zelt oben am Ufer aufgeschlagen. Er lud da (...) Harald zur Tafel bei sich, und Harald ging mit sechzig Mann. Als aber der Tag zu Ende ging, trat König Magnus in das Zelt, wo Harald saß. Ihn begleiteten Männer, die Gepäck trugen: das waren Waffen und Kleider. Da ging der König zu dem Mann, der der Tür zunächst saß, und er gab ihm ein gutes Schwert, dem nächsten einen Schild, und so weiter Kleider, Waffen oder Gold, desto größer die Geschenke, je vornehmer die Männer.

Zuletzt trat er vor Harald (...). Er hatte zwei Rohrstengel in der Hand und sprach: ›Welchen Stengel willst du haben?‹ Da erwiderte Harald: ›Den, der mir zunächst ist.‹ Da sprach König Magnus: ›Mit diesem Rohrstengel gab ich die Hälfte Norwegens in deine Hand mit allen Abgaben und Einkünften samt jedem Besitz, der dazu gehört, mit der Bestimmung außerdem, dass du in jedem Ort Norwegens ebenso rechtmäßiger König heißen sollst wie ich. Wenn wir aber beide zusammen an einem Platze weilen, dann will ich in Gruß und Dienst und Banksitz den Vorrang haben (...)« (Snorri, Heimskringla III, Die Geschichte von König Harald dem Harten, 23).

Harald revanchiert sich mit einer Gegeneinladung. Magnus erscheint abends ebenfalls mit sechzig Mann. Weiter heißt es: »Da aber der Tag sich neigte, ließ König Harald mancherlei Beutel ins Zelt schaffen. Die Männer brachten dorthin auch Kleider, Waffen und andere Kostbarkeiten. Allen diesen Reichtum verteilte er. Er gab und verschenkte ihn an die Mannen des Königs Magnus, die bei der Gastung zugegen waren. Darauf ließ er die Beutel öffnen und sprach zu König Magnus: ›Ihr schenktet uns am Tage vorher ein große Reich, das Ihr Euren und unseren Feinden abgewannt, und Ihr nahmt uns zum Teilhaber der Königswürde an. Das war gut getan und kostete Euch viel. Wir andererseits sind nun im Auslande gewesen und haben doch manchesmal in Lebensgefahr geschwebt, ehe wir das Gold zusammenbrachten, das Ihr jetzt sehen werdet. Das will ich nun teilen mit Euch, König Magnus. Wir wollen auch diese Habe zu gleichen Teilen besitzen, wie jeder von uns die Hälfte des Norwegerreiches hat.‹ (...) Darauf ließ Harald eine große Ochsenhaut ausbreiten und auf diese das Gold aus Beuteln schütten. (…) Alle Leute wunderten sich darob, die es sahen, wie ein solche Menge Goldes an einer Stelle in Norwegen hatte zusammenkommen können.« (ebd., 24)

Als Magnus 1047 starb, wurde Harald Alleinherrscher von Norwegen. Aber das genügte ihm scheinbar nicht, denn Harald stellte nun auch Ansprüche auf den Thron Dänemarks, weil zwischen Norwegen und Dänemark ein Erbvertrag bestand. Sven Estridsson, inzwischen König von Dänemark, lehnte Haralds Ansprüche ab, und beide bekriegten sich. In der Seeschlacht vor Halland 1062 kann Harald einen Sieg erringen. Aber sein Wunsch, auch als König über Dänemark zu regieren, geht nicht in Erfüllung. Harald bleibt nichts anderes übrig, als aufzugeben und Estridsson als dänischen König anzuerkennen. Er schließt mit ihm 1064 einen Friedensvertrag ab. Auch der König von Schweden, Edmund der Alte, ist dabei anwesend, und alle drei Könige legen dabei die Grenzen von Norwegen, Dänemark und Schweden fest.

Innerpolitisch musste Harald sich mit Aufständen im inneren Ostland von Norwegen auseinandersetzen. Haralds Vater hatte den Oppländern Privilegien zugestanden, die Harald wieder rückgängig machen wollte. Er ging hart gegen die Aufständischen vor und erhielt so den Namen Harald der Harte. Harald hatte auch Differenzen mit dem Erzbischof Adalbert von Hamburg und versuchte sich von diesem unabhängig zu machen. So hatte sein Vorgänger Magnus den Bischof Bernhard den Deutschen in Norwegen mit Einverständnis des Erzbischofs Adalbert von Hamburg eingesetzt. Adalbert aber war mit Sven Estridsson, dem König von Dänemark und Gegner von Harald, befreundet. Nachdem Harald Alleinherrscher geworden war, floh Bernhard nach Island. Darüber sowie über die eigenständige Einsetzung von Bischöfen in Norwegen durch Harald beklagte sich der Erzbischof Adalbert bei Papst Alexander II. Der Papst sandte daraufhin 1065 ein entsprechendes Ermahnungsschreiben an Harald.

Als der König von England, Edward der Bekenner, starb, sah Harald Chancen für sich und stellte Ansprüche auf den Thron von England. Dabei berief er sich auf einen Vertrag zwischen Magnus dem Guten und Knut Hardeknut, Sohn von Knut dem Großen. Aber Harald Godwinsson, der Schwager von Edward, hatte sich bereits direkt nach dessen Tod zum König krönen lassen. Godwinsson vertrieb seinen Bruder, den Earl von Toste, aus Northumbrien, um einen Konkurrenten weniger zu haben. Der Earl von Toste floh zu Harald nach Norwegen und bat diesen um Hilfe. Harald kam der Bitte gerne nach, um militärisch in England einzugreifen. Am 10.9.1066 landet Harald mit seinem Heer in England und siegt in der Schlacht von Fulford. Dadurch wohl unvorsichtig geworden, wird er in der entscheidenden Schlacht von Stamford Bridge bei Hastings am 25.9.1066 von Harald Godwinsson getötet. Snorri beschreibt dieses geschichtsträchtige Ereignis in seiner Heimskringla so: »Nun begann die Schlacht und die Engländer ritten auf die Norweger ein. Sie trafen einen harten Empfang dort, und die Engländer konnten wegen der Geschosse schlecht auf die Norweger einreiten. So ritten sie rund um sie herum. Und zuerst gab es einen lose Schlacht, denn die Norweger hielten ihre Schlachtordnung fest zusammen, die Engländer aber ritten hart auf sie ein und dann sofort wieder ab, da sie nichts ausrichteten. Als aber die Norweger das sahen und meinten, jene griffen nur mäßig an, da stürmten sie auf sie vor und wollten sie in die Flucht treiben. Als sie aber ihre Schildburg gelockert hatten, da ritten die Engländer von allen Seiten auf sie ein, und sie schossen Speere und Pfeile auf sie.

Als König Harald Sigurdssohn dies sah, da ging er selbst in die Schlacht vor, wo das Waffengewühl am dichtesten war. Da gab es nun eine äußerst erbitterte Schlacht, und viele Leute fielen auf beiden Seiten, König Harald Sigurdssohn wurde nun so wütend, dass er weit aus der Schlachtenreihe vorlief und mit beiden Händen hieb. Weder Helm noch Brünne hielt da vor ihm stand. Da wichen alle, die ihm zunächst standen, vor ihm zurück, und es war nahe daran, dass die Engländer sich in Flucht auflösten. (…) König Harald Sigurdssohn wurde durch einen Pfeil in die Kehle getroffen. Die Wunde gab ihm den Tod. So fiel er und die ganze Schar, die mit ihm vorging, außer denen, die zurückwichen und diese hielten das Banner. Der Kampf wurde nun höchst erbittert.« (ebd., 92)

Godwinsson kann den Sieg in dieser Schlacht nur drei Wochen lang genießen, dann wird er seinerseits am 14.10. von Herzog Wilhelm von der Normandie geschlagen, der nach diesem Sieg als Wilhelm der Eroberer in die Geschichte eingeht. Mit der Schlacht von Stamford Bridge 1066 endet die Wikingerzeit und damit auch die Militäraktionen der Norweger und Dänen in England.

Snorri Sturluson erzählt in seiner Heimskringla zudem, dass Harald 1048 Oslo gegründet habe. Allerdings fand man bei archäologischen Ausgrabungen Siedlungsreste aus der Zeit um 1000. Nachdem man 1950 den 900. Geburtstag Oslos gefeiert hatte, wurde deshalb dann im Jahr 2000 schon der 1000. Geburtstag gefeiert. Wie dem auch sei, Haralds Ruhm als letzter Wikinger ist ihm sicher, und sein Tod 1066 gilt offiziell als Ende der Wikingerzeit. Allerdings lässt sich der Anfang und das Ende einer Epoche wie die Wikingerzeit nicht mit einer konkreten Jahreszahl festlegen, denn es gibt immer Übergangszeiten. Und in solch einer Übergangszeit lebte auch Snorri Sturluson, der der Wikingerzeit nicht nur mit seiner Heimskringla, den Büchern über die Wikingerkönige, sondern vor allem mit der Edda, der wichtigsten Quelle germanischer Mythologie für uns heute, ein Denkmal setzte.

20. Snorri Sturluson –
Die Mythen der Germanen

Snorri Sturluson (1179–23.9.1241) ist eine der bedeutendsten Persönlichkeiten in der Geschichte Islands. Als Universalgenie prägte er nicht nur die Geschichte und Politik, sondern auch die Literatur Islands und als Historiker verdanken wir ihm heute wichtige Informationen zur Geschichte Skandinaviens. Die Snorra-Edda, eine Zusammenfassung und Nacherzählung der nordgermanischen Mythen, ist für uns heute die wichtigste Quelle zur Religion der Germanen.

Snorri Sturluson: Politiker, Dichter und Historiker

Eigentlich war die Wikingerzeit schon 1066 mit der Schlacht von Hastings beendet, in der Harald der Harte gefallen war. Aber Zeitepochen lassen sich nicht immer mit einem konkreten Datum eingrenzen, es gibt Übergangszeiten. Und Snorri Sturluson lebte in einer solchen Übergangszeit. Vor allem in Island waren die Spuren der Wikingerzeit und ihrer Tradition noch lebendig, die erst mit Beginn der norwegischen Herrschaft 1262 mehr oder weniger ein Ende fand. Ein Beispiel dafür ist das Godentum der Wikinger, das bis 1262 Islands Politik und Regierung bestimmte. Ein Gode, ursprünglich ein Häuptling, war ein Regierungsmitglied, wie man heute sagen würde. In Island wurde die Regierung von 48 Männern ausgeübt, die man Goden nannte. Allerdings hatte das Amt des Goden zuletzt nur noch eine rein politische Funktion und nicht mehr wie früher auch eine religiöse. Ein Gode hatte ein Godentum, oder auch mehrere, d. h. ein Gebiet, das er besaß und verwaltete. Neben dem Godentum wurde auch die Literatur Islands noch durch die Wikingerzeit geprägt, z. B. durch die Skalden, die Dichter oder durch die Isländersagas. Snorri Sturluson ist für uns heute der bekannteste Skalde Islands. Er setzte der nordgermanischen Mythologie mit seiner Edda, eigentlich ein Lehrbuch für Skalden, ein Denkmal, das bis heute überdauert hat.

Snorri wurde im Winter 1178 oder 1179 in Hvammur í Dölum im Westen von Island geboren als Sohn von Sturla Þórðarson und Gudny Bödvarsdóttir. Sein Vater, ein Gode, wurde auch Hvamm-Sturla genannt nach dem Ort Hvammur í Dölum. Hvamm-Sturla gilt als Begründer des Geschlechtes der Sturlunger *(Sturlangar)*, das im 13. Jh. in Island eine so bedeutende Rolle spielte, dass diese Zeit als *Sturlungaöld* (Zeitalter der Stulunger) bezeichnet wird. Snorri war der jüngste von fünf Kindern, die Hvamm-Sturla mit seiner Frau Gudny hatte. Snorris Brüder Þórðr (1165–1237) und Sighvatr (1170–1238) waren ebenfalls wichtige Persönlichkeiten in der Geschichte Islands. Sie führten das Godentum ihres Vaters, das Snorrunga-Godentum, weiter. Außer mit Gudny hatte Hvamm-Sturla noch mit drei anderen Frauen Kinder.

Hvamm-Sturla war für seine Streitereien bekannt. In einem Erbschaftsstreit zwischen Hvamm-Sturla und seinem Schwiegervater Bödvar Þórðarson gelang es Jón Loptsson, eine der bekanntesten isländischen Persönlichkeiten seiner Zeit, diesen Streit zu schlichten. Nachdem die streitenden Parteien miteinander Frieden geschlossen hatten, übergab Hvamm-Sturla seinen Sohn Snorri zur Erziehung an Jón Loptsson. Das war eine damals durchaus übliche Praxis. Bei Jón Loptsson erhielt Snorri die beste Erziehung und Ausbildung.

Jón Loptsson war einer der mächtigsten Goden im Lande, dessen Hof oder besser Herrschersitz Oddi im Bezirk Rangárvellir gleichzeitig ein Zentrum der Gelehrsamkeit war. So erlernte Snorri in Oddi die in der Antike und im Mittelalter üblichen »sieben freien Künste«: Grammatik, Rhetorik (Redekunst), Dialektik (Logik), Arithmetik (Zahlenkunst), Geometrie, Musik und Astronomie. Diese sieben Künste waren im Mittelalter die Grundlage für das Studium der Theologie, Jura oder Medizin. Vor allem die Dichtkunst und ihre Auslegung, ebenso wie die Lektüre der antiken lateinischen Schriften, gehörten zu seinem Unterricht. Aufgrund dieser Ausbildung hat man vermutet, dass für Snorri die Priesterlaufbahn vorgesehen war. Aber stattdessen machte er eine weltliche Karriere als Politiker, Dichter sowie Historiker und wurde zum reichsten, mächtigsten und einflussreichsten Mann in Island.

Reich wurde Snorri vor allem durch seine Heirat 1199 mit Herdis Bersadóttir. Denn diese kam aus einer vermögenden Familie. So erlangte Snorri innerhalb kurzer Zeit insgesamt zwölf Godentümer. 1206 trennte sich Snorri von Herdis und zog nach

Reykholt, wo er bis zu seinem Tod wohnte. 1224 heiratete er Hallveig Ormsdóttir. Durch diese Ehe wurde er endgültig zum reichsten Mann Islands. Später heirateten auch Snorris Töchter in reiche und einflussreiche Familien ein, sodass Snorri mit allen bedeutenden Familien Islands verwandt war.

Nicht nur als Gode, sondern als Gesetzessprecher (1215–1218, 1222–1231) war Snorri politisch tätig. Das Amt des Gesetzessprechers war eine angesehene und einflussreiche Position im Althing, dem isländischen Parlament. Snorri war ein fähiger und erfolgreicher Politiker, weil er intelligent, diplomatisch, eloquent und rhetorisch geschult war. Und er war ein ehrgeiziger Machtmensch.

Schicksalhaft für Snorri sollten seine zwei Aufenthalte in Norwegen werden. Im Jahr 1218 unternahm er seine erste Reise nach Norwegen, blieb dort zwei Jahre und hatte dort Kontakt mit einflussreichen Persönlichkeiten. So vor allem mit Jarl (Fürst) Skule und König Hákon Hákonarson. Der zweite Aufenthalt von Snorri in Norwegen war von 1237–1239.

Jarl Skule hatte für den minderjährigen König Hákon Hákonarson die Regentschaft über Norwegen übernommen. Als dieser volljährig war, teilten sich beide die Herrschaft über Norwegen. Skule regierte über den Norden von Norwegen, Hákon Hákonarson über den anderen Teil. Im Winter 1239 erhob Skule Ansprüche auf die Herrschaft über ganz Norwegen und versuchte dies durch einen Aufstand durchzusetzen. Der Aufstand Skules führte zu drei Schlachten im Frühjahr 1240. Skule siegte in den ersten beiden Schlachten, die dritte und entscheidende verlor er aber. Skule wurde auf der Flucht getötet, Hákon Hákonarson war jetzt König über ganz Norwegen.

Snorri war zunächst Gefolgsmann sowohl von Skule als auch von Hákon. Skule ernannte Snorri zum Jarl. Als es zum Konflikt zwischen Skule und Hákon kam, ergriff der sonst so weitsichtige Snorri Partei für Skule – das wurde ihm zum Verhängnis: 1239, dem Jahr, als Skule die Alleinherrschaft in Norwegen anstrebte, kehrte Snorri nach Norwegen zurück, obwohl Hákon ihm das verboten hatte. Für Hákon war dies eindeutig Königsverrat. Am 23.9.1241 wurde Snorri im Auftrag von König Hákon im Keller seines Hauses erschlagen. Gissur Þorvaldsson, der ehemalige Schwiegersohn von Snorri, führte diesen Auftrag aus. Hákon ernannte Gissur Þorvaldsson – wohl für diese Tat –

später zum Jarl auf Island. 1262 wurde ein Vertrag zwischen Island und dem norwegischen König Hákon geschlossen. Island geriet damit unter norwegische Herrschaft, Hákon war nun auch König von Island. 1380 kam Norwegen und somit auch Island unter dänische Herrschaft. Bis zur Unabhängigkeit Islands 1918 blieb Island unter dänischer Oberhoheit.

Als Werke von Snorri sind zu nennen die Heimskringla, die »Saga von Egil Skalla-Grimsson« und die nach ihm benannte Snorra-Edda. Die Heimskringla (altnord. = Weltkreis) enthält eine Reihe von Sagas bzw. Geschichten der Könige Norwegens von den Anfängen bis ins Jahr 1177. Das Werk wurde 1230 verfasst und wird Snorri Sturluson zugeschrieben, obwohl der Autor nicht genannt wird. Snorris Quellen sind »Der Abriss der Geschichte der norwegischen Könige« *(Ágrip af Nóregs konunga sögum),* kurz *Ágrip* genannt, aus dem 12. Jh. sowie *Fagrskinna* (= Das schöne Pergament) und *Morkinskinna* (= Das verrottete Pergament), beide aus dem 13. Jh. Die Heimskringla ist in drei Teile unterteilt: 1. die Königsgeschichten von den Anfängen bis zur Zeit Olafs dem Heiligen, 2. die Königsgeschichten von Olaf dem Heiligen und 3. die Königsgeschichten der Zeit nach Olaf dem Heiligen (bis 1177). Die »Saga über die Ynglinge« erzählt von den mythischen Anfängen, wie die nordischen Götter nach Skandinavien kommen und die Dynastie der Ynglinge gründen. Es folgen dann die Königsgeschichten über Harald Schönhaar. Hakon den Guten, Harald Graumantel, Olav Tryggvason, Olaf den Heiligen, Magnus den Guten, Harald den Harten, Olav den Stillen, Magnus Barfuß und seine Söhne, Magnus Sigurdarson, Harald Gille und seine Söhne, Hakon den Breitschuldrigen und Magnus Erlingsson.

Auch die »Saga von Egil Skalla-Grimsson« *(Egils Saga)* soll Snorri geschrieben haben, gesichert ist diese Annahme nicht. Die »Egils Saga«, eine bedeutende Isländersaga, entstand in den Jahren zwischen 1220 und 1240. Sie erzählt die Geschichte des Bauern und Skalden Egil Skallagrímsson und seiner Familie, beginnend mit dem Großvater Egils um 850 bis zu seinen Nachfahren um 1000.

Das Werk aber, mit dem Snorri Sturluson bis heute präsent ist, ist die Edda.

Die Edda und die Mythen der Germanen

Mit »Edda« werden zwei Sammlungen altnordischer Götter- und Heldendichtungen aus dem 13. Jh. bezeichnet: Die »ältere Edda« oder »Lieder-Edda« und die »jüngere Edda« oder »Snorra-Edda«, die auf Snorri zurückgeht. Beide Sammlungen erzählen die Stoffe der altnordischen Mythen und Sagen nach, die Snorra-Edda überwiegend in Prosaform, die Lieder-Edda, wie der Name schon sagt, fast nur in Liedern. Das Wort Edda heißt »Urgroßmutter«. Entsprechend hat man die Bezeichnung Edda als Verkürzung von »Eddasaga« interpretiert, als »Großmutter-geschichten« im Sinne von alten Geschichten. »Edda« hat man auch versucht abzuleiten von den Worten óðr (= Dichtung, Gedicht) oder »Oddi«, dem als kulturelles Zentrum bekannten Hof von Loptsson, wo Snorri aufwuchs. Die Mythen und Sagen der Edda wurden jahrhundertelang vorher mündlich überliefert, ehe sie aufgeschrieben wurden. Autor der Snorra-Edda ist Snorri, der Autor der Lieder-Edda ist unbekannt. Die meisten und wichtigsten Texte der Lieder-Edda sind uns erhalten in der Sammlerhandschrift *Codex Regius* (= königliche Schrift), die ein unbekannter Schreiber und Redakteur um 1270 zusammenstellte. Der Inhalt der Lieder-Edda wurde von einem unbekannten Autor im 13. Jh. in der sogenannten Völsunga Saga nacherzählt, und zwar in Prosa. Dadurch konnte man auch die im *Codex Regius* fehlenden bzw. im Mittelalter verloren gegangenen Textteile der Lieder-Edda rekonstruieren, so z. B. einen großen Teil des Gedichtes über Sigurd (= »Siegfried« im Nibelungenlied). Die Völksunga Saga stimmt in vielen Teilen inhaltlich auch mit dem Nibelungenlied überein und war die Grundlage für die Bearbeitungen der Nibelungensage in der Neuzeit, so z. B. für Richard Wagners Opernwerk »Der Ring des Nibelungen«.

Snorri verfasste die Snorra-Edda als Lehrbuch für Skalden, um diesen am Beispiel der altnordischen Mythen die Dichtkunst wie die poetische Ausdrucksweise oder die verschiedenen Versarten darzustellen. Die Snorra-Edda besteht aus drei Teilen: Der erste Teil trägt den Titel »Königs Gylfis Täuschung« *(Gylfaginning)*, der zweite »Lehre der Dichtkunst« *(Skáldskapar-mál)* und der dritte Teil »Aufzählung der Versarten« *(Háttatal)*. »Königs Gylfis Täuschung« ist eine Darstellung der altnordischen Mythologie, die »Lehre der Dichtkunst« hat die poetische

Stilkunst zum Thema, vor allem die Kenningar, d. h. die bildhaften Umschreibungen bestimmter Begriffe. Diese werden am Beispiel der Nibelungensage aufgelistet und erklärt, so z. B. die verschiedenen Kenningar für »Gold« wie »Schatz der Nibelungen«, »Erbe der Nibelungen« oder »Erz der Gnitaheide«. Der dritte Teil, die »Aufzählung der Versarten«, ist ein Verzeichnis skaldischer Vers- und Strophenformen.

Die Edda ist eine der wichtigsten Quellen zur Erschließung der altnordischen Religion. Deshalb sei hier ein zusammenfassender Überblick über die germanische Mythologie nach Darstellung der Edda gegeben.

Nach der Edda ist das altnordische Pantheon unterteilt in zwei Götterfamilien, die Asen und die Wanen. Die Herleitung der Bezeichnung Asen ist unbekannt, eventuell besteht eine Verwandtschaft mit dem altindischen Wort *ásura* (= Lebenskraft). Wanen, auch Vanen geschrieben, lässt sich auf *Vanir* (= die Glänzenden) zurückführen. Zu den Asen gehören die bekannten Götter Odin und seine Söhne Thor, Balder oder auch Loki. Sie sind gekennzeichnet durch Stärke, Herrschaft und Krieg, ihr Wohnort ist die Götterburg Asgard. Die Wanen dagegen sind Fruchtbarkeitsgötter, von denen namentlich nur Njörd und seine Kinder Freyr und Freya genannt werden. Die Snorra-Edda berichtet von einem Wanenkrieg, einem Götterkrieg zwischen Wanen und Asen, der mit einem Sieg der Asen und mit einem Friedensschluss zwischen den beiden Göttergruppen endete. Die unterlegenen Wanen mussten den Asen Freyr und Freya als Geiseln überstellen. Nach der Snorra-Edda kamen die Götter aus der – von antiken Sagen bekannten – Stadt Troja in Kleinasien. Sie zogen dann nach Norden und von ihnen stammen die Königsdynastien in Dänemark, Norwegen und Schweden ab. Diese Erklärung der Herkunft der germanischen Götter ist ein Beispiel dafür, wie Snorri die germanische mit der griechisch-römischen Tradition verbindet und die germanische Mythologie nicht selten in der Sichtweise seiner Zeit und Kultur darstellt.

Die wichtigsten altnordischen Götter sind Odin, Thor und Freyr. Odin ist als Himmelsherr der höchste, mächtigste und älteste der Götter – so Snorri. Der in Skandinavien Odin, im Althochdeutschen Wuotan (Wotan) genannte Gott ist allein schon aufgrund seines Namens (von germ. *wuot* = Wut, Raserei, Ekstase) sowohl als Kriegsgott als auch als Gott der Weissagung im Zustand der Ekstase gekennzeichnet. Als Kriegsgott ist Odin Herr des Krieges und der Toten, insbesondere der auf dem Schlachtfeld gefallenen Helden, deren Seelen unter seiner Führung im Gefolge des »wilden Heeres« in der »wilden Jagd« daherziehen. Er ist aber auch der Gott der Weissagung, des Zaubers und der Magie, der Weisheit, der dichterischen Inspiration und des im Zustand der Entrückung offenbarten Wissens. Dazu die Edda: »Zwei Raben sitzen auf seinen Schultern und sagen ihm alles ins Ohr, was sie sehen und hören. Sie heißen Huginn und Munnin. Bei Tagesanbruch entsendet er sie über die ganze Welt zu fliegen, und zur Frühstückszeit kehren sie zurück. Von ihnen erfährt er viele Neuigkeiten. Darum nennt man ihn den Rabengott (...)« (Edda, 43). Odin und seine Brüder Vili und Vé sind die ersten Götter und Söhne von Burr und der Riesin Bestla. Odin hat von seiner Frau Frigg den Sohn Balder, mit Jorð den Sohn Thor. Weitere Söhne von ihm sind Vali, Heimdall, Tyr, Bragi, Viðar und Hoðr. Odin schuf auch die ersten Menschen. Er wird als einäugig, mit Hut und weitem Mantel beschrieben. Sein Pferd Sleipnir hat acht Beine, neben den Raben begleiten ihn auch zwei Wölfe.

Thor (Donar) ist der Gewitter- und Fruchtbarkeitsgott. Sein wichtigstes Attribut ist der Hammer Mjöllnir. Der ihm heilige Baum ist die Eiche. Erwähnt sei in diesem Zusammenhang, dass der christliche Missionar Bonifatius 723 eine Donar-Eiche bei Geismar fällte, um die Überlegenheit des Christentums zu demonstrieren. Die Edda erzählt unter anderem über »Thors Fischfang« und wie er es beinahe geschafft hätte, die Midgardschlange zu besiegen, wenn nicht der Riese Hymir die Schlange vom Angelhaken befreit hätte: Thor hatte die Midgardschlange mit einem Ochsenkopf als Köder mit der Angel gefangen. Als die Schlange merkte, dass Thor sie am Angelhaken hatte, »bewegte sie sich so heftig, dass beide Fäuste Thors gegen die Schiffswand schlugen. Darüber wurde er zornig, und es wuchs seine Asenkraft. Er stemmte sich so fest dagegen, dass er beide Beine durch das Schiff stieß und auf den Meeresgrund kam. Dann zog er die Schlange hinauf zum Schiffsrand. Das aber muss man sagen, dass niemand je so einen schrecklichen Anblick erlebt hat, der nicht sehen konnte, wie Thor mit durchbohrendem Blick die Schlange ansah, während sie von unten hinauf starrte und Gift blies. Es wird erzählt, der Riese Hymir habe die Gesichtsfarbe gewechselt, sei erbleicht und habe Angst bekommen, als er die Schlange erblickte und sah, dass die See ins Boot hinein- und hinausströmte, In dem Augenblick, in dem Thor den Hammer ergriff und durch die Luft schwang, nahm der Riese das Ködermesser und durchschlug Thors Angelschnur an der Bordwand. Die Schlange versank im Meer und Thor warf den Hammer nach ihr.« (ebd., 48)

Loki ist ein ambivalenter Gott mit negativen Eigenschaften. Er ist der Vater einer Reihe dämonischer, den Göttern feindlichen Mächten: Fenrir, Hel und der Midgardschlange. Loki kann in verschiedenster Gestalt auftreten und gilt als listenreich. Am Ende der Zeiten wird Loki auch die Götterdämmerung auslösen. In der Edda wird er so beschrieben: »Loki ist hübsch und von gefälligem Äußeren, hat jedoch einen schlechten Charakter und ist in seinem Benehmen unberechenbar. An Verschlagenheit ist er anderen weit voraus; er betrügt in allen Dingen. Er bereitete den Asen fortwährend Schwierigkeiten, aber oft löste er sie mit List.« (ebd., 33)

Balder, Sohn von Odin und Frigg, gilt als wohltätiger Gott, als Gott des Lichtes, der getötet wurde. Auf einer Ratsversammlung der Götter wird beschlossen, »gegenüber Balder eine Friedenszusicherung für alle Arten der Gefahr zu verlangen. Frigg nahm Eide darüber ab, dass Feuer und Wasser Balder verschonen sollten, ebenso Eisen und alle Metallarten, Steine, die Erde wie die Bäume und die Krankheiten, die Tiere (…).« (ebd. 46) Nur vom Mistelzweig nimmt sie keinen Eid ab, weil er ihr zu jung erscheint. Bei der Versammlung schießen, werfen und schlagen die Götter auf Balder, er bleibt unverletzt. Loki, dem das missfällt, überredet Hödr, den blinden Bruder von Balder, auf diesen mit dem Mistelzweig zu schießen. Loki fragt Hödr: »›Warum schießt du nicht auf Balder?‹ Er [Hödr] antwortete: ›Weil ich nicht sehe, wo er steht, und zum anderen, weil ich keine Waffe habe.‹ Loki meinte: ›Mache es doch wie die anderen, und erweise Balder die Ehre wie sie. Ich werde dich dorthin weisen, wo er steht. Wirf den Zweig nach ihm.‹« (ebd.) Hödr nahm den Mistelzweig und schoss ihn nach Lokis Anweisung auf Balder. »Das Geschoss durchbohrte diesen, und er stürzte tot auf die Erde. Deshalb entstand das größte Leid unter Göttern wie unter Menschen.« (ebd.) Balder wird von den Göttern mit reichen Beigaben bestattet, Loki bestraft. Nach dem Weltende, der »Götterdämmerung« (s. u.) soll Balder wieder auferstehen. Die Deutung Balders als Gott des Lichtes und als Typus eines sterbenden und wiederauferstehenden Gottes wird kontrovers diskutiert.

Freya (altnord. = Frau, Herrin) ist die Göttin der Liebe, der Fruchtbarkeit und der Geburtshilfe, aber auch des Zaubers und der Magie. Sie ist eine der Hauptvertreterinnen des Göttergeschlechtes der Vanen, Schwester und Frau von Freyr.

Neben den Gottheiten gibt es eine Reihe anderer Wesen wie Riesen, Zwerge, Naturgeister wie Alben (Elfen) oder Disen sowie Nornen, Schicksalsfrauen, die ihren Sitz am Schicksalsbrunnen Urd unter der Weltenesche Yggdrasill haben, und eine Vielzahl von Dämonen. Die Walküren waren ursprünglich Totendämonen, denen die im Kampf gefallenen Krieger zufielen. Später wurden sie dann zu »Odins Mädchen«, die seine Wünsche erfüllen und nicht nur die gefallenen Krieger zu ihm nach Walhall führen, sondern auch als überirdische Kriegerinnen in die Kämpfe eingreifen. Von den vielen Walküren ist vor allem Brynhild bzw. Brünhild aus der Nibelungensage bekannt (vgl. Kap. Brunichilde).

Der Kosmos der altnordischen Religion gliedert sich in vier Bereiche: Asgard (= Wohnort der Götter) als oberste Region, die Menschenwelt Midgard (= Wohnort in der Mitte) als mittlere Region und die Unter- bzw. Totenwelt Hel als unterster Bereich. Hinzu kommt schließlich noch die Region Utgard, die Welt des »Draußen«, jener kalte und eisige Ort, an dem die urzeitlichen Mächte des Geschlechtes der Riesen beheimatet sind. Ein besonderer Ort in Asgard ist Walhall (altnord. Valhöll = Halle der Gefallenen), der Wohnort Odins. Dort versammelt Odin die in der Schlacht gefallenen Krieger, die von den Walküren dorthin geleitet werden. Die verschiedenen Welten werden durch den Weltenbaum Yggdrasill (altnord. = Odins Pferd) verbunden. Yggdrasill fungiert als Weltenachse, als Himmelsstütze und als Verbindung der Welten. Unter den drei riesigen Wurzeln von Yggdrasill liegen die Welt der Menschen, die Welt der Riesen und die Unterwelt Hel. In der Edda ist Yggdrasill eindeutig als eine Esche beschrieben. Allerdings wurde darüber diskutiert, ob und inwiefern Yggdrasill auch eine Eibe oder eine Eiche sein kann.

Kosmos und Welten entstanden durch den Urzeitriesen Ymir, einer Zwittergestalt, die geopfert und zerstückelt wurde, um aus den Teilen ihres Leibes die verschiedenen Regionen des Kosmos zu erschaffen: aus seinem Schädel den Himmel, aus seinem Fleisch die Erde und aus seinem Blut das Meer. Nach der Edda ist nicht nur das Leben der Menschen, sondern auch der Götter befristet, und die Welt geht unter. Dieses Weltende, bekannt als »Götterdämmerung«, erfolgt nach dem Kampf zwischen den Göttern und deren Feinden, Loki und den Riesen. Das Weltende ist durch vier Katastrophen gekennzeichnet: Fimbulwinter mit starkem Frost, der Weltenbrand, den Surtr entfacht, das Versinken der Erde im Ozean, verursacht durch die Midgardschlange und die Verdunkelung, wenn der Fenriswolf die Sonne verschluckt. Thor stirbt durch das Gift der Midgardschlange, Odin wird vom Fenriswolf verschluckt, Loki und Heimdall töten sich gegenseitig im Kampf. Danach kommt es zu einer neuen Schöpfung und der Herrschaft eines einzigen mächtigen Gottes. In der älteren Lieder-Edda wird dieses Ende der Götter und der Welt als Ragnarök (altnord. = Schicksal der Götter) bezeichnet. Die Snorra-Edda spricht – nicht ganz korrekt und umdeutend – von Ragnarökr (altnord. = Götterdämmerung), und diese Bezeichnung hat sich im deutschen Sprachgebrauch eingebürgert.

Als Snorri seine Edda schrieb, war Island christianisiert. Snorri hat die Mythen und Sagen in der Edda als Christ und für eine christliche Leserschaft als Zielgruppe nacherzählt. Die germanische Religion wird also sozusagen durch die christliche Brille dargestellt und gesehen. Gleiches gilt auch für die Lieder-Edda. Snorri selbst war davon überzeugt, dass er die »heidnische« Tradition in reiner Form überliefere.

21. Tacitus und die Folgen: Das Nachleben der Germanen von Wagners »Ring des Nibelungen« bis zu den »Neuen Germanen«

Wagners Opern, der Nationalsozialismus im 20. Jh. und das Neuheidentum, d. h. die neugermanische Religion und Bewegung heute – das alles sind Phänomene, die ihren Ursprung in der Germanenideologie der Deutschen und Völkischen Bewegung des 18./19. Jahrhunderts haben und sich durch Berufung auf die germanische Vergangenheit und Kultur auszeichnen. Im Folgenden soll ein Überblick gegeben werden, wie sich das Germanenbild seit dem 19. Jh. entwickelte und wie es nach wie vor präsent ist.

Richard Wagners »Ring des Nibelungen«

Die Bayreuther Festspiele, bei denen im eigens dafür gebauten Festspielhaus die Opern Richard Wagners jährlich aufgeführt werden, sind nach wie vor ein Medienereignis, bei dem sich Promis, Stars und Sternchen treffen. Seit 1876, als Wagner noch lebte, finden die Festspiele statt, seit 1951 jedes Jahr. Wagners Opern werden aber nicht nur in Bayreuth, sondern weltweit in anderen Opernhäusern aufgeführt und bringen so germanische Mythologie und Sagen einer breiten Öffentlichkeit nahe – wenn auch aus der sehr subjektiven Sicht Richard Wagners.

Richard Wagner (1813–1883) war einer der prominentesten Vertreter völkischen und nationalen Denkens und erzielte mit seinen Opern »Der Ring des Nibelungen« (1869–1874), »Die Meistersinger von Nürnberg« (1867), »Parzifal« (1882) und »Tristan und Isolde« (1859) eine immense Breitenwirkung, auch heute noch. Handelt es sich bei den Opern »Der Ring des Nibelungen« und »Die Meistersinger von Nürnberg« um einen Rückgriff auf die deutsche bzw. »germanische« Vergangenheit, so vermitteln die Opern »Parzifal« und »Tristan und Isolde« deutsche Tugenden bzw. das, was Wagner für solche hielt. Nicht nur durch die Opern wirkte Wagner, er verfasste auch einige Schriften mit nationaler Tendenz. In der Schrift »Was ist deutsch« (1878) gibt Wagner zunächst eine etymologische Erklärung des Begriffes »deutsch« und führt weiter aus: »An der Sprache und der Urheimat haftet daher der Begriff ›deutsch‹, und es trat die Zeit ein, wo diese ›Deutschen‹ des Vorteils der Treue gegen ihre Heimat und ihre Sprache sich bewusst werden konnten; denn aus dem Schoße dieser Heimat ging Jahrhunderte hindurch die unversiegliche Erneuerung und Erfrischung der bald in Verfall geratenden ausländischen Stämme hervor.« Auch hier deutlich die Aufwertung des Deutschen und Abwertung der »ausländischen Stämme« vor dem Hintergrund sozialdarwinistischer Theorien wie die Begriffe »Erneuerung« und »Erfrischung« zeigen. Im Sinne der Erneuerung des Deutschen wollte Wagner mit seinen Opern wirken. Und dieses Ziel hat er auch erreicht, wenn selbst ein Thomas Mann dazu anmerkt: »Wagners Kunst ist die sensationellste Selbstdarstellung und Selbstkritik deutschen Wesens, die sich erdenken lässt, sie ist danach angetan, selbst einem Esel von Ausländer das Deutschtum interessant zu machen (…)« (Thomas Mann, Leiden und Größe Richard Wagners, 1933). In seiner Schrift »Das Judentum in der Musik« (1850) versucht Wagner aufzuzeigen, dass und wie die deutsche Musik und letztlich auch die deutsche Kultur durch das Judentum verfremdet wird. Mit seinem »Ring des Nibelungen« prägt Wagner bis heute entscheidend das Germanenbild der breiten Öffentlichkeit – ähnlich wie Karl May mit seinen Werken entscheidenden Einfluss auf das Bild der nordamerikanischen Indianer hatte.

Wagner begann 1852 mit der Arbeit am »Ring des Nibelungen«, die Uraufführung fand am 13.8.1876 in Bayreuth statt. Die Oper besteht aus vier Teilen: »Das Rheingold«, »Die Walküre«, »Siegfried« und »Die Götterdämmerung«. Der erste Teil »Das Rheingold« schildert den Streit zwischen Alberich und dem Gott Wotan um den Nibelungenschatz. Dabei spielt vor allem der »Ring des Nibelungen« eine besondere Rolle, der von Alberich in den Besitz Wotans, Brünnhildes und Siegfrieds gelangt und zuletzt wieder an seinen Ursprungsort zurückkehrt. Er bringt dem jeweiligen Besitzer Macht und Reichtum, aber auch den Untergang. Der Nibelungenschatz liegt auf dem Grund des Rheins und wird von drei Nixen auf Befehl ihres Vaters Rheingold bewacht. Alberich, der Herrscher der Nibelungen, raubt diesen Schatz. Das ruft den Gott Wotan auf den Plan, der mit seiner Frau Fricka in seiner Festung Walhall über dem Rhein lebt. Wotan erhebt Anspruch auf den Schatz der Nibelungen und wird dabei von dem Gott Loge unterstützt. Wotan zeugt mit einer Menschenfrau das Zwillingspaar Siegmund und Sieglinde, die späteren Eltern von Siegfried. Der zweite Teil »Die Walküre« zeigt, wie Siegmund und Sieglinde als Liebespaar zusammenfinden. Der von den Geschwistern vollzogene Liebesakt verstößt gegen die göttlichen Gebote. Fricka als Hüterin der Ehe beschließt den Tod der beiden. Gegen seinen Willen muss Wotan die Walküre Brünnhilde mit der Tötung von Siegmund und Sieglinde beauftragen. Brünnhilde weigert sich, kann aber den Tod der beiden nicht verhindern. Ihr bleibt nur, Sieglinde die Geburt ihres Sohnes Siegfried zu verkünden. Der dritte Teil »Siegfried« erzählt die Geschichte Siegfrieds, der bei dem Schmied Mime, dem Bruder von Alberich, aufwächst. Mit dem Schwert Notung, das sich Siegfried selbst aus den Stücken des zerbrochenen und mit Zauberkräften ausgestatteten Schwertes seines Vaters schmiedet, besiegt er den Drachen Fafner. Wotans Ziel ist das Ende der Götter, Siegfried soll sein Nachfolger sein, wobei ihm die Walküre Brünnhilde helfen soll. Siegfried findet die schlafende Brünnhilde, küsst sie wach und beide verbringen eine Liebesnacht. Der letzte Teil »Die Götterdämmerung« schildert, wie Siegfried an den Hof der Gibichungen gelangt, wo Gunther herrscht und auch seine Schwester Gutrune und Hagen, der Sohn Alberichs, leben. Gunther begehrt den Schatz der Nibelungen und Brünnhilde als Frau, Gutrune will Siegfried zum Mann haben. Nach einem Trank von Gunther vergisst Siegfried Brünnhilde und hilft Gunther, Brünnhilde zur Frau zu gewinnen. Mit Hilfe der Tarnkappe verbringt Siegfried in Gestalt Gunthers eine Nacht mit Brünnhilde. Doch Brünnhilde erfährt von dieser Täuschung, als sie den Ring (»des Nibelungen«), den sie – wie sie dachte – Gunther gegeben hatte, an Siegfrieds Finger sieht. Sie schwört Rache und verrät Hagen die einzig verwundbare Körperstelle Siegfrieds. Bei einem Jagdausflug tötet Hagen Siegfried hinterrücks. Es kommt zum Streit um den Ring an Siegfrieds Finger. Brünnhilde wählt den Freitod auf dem Scheiterhaufen. Die Götterburg Walhall wird durch Feuer zerstört. Der Ring der Nibelungen gelangt wieder zu den Rheinnixen, Hagen stirbt bei dem Versuch, den Ring doch noch an sich zu reißen. Wagner wollte mit dem »Ring des Nibelungen« den erfolgreichen Kampf des freien Menschen, verkörpert durch Siegfried, gegen die etablierten Götter, das Ende der alten Weltordnung und den Beginn einer neuen darstellen.

Von der Völkischen Bewegung zum nationalsozialistischen Rassenwahn

Ein Blick auf die völkische Bewegung im 19. Jh. zeigt, dass Wagners deutsche Ideologie keine Ausnahme war. Seit dem 19. Jh. ist eine kontinuierliche Entwicklung von deutscher Vaterlandsliebe bis hin zum Rassenwahn der Nationalsozialisten zu beobachten. Seit den 1870er Jahren wurde die »Deutsche Bewegung« von der »Völkischen Bewegung« abgelöst, die die eigene ethnisch-nationale Identität im deutschen bzw. germanischen Volkstum suchte. Die völkische Bewegung war nicht einheitlich, sondern in vielen Grüppchen, Gruppen und religiösen Orden aktiv. Das Interesse reichte von der germanischen Altertumskunde über Heimat- und Naturschutz bis hin zu Sport und »Frei-Körper-Kultur«. Gemeinsam war fast allen die Berufung auf die germanische Vergangenheit, verbunden mit rassistischen und antisemitischen Tendenzen. Schon der Orientalist und Kulturphilosoph Paul Anton de Lagarde (eigentlich Bötticher, 1827–1891) hatte die Vision von einem Germanien, dessen Grenzen bis Südeuropa und bis ans Schwarze Meer reichen. Und Lagarde hatte maßgebenden Einfluss auf seine Zeit bis hin zum Nationalsozialismus, angefangen von Houston Chamberlain, dem Schwiegersohn Wagners, bis hin zu Adolf Hitler.

Rassentheorie und Sozialdarwinismus fungierten dabei als wissenschaftliche Erklärung und Heilslehre zugleich. Denn gleichzeitig mit dem völkischen und nationalen Denken entwickelte sich im 19. Jh. nicht nur in Deutschland, sondern auch in anderen Ländern, die Rassentheorie, die die Menschheit mit pseudowissenschaftlichen Methoden in verschiedene Rassen einteilte. Bekannt wurde das vierbändige Werk von Arthur de Gobineau (1816–1882), »Essay über die Ungleichheit der Menschenrassen« (1853–1855). Darin teilt Arthur de Gobineau die Menschheit in eine weiße, eine schwarze und eine gelbe Rasse. Die weiße Rasse war für ihn die überlegene, zum Herrschen bestimmte, arische Urrasse. Gobineau war es, der somit den Begriff »Arier« einführte. Eine Vermischung der arischen Rasse mit den anderen würde die Qualität der Rasse mindern. Die weiße Rasse habe sich am reinsten in Skandinavien und im französischen Adel erhalten, in Deutschland habe sich die weiße Rasse mit Kelten und Slawen vermischt. Gobineau fand viele Anhänger und Nachfolger, unter anderem auch die Verfechter der Sklaverei in den USA. In Deutschland übernahm vor allem Houston Stewart Chamberlain seine Rassentheorie und ergänzte sie mit einem extremen Antisemitismus, indem er die Juden als eigene Rasse darstellte, durch die die arische Rasse gefährdet sei und die deshalb vernichtet werden müsse. Hinzu kamen die Theorien des Sozialdarwinismus, die Darwins These des »survival of the fittest« (Überleben der an die Umwelt am besten Angepassten) zu einem »Überleben der Stärksten« uminterpretierten und auf den Menschen bezogen. Danach würden nur die stärksten und gesündesten menschlichen Individuen und Rassen im Kampf ums Dasein überleben, nicht die Schwachen und Kranken.

Mit Adolf Hitlers Machtergreifung 1933 wurde unter nationalsozialistischer Herrschaft das, was bisher »nur« Theorie war, in katastrophaler Weise in die Tat umgesetzt. Vertreter der national-völkischen Bewegungen waren es, die Adolf Hitler die Ideen lieferten, und die Rassenideologie bildete eine der Grundlagen des Nationalsozialismus. Auf Grundlage der These, dass die Deutschen mit den Germanen identisch seien und die Geschichte der Germanen deutsche Geschichte sei, vermischt mit den sozialdarwinistischen Theorien, wurde die Reinerhaltung der arischen bzw. deutschen Rasse zum höchsten Ziel erklärt. Es entstand die Theorie der Arier, einer indogermanischen »Herrenrasse«, die zur Herrschaft über die Welt bestimmt sei und die sich äußerlich durch blaue Augen, blonde Haare und großen Wuchs auszeichnete – womit wir wieder beim Germanenbild des Tacitus sind! Die arische Rasse grenzte man von der semitischen »Rasse« der Juden ab. Mit dem Arierparagrafen vom 7.4.1933 wurde gesetzlich festgelegt, wer als Arier und wer als Nicht-Arier galt. Die Juden fungierten als negatives Gegenbild und zur Abgrenzung dessen, was man vermeintlich als deutsch einstufte. Entsprechend hieß es im Arierparagrafen, nichtarisch seien diejenigen, die einen Eltern- oder Großelternteil hatten, der der jüdischen Religion angehöre. Der Arierparagraf war dann die Grundlage für die »Arisierung«. Mit diesem Begriff wurde der Ausschluss von Nichtariern bzw. Juden aus dem Berufs- und Wirtschaftsleben, d. h. aus vielen Berufen, Organisationen oder Verbänden bezeichnet.

Ein anderer nationalsozialistischer Schlüsselbegriff war »Germanisierung« für die Vertreibung oder »Eindeutschung« der slawischen Bevölkerung in den von Deutschland besetzten Gebieten Osteuropas und der Ansiedlung von Deutschen in diesen Gebieten. Im Zuge der »Germanisierung« wurden Kinder der slawischen Bevölkerung in zahlreichen rassenbiologischen Untersuchungen als »rassisch wertvoll« oder nicht wertvoll buchstäblich aussortiert und die Kinder des »germanischen Typus« zur Erziehung deutschen Eltern oder der Organisation des »Lebensborn« übergeben. Der Begriff »Germanisches Reich« wurde zum Leitbegriff für das Ziel Hitlers, Europa unter deutscher Herrschaft neu zu ordnen. »Germania« sollte Berlin dann als Hauptstadt dieses germanischen Großreiches heißen.

Die Nürnberger Rassegesetze von 1935 »zum Schutz des deutschen Blutes und der deutschen Ehre« waren dann endgültig der Beginn des Völkermordes an sechs Millionen Juden. Sie ergänzten den Arierpragrafen: Als Juden galten nun auch diejenigen, die drei oder mehr jüdische Großelternteile hatten, diejenigen, die der jüdischen Religionsgemeinschaft angehörten und diejenigen, die einen »Volljuden« geheiratet hatten. Zur Umsetzung ihres Rassenwahns schufen die Nationalsozialisten unter anderem 1934 das Rassenpolitische Amt der NSDAP, das die nationalsozialistische Rassenlehre verbreiten sollte. Innerhalb des Reichsgesundheitsamtes gab es eine »Rassenhygienische und Bevölkerungsbiologische Forschungsstelle«, bei denen vor allem Sinti und Roma, aber auch »Asoziale« und kriminelle Jugendliche genealogisch untersucht werden sollten. Das »Rasse- und Siedlungsamt« stellte vor allem Abstammungsgutachten aus. Rassenhygiene und Erbgesundheit, die Reinheit der germanischen bzw. nordischen Rasse, führte man als Gründe an, um medizinische Menschenversuche und Euthanasie, den »Gnadentod« bzw. die »Vernichtung lebensunwerten Lebens«, durchzuführen.

Wie es von der Germanenideologie zum nationalsozialistischen Rassenwahn kam, wurde hier etwas ausführlicher dargestellt, weil die Folge bekanntlich nicht nur der Zweite Weltkrieg war, sondern auch der bisher in dieser Größenordnung in der Weltgeschichte einmalige Völkermord an sechs Millionen Juden.

»Neue Germanen heute« – Neuheidnische Religion (Erdreligion)

In der Zeit nach dem Zweiten Weltkrieg ist eine Distanz zum Thema Germanen und germanische Vergangenheit zu beobachten. Aber seit den 1970er Jahren erfahren die Germanen eine Renaissance vor allem in der modernen Esoterik, im sogenannten. Neuheidentum bzw. der »Erdreligion«, wie die Anhänger sich selbst nennen. Das Neuheidentum versucht, die germanische und auch keltische Religion bzw. die vorchristlichen Naturreligionen Europas wiederzubeleben. Man beruft sich auf eine durchgehende Kontinuität der keltischen bzw. germanischen Tradition, die im Untergrund die christliche Missionierung bis heute überlebt hätten. Diese ungebrochene Kontinuität hat sehr wahrscheinlich nicht existiert, ist aber nicht ganz eindeutig widerlegt. Die Wiederbelebung des Kelten- bzw. Germanentums erfolgt intuitiv, d. h. subjektiv und eklektisch: Man nimmt dabei nur bestimmte, sozusagen in das Konzept der modernen Wiederbelebung passende Elemente der Tradition dabei auf oder solche, die man vermeintlich der alten Tradition zuschreibt, die aber realiter nicht zu dieser gehörten. Das wissenschaftlich durch Germanistik, Keltologie und Archäologie fundierte Bild der Germanen und Kelten ist gegenüber dem der neuheidnischen Gruppen lückenhaft und dürftig. Denn relativ wenige Informationen sind abgesichert und belegt, und so sind der Forschung Grenzen gesetzt. Gerade diese Tatsache hat die Fantasie der neuheidnischen Vorstellungen beflügelt, die Lücken der Wissenschaft auszufüllen.

Neben den vermeintlichen germanischen oder auch keltischen Traditionen bezieht das Neuheidentum theosophische, indianische und schamanistische Vorstellungen und Praktiken ein. Das Neuheidentum ist dabei sehr offen für andere Religionen wie Buddhismus, Hinduismus und naturvölkische Religionen, vor allem der nordamerikanischen Indianer.

Aber im Vordergrund steht doch das Interesse am eigenen Ethnos, d. h. den Germanen und Kelten, das nicht zuletzt zur eigenen Identitätsfindung in Zeiten der Globalisierung dient. Im weiteren Sinne wird eine Rückkehr zu den eigenen, vorchristlichen Wurzeln Europas postuliert. Dabei wird vor allem auch das Christentum und Judentum als orientalisch und somit nicht-europäisch und fremd empfunden. Das Christentum lehnt man ab wegen der Dogmatisierung, der Naturfeindlichkeit und dadurch verursachten Naturzerstörung sowie der Frauenfeindlichkeit. Ferner kritisiert man am Christentum, dass es mit dem Gebot der Nächsten- und Feindesliebe ein in der Alltagspraxis nicht zu verwirklichendes Ideal predige. Ein Beweis für die Unmöglichkeit der Umsetzung dieses Ideals sei allein schon die Geschichte des Christentums. Dem setzt das Heidentum das Gebot der Freundschaft gegenüber Freunden und Clanmitgliedern, aber Feindschaft gegenüber den Fremden und Feinden – oft symbolisiert durch den Wolf, der sein Rudel gegenüber anderen Rudeln und Feinden verteidigt. Kurz: Nicht das Christentum, sondern das Heidentum ist die für Europa adäquate, passende Religion.

Die Wurzeln des Neuheidentums liegen zum einen in der Zeit der Renaissance, als in gewissen Kreisen Tendenzen der Abwendung vom Christentum und Hinwendung zur religiösen Naturerfahrung aufkamen. Dazu kam im 19. Jh. in der »Völkischen Bewegung« ein nationales Element: Die Germanen wurden zum Inbegriff des freien und unabhängigen Volkes. Aber nicht nur in Deutschland, auch in Großbritannien und den nordischen Ländern kam es zu Bewegungen der Rückbesinnung auf die germanische bzw. keltische Vergangenheit. So wurde in Großbritannien zur Wiederbelebung keltischer Tradition schon 1717 der »Ancient Druid Order« gegründet, und 1762/63 erschienen die »Ossianischen Gesänge« des Schotten James MacPherson.

Ein bekanntes Beispiel für die Verbindung von Rassenmetaphysik, völkischer Bewegung und religiöser Theosophie ist die Ariosophie. Die Germanen wurden in der Ariosophie nicht nur idealisiert, sondern als kosmisches Prinzip dargestellt. Als einer der ersten Ariosophen ist Guido von List (1848-1919) zu nennen, der die germanische Religion als hochentwickelte gnostisch-esoterische Religion darstellte, deren Wissen durch die Priester der Germanen, die »Armanen«, auch nach der Christianisierung weitertradiert worden sei. Jörg Lanz (von Liebenfels, 1874–1954) vertrat eine eigenwillig-esoterische Interpretation des Christentums, vermischt mit pseudo-wissenschaftlichen Rassentheorien. Aller Wahrscheinlichkeit nach ist er der »Mann, der Hitler die Ideen gab«. Lanz gründete 1907 den »Ordo Novi Templi«, den »Neuen Orden der Templer« (ONT), der sich – wie der Name sagt – in der Nachfolge des Templerordens sah und einer der ersten völkisch-religiösen Organisationen war. Der Gründung des ONT durch Lanz folgten weitere Gründungen, so die »Guido-von-List-Gesellschaft«, die »Gesellschaft Wodan« (1907), der »Wodan-Bund« (1909), der »Urda-Bund« (1911), die »Nornen-Loge« (1912) und – von besonderer Bedeutung – der »Germanen-Orden« (1912). Alle diese Gruppierungen vertraten eine Rassenmetaphysik, ähnelten Geheimbünden, ihre Rituale erinnerten an Freimaurer-Rituale, hinzu kamen Runen-Magie und völkische Astrologie. Mitglied wurde man durch Empfehlung, Voraussetzung war eine »Ahnenprobe«, die die arische (nichtjüdische) Herkunft nachwies. Neben diesen »geheimen« Ordensgründungen gab es auch Versuche, eine Art nichtchristliche Konfession mit deutsch-germanischer Religiosität zu gründen, so die »Deutschgläubige Gemeinschaft« und die »Germanische Glaubens-Gemeinschaft«.

Hitlers Machtergreifung wurde von den völkisch-religiösen Gruppen natürlich begrüßt. Hitler selbst versuchte sich aber mit den christlichen Kirchen zu arrangieren und verbot die völkisch-religiösen Organisationen. Einzelne Vertreter (z. B. Friedrich-Wilhelm Marby, Kurt Paehlke) landeten sogar im KZ. Auch wenn völkisch-religiöse Ideen die Ideologie der Nationalsozialisten prägten und einige Prominente wie Alfred Rosenberg (»Der Mythus des 20. Jahrhunderts«, 1930), Rudolf Heß oder Heinrich Himmler, der die Wewelsburg und die Externsteine zu Kultzentren machen wollte, Anhänger dieser waren, stand für Hitler selbst die Politik bzw. politische Macht an erster Stelle.

Mit Beginn der Bundesrepublik Deutschland kam es zwar zum Wiederaufbau der völkisch-religiösen Gruppierungen, aber es fehlten neue Impulse. Der Ariosophie gelang überhaupt kein Comeback. Heute existieren nur kleine, isolierte Grüppchen. Von Bedeutung ist allein der auf Guido von List zurückgehende »Armanen-Orden« (AO). Zu erwähnen sind ferner die

»Artgemeinschaft«, die »Goden«, »Unitarier«, die »Freireligiö-
sen«, die Wikinger-Gruppen und die »Gylfiliten«. Streitigkeiten
um die Nachfolge und damit verbundene Aufspaltungen prägten häufig die Geschichte dieser neuheidnischen Gruppen. Gerade die – auf die Ariosophie zurückgehenden – Gylfiliten sind
ein Beispiel der Schattenseite des Neuheidentums, da hier Hitler nach wie vor als Inkarnation Odins verehrt wird.

In den 1970er/1980er Jahren kam es im Zuge der Kelten- und
Germanenwelle zu vielen Neugründungen von Vereinigungen
in Europa, vor allem Großbritannien, Frankreich, den deutsch-
sprachigen und skandinavischen Ländern (Dänemark, Norwegen, Schweden), aber auch in den USA. Das Spektrum reicht von
größeren Vereinigungen bis zu kleinen Gruppierungen. Als
derzeit aktuelles und dominierendes Beispiel neugermanischer
Vereinigungen seien hier stellvertretend die Asatru-Gemein-
schaften genannt. Ihr Name verbindet »Asa« (gemeint sind
Asen, neben den Wanen verstanden als eine germanische Göt-
tergeneration) mit »Tru« (= »Treue«, auch im Sinne von Verehrung). Entsprechend stehen die Asen (u. a. Odin, Thor, Ostara),
aber auch die Wanen (z. B. Freyja) im Mittelpunkt der Asatru-
Gemeinschaften, deren Ziel eine Wiederbelebung der altgerma-
nischen Religion ist. Dabei werden diese Gottheiten weniger im
traditionellen Sinn verstanden, sondern vielmehr als Symbole
der Naturphänomene und -erfahrungen wie Fruchtbarkeit, Liebe, Aggression oder Gerechtigkeit, auch wenn man ihnen Spei-
se- und Trankopfer darbringt. In der »Asatru Alliance« sind die
vielen kleinen Asatru-Gruppen (»kinreds«) in Deutschland,
Skandinavien, Island und USA auf internationaler Ebene zusammengefasst.

Wagners Opern, die nationalsozialistische Germanenideologie und die neuen Germanen heute mag man als ungeschicht-
lich, als Ideologie und als Fantasie ablehnen. Aber diese Phänomene sind insofern ein Fakt und ein Teil der Geschichte der Germanen, als sie die Nachwirkung germanischer Kultur darstellen.

BIBLIOGRAFIE

Gesamtdarstellungen

Ausbüttel, Frank M.: Die Germanen, Darmstadt 2010

Ders.: Germanische Herrscher, Darmstadt 2007

Banck, Claudia: Die Wikinger, Stuttgart 2009

Jussen, Bernhard: Die Franken. Geschichte, Gesellschaft, Kultur, München 2014

Krause, Arnulf: Die Geschichte der Germanen, Hamburg 2013

Ders.: Die Welt der Wikinger, Hamburg 2013

Künzl, Ernst: Die Germanen, Stuttgart ²2015

Pötzl, F. Norbert / Saltzwedel, Johannes (Hg.): Die Germanen. Geschichte und Mythos, München ²2015

Pohl, Walter: Die Germanen (Enzyklopädie Deutscher Geschichte 57), München 2000

Reallexikon der Germanischen Altertumskunde, hg. von Johannes Hoops, Berlin, New York (36 Bde.) 1973-2007

Simek, Rudolf: Die Wikinger, München 2009

Wolfram, Herwig: Die Germanen, München 2009

Einzeldarstellungen

Ausbüttel, Frank M.: Theoderich der Große, Der Germane auf dem Kaiserthron, Darmstadt 2009

Becher, Matthias: Chlodwig I. Der Aufstieg der Merowinger und das Ende der antiken Welt, München 2011

Beck, Heinrich / Heizmann, Wilhelm / Nahl, Jan Alexander von (Hg.): Snorri Sturluson – Historiker, Dichter, Politiker (Ergänzungsbände zum Reallexikon der germanischen Altertumskunde 85), Berlin, New York 2013

Castritius, Helmut: Die Vandalen, Stuttgart 2007

Engler, Aulo: Theoderich der Große. Der Gotenkönig und seine Zeit, Berg am Starnberger See 1998

Ehrismann, Otfrid: Das Nibelungenlied, München 2005

Fix, Hans (Hg.): Snorri Sturluson (Ergänzungsbände zum Reallexikon der germanischen Altertumskunde 18), Berlin, New York 1998

Braunfels, Wolfgang: Karl der Große in Selbstzeugnissen und Bilddokumenten, Reinbek bei Hamburg 1983

Giese, Wolfgang: Die Goten, Stuttgart 2004

Hartmann, Wilfried: Karl der Große, Stuttgart 2010

Hartwig, Hermann (Hg.) Widukind in Geschichte und Sage, Teil I, Bielefeld 1951

Hellenthal, Verena: Widukind: Der Widersacher in Sagen und Legenden, Erfurt 2009

Köster, Klaus: Mythos Arminius. Die Varusschlacht und ihre Folgen, Münster 2009

Krause, Arnulf: Die Götter und Mythen der Germanen, Wiesbaden 2016

Maier, Bernhard: Die Religion der Germanen. Götter – Mythen – Weltbild, München 2003

Müller-Wille, Michael: Zwei religiöse Welten: Bestattungen der fränkischen Könige Childerich und Chlodwig, Stuttgart 1998

Nonn, Ulrich: Die Franken, Stuttgart 2010

Peters, Ulrike: Esoterik, Köln 2005 (zum Thema Neue Germanen)

Dies.: Kirchengeschichte, Köln 2008 (zum Thema Arianismus u. a.)

Dies.: Kelten, Köln 2011

Pohanka, Reinhard: Die Völkerwanderung, Wiesbaden 2008

Rosen, Klaus: Die Völkerwanderung, München [4]2002

Rummel, Philipp / Fehr, Huber: Die Völkerwanderung, Stuttgart 2011

Simek, Rudolf: Lexikon der germanischen Mythologie, Stuttgart [3]2006

Ders.: Lexikon der altnordischen Literatur, Stuttgart 22007

Ders.: Die Edda, München 2007

Schnurbein, Stefanie von: Religion als Kulturkritik. Neugermanisches Heidentum im 20. Jh., Heidelberg 1992

See, Klaus von: Deutsche Germanen-Ideologie vom Humanismus bis zur Gegenwart, Frankfurt a. M. 1979

Steinacher, Roland: Die Vandalen: Aufstieg und Fall eines Barbarenreiches, Stuttgart 2016

Weinfurter, Stefan: Karl der Große: Der heilige Barbar, München 2015

Wies, Ernst W.: Karl der Große. Kaiser und Heiliger, [3]1992

Wigels, Rainer / Woesler, Winfried (Hg.): Arminius und die Varusschlacht. Geschichte – Mythos – Literatur, Paderborn 1995

Winroth, Anders: Die Wikinger: Das Zeitalter des Nordens, Stuttgart ²2016

Wolfram, Herwig: Die Goten und ihre Geschichte, München 2009

Ders.: Die Goten: Von den Anfängen bis zur Mitte des 6. Jh. Entwurf einer historischen Ethnographie, München 2009

Quellen

Caesar, Gaius Julius: Der Gallische Krieg, übersetzt und erläutert von Lenelotte Möller, Wiesbaden 2013

Cassius Dio: Römische Geschichte, übersetzt und erläutert von Lenelotte Möller, Wiesbaden 2012

Die Edda. Aus der Prosa-Edda des Snorri Sturluson und der Lieder-Edda nach der Übersetzung von Arnulf Krause, München 2008

Gregor von Tours: Zehn Bücher Geschichten (Ausgewählte Quellen zur deutschen Geschichte des Mittelalters) 2 Bde., Darmstadt 1955

Jordanes: Die Gotengeschichte, übersetzt, eingeleitet und erläutert von Lenelotte Möller, Wiesbaden 2012

Die Nestorchronik, hg. u. übersetzt von Ludolf Müller, München 2001

Nibelungenlied. Siegfrieds Tod. Aus dem mittelhochdeutschen Nibelungenlied übersetzt von Otfrid Ehrismann, München 2007

Ostgoten Saga. Nach der »Origo Gothica«, dem Geschichtswerk der Amaler im 6. Jh., hg., übersetzt und kommentiert von Hans-Jürgen Huber, Wiesbaden 2010

Paterculus: Römische Geschichte, in: Germania Antiqua – Altes Germanien II, hg. und übersetzt von Hans-Werner Goetz und Karl-Wilhelm Welwei, Darmstadt 1995

Prokop: Vandalenkriege, hg. Von Otto Veh, München 1971

Quellen zur karolingischen Reichsgeschichte. Erster Teil. (Die Reichsannalen, Einhard Leben Karls des Großen, Zwei »Leben« Ludwigs, Nithard Geschichten). Neu bearbeitet von Reinhold Rau. Darmstadt 1993 (Nachdruck von 1987)

Snorris Königsbuch (Heimskringla) 2, übertragen von Felix Niedner, Jena 1922

Snorris Königsbuch (Heimskringla) 3, übertragen von Felix Niedner, Jena 1923

Tacitus: Agricola und Germania, übersetzt und erläutert von Lenelotte Möller, Wiesbaden 2012

Ders.: Annalen I-VI, Übersetzung, Einleitung und Anmerkungen von Walther Sontheimer, Stuttgart 1964

Die Vinland-Sagas (Altnordische Bibliothek), Hattingen 1982

Bibliografische Information der Deutschen Nationalbibliothek
Die Deutsche Nationalbibliothek verzeichnet diese Publikation in der
Deutschen Nationalbibliografie; detaillierte bibliografische Daten sind
im Internet über
http://dnb.d-nb.de abrufbar.

2. Auflage 2017

© by marixverlag in der Verlagshaus Römerweg GmbH, Wiesbaden 2014
Korrektur: Karin Flörchinger, Hattersheim
Covergestaltung: Groothuis. Gesellschaft der Ideen und Passionen mbH
Hamburg Berlin
Bildnachweis: Kreidelithographie von Nikolai D. Dmitrijeff-Orenburgsky
n. Gemälde v. F. Tüshaus (1832–1885), © akg-images GmbH, Berlin
Satz und Bearbeitung: SATZstudio Josef Pieper, Bedburg-Hau
Der Titel wurde in der Palatino Linotype gesetzt.
Gesamtherstellung: CPI books GmbH, Leck – Germany

ISBN: 978-3-86539-989-2

www.verlagshaus-roemerweg.de